내
젊은날의
초상

내
젊은날의
초상

이근형 지음

황금물고기

"아버지. C 씨가 누구예요?"

평택 공장에서 서울 집으로 돌아와 저녁식사를 하려고 내가 막 식탁에 앉자마자, 대학생 딸 고은이가 웃으며 물었다.

순간 나도 모르게 얼굴이 붉어지면서 고은이에게 되물었다.

"너, 그 이름을 어떻게 알았니?"

"아버지 일기장에서 보았어요."

"뭐 네 아빠가 학창 시절에 짝사랑하던 여학생쯤 되겠지?"

아내가 옆에서 거들었다.

그제야 비로소 나는 40여 년 전에 썼던 일기장들이 떠올랐다.

'아, 예전에 뭔가를 끼적거렸지.'

그동안 서울이며 또는 동경이며 하도 이사를 다니는 바람에 그 일기장들의 존재를 30여 년간이나 까마득히 잊고 있었는데, 그날 고은이 덕에 나는 새삼스럽게 일기장들의 존재를 다시 알게 되었던 것이다.

바로 몇 해 전의 일이었다.

그러다 나는 다시 흐지부지 그 일기장들을 잊고 있었는데, 하루는 딸 고은이가 이렇게 말하는 것이었다.

"아버지, 돌아가시면 아버지 일기장들은 꼭 제게 남겨주셔야 해요."

사실 그때는 자식들에게 따로 물려줄 것도 없었던 터라 고은이의 말에 별 생각 없이 나도 쉽게 대답했다.

"응, 그러지 뭐."

그러다가 문득 '아니, 이 녀석은 그 일기장들이 굳이 왜 필요할까.' 하는 생각이 들어서 슬쩍 되물었다.

"그런데, 그 일기장들을 무엇에 쓰려고?"

고은이의 대답은 이랬다.

"이 다음에 결혼해 자식들 낳으면 '너희 외할아버지는 이런 사람이란다.' 하고 알려주려고요."

작년에 이곳 오산으로 이사 오면서 짐 정리를 하다 그 일기장들을 다 찾았다. 어떤 일기장은 대학 노트의 겉표지가 뜯겨 나갔는가 하면, 어떤 일기장은 본문의 지면 일부가 찢겨 나가 내용을 확인할 길이 없고, 그리고 어떤 일기장은 곰팡이가 쓸기도 하고 또 누렇게 바래기도 해서 더 이상 보관하기도 어려워 보였다. 게다가 나만의 악필(?)로 인해 더러 내가 읽어도 알아보기 힘든 부분이 많았다.

'이 일기장들을 이렇게 딸아이한테 넘겨줄 수야 없는 노릇인데…….'

금년은 내 나이가 환갑이 되는 해다. 내 나이가 육십갑자를 일순했다는 것에 새삼 감회가 남다르다. 요즘 세상에서 이 나이 정도로 티를 낸다는 것이 새삼 계면쩍은 일이긴 하지만, 그래도 환갑을 맞이해 나에 대하여 뭔가를 한번 정리를 하고 가야 될 것 같다는 생각이 들었다. 부끄럽지만 나는 용기를 내어 나의 이 1970년대 일기장들을 정리해보기로 했다. 이 일기장들은 주로 고등학교 1학년 때부터 시작해, 대학교 교양과정부 시절과 군대 시절, 그리고 다시 대학교 2학년 복학 시기까지 그때의 나의 치열한 삶과 감상을 기록한 것이다.

나는 학창 시절에 수학여행 한번 가보지 못하고, 소풍 또한 거의 가보지 못해서 별다른 추억이 없었다.

그만큼 경제적으로 어려웠던 처지인지라 내가 할 수 있는 것이라고는 고작 시간 나면 책 읽고, 생각하고, 혼자 상상하는 게 전부였던 시기였다.

생물학적인 생존을 위해 살아가는 것은 물론, '산다' 는 것의 의미가 무엇인지도 한참 모색해야만 하는 시기였다.

'무엇 때문에 살아야 하는가' 와 같은 가치 판단과 어떤 선택을 위해서 수없이 많은 방황과 회의의 기나긴 여행을 떠나던 시기이기도 했다.

그때의 일기장들을 가만 들여다보면 비록 당시의 나는 모든 게 부족하고 서툴고 또 실수도 회의도 방황도 많았으나, 생각해보니 이 시기야말로 내 인생에서 가장 빛났던 시기이기도 하였다.

일견 나의 민낯이 오롯이 드러나 창피스럽기도 하지만 그 무엇하고도 바꾸고 싶지 않은 오직 '내 젊은 날의 초상' 이었던 것이다.

한때 나는 마음이 시려 내가 쓴 일기를 다시는 읽고 싶지 않은 적도 있었다.

하지만 지금은 담담하게 읽고서는 때로는 웃음을 때로는 눈물을 짓기도 한다.

어쨌든 지나간 것들은 아름다운 것이다.

아무리 슬프고 아파도 한참 시간이 지나서 다시 돌아보면 아름다운 것이다.

이미 지나간 젊은 시절은 되돌릴 수 없기 때문에 아름답고,

이미 내 삶에, 그리고 내 몸에 새겨진 역사가 되었기 때문에 아름답고,

이미 내가 그 모든 걸 담담히 바라볼 수 있는 나이가 되었기 때문에 아름답다.

세상에 나와서 여기까지 오는데 많은 의지가 되었던 참 좋은 친구들, 참 좋은 스승님들께 감사를 드린다. 그 어려운 시절에도 도움의 손길을 놓지 않았던 자형과 누님들께도 감사를 드린다. 이분들이 안 계셨으면 어제의 나도, 오늘의 나도 없다.

그리고 무엇보다도, 내가 더 이상 하늘을 날면서 방황하지 않고 지상에 발을 딛고 살 수 있게 해준 사랑하는 아내 김미애와 부족하나마 아버지 노릇을 할 수 있게 해준 사랑하는 아들 요한이와 딸 고은이에게 이 책을 바치고 싶다.

원래 이 일기장들은 이 책의 두 배 정도 되는 분량이지만, 출판사 측과 협의를 거쳐 한 권 분량으로 편집해서 발간하기로 했다. 어려운 시기에 이 책을 꾸며주시느라 수고하신 황금물고기 출판사의 박경미 대표님께 깊이 감사드린다.

2014년 시월 그믐에

이근형

■ 차례

머리말 4

제1부 백양의 뜰에서 11

제2부 무지개 문을 드나들며 47

제3부 언덕 위의 내무반에서 283

제4부 다시 시작하며 311

후기 322

제1부

백양의 뜰에서

1972년 10월 13일. 금요일. 맑았다.

내 생활의 많은 부분들이 제자리에 정돈되어 있지 않아 온종일 마음이 개운치 않다.

아침녘에는 지나친 긴장으로 다소 우울하기까지 하다. 점심시간 이후가 되니 몸과 마음이 제멋대로다. 공부도 머리에 들어오지 않고 그저 날짜만 채우다 내년 입시가 코끝에 닿을 것 같다. 봄보다 더욱 해이한 마음으로 진로를 생각하니 걱정은 태산이나 행동에는 변화가 없다. 괜히 가을 날씨 탓이나 하고 있는 건 아닌지.

순수한 자극들이 살 속을 누벼 파고 들어와도 가을 들녘의 메뚜기 날개 치는 소리에 흡수되는 듯 귓전에서만 왱왱거린다.

오후엔 양열이와 태화극장에서 〈작은 꽃이 피어날 때〉라는 어느 낙도 교사의 체험담을 극화한 영화를 보았다. 그렇고 그런 방화였고 주제도 솔직하고 단순했다. 무명의 선구자들이 개척하는 낙도의 고충과 순수한 토장국 내음 같은 인정 등 평범한 스케일과 화면의 영화였다. 어쩌면 낙도의 순수한 정서가 고차적인 긍지 내지 자만 넘치는 지식 계층에겐 수긍되지 않을 것 같다.

효정이가 이제부터는 공부를 하겠다고 한다. 한다면 하는 녀석이기에 반가운 소식이다.

집에는 어머님 앓는 소리로 가득하다. 무력감이 밀려온다.

1972년 10월 14일. 토요일.

수많은 잡념들이 뇌리에서 떠나지 않는다. 일기에 써서 그걸 정리하겠다는 다짐을 누차 하였지만, 최근 몇 달 만에 겨우 펜을 잡는다.

어제 심하게 축구를 한 터라 어찌나 피곤한지 학교에서 돌아오자마자 그대로 엎드려 잠이 들었다. 일어나고 보니 저녁 해가 지는 순간이었다. 아직 무더운 여름날이 채 가지 않은 느낌이다. 앞으로 일주일 뒤엔 월말고사가 있다. 곧 시험이라고 해도 별로 걱정이 안 된다. 공부도 전혀 머리에 들어오지 않는다. 그래도 동생 성형이에겐 공부하라고 큰 소리 친다.

가끔 형님께 편지를 쓰고 싶은 생각도 들었다. 하지만 6월말 부대에 복귀한 이후 아직 편지를 쓰지 못했다. 마치 약속이나 한 것처럼 서로 소식이 두절된 지 석 달 보름이나 됐다. 게으름 탓일까. 어서 형님께 소식을 전하도록 해야겠다.

남에게 보이기 위한 행동처럼 불안하고 부자연스런 것도 없다. 나는 종종 내가 남에게 어떻게 비칠까 하는 걱정 때문에 절호의 기회들을 한 번에 날려버리고 만다. 지나친 신중은 서투른 연극 같은 부자연의 원인이 된다.

나는 청년이다. 표리가 일치되지 않으면 남자답지 못하다. 남의 사랑을 받든 받지 않든 내 자신이 달라지는 건 아닌데 나는 왜 자유롭지 못하는지. 담임선생님의 나에 대한 편애가 불편하다. 진중한 벌을 가함직도 하고 따끔한 질타도 해주실 만한데, 여간 잘못해도 말씀이 없으시니 장차 내가 어떤 사람이 될지 의문스럽다. 헤르만 헤세의 동화에서처럼 '사랑을 주는 것을 배우지 못한' 사람이 사랑을 받기만 하다가 이후에 큰 고통을 당하는 사람처럼 되지나 않겠는지…….

이웃에 좋은 뜻을 나누어주기가 쉬운 일은 아니다. 긁히기 쉬운 감수성의 부드러움 속엔 주고받을 수 있는 인정이 포함되어 있음에 틀림없다. 모든 사람을 사랑하기보다 소수의 몇 사람을 진정 사랑하자.

1972년 11월 19일.

싸늘한 날씨였다. 새벽 아침 뽀얗게 올라오는 수증기는 아침 안개가 되어 새벽의 적막에서 서서히 벗어났다. 하얗게 내린 서리는 오늘의 청명함을 약속했다.

하루 종일 멍청히 집에서 보냈다. 나날의 삶이 마치 김빠진 맥주처럼 너무도 허탈하기만 하였다. 논둑에 앉아 멀찍이 추수하는 농부들을 구경이나 하고, 물리 책을 땅바닥에 깔고 누가 보든 말든 논둑에 엎드려 자는 것 외에 별 다른 소일거리도 떠오르지 않았다.

오후에 김형석 교수의 『영원과 사랑의 대화』 전반부를 읽고 다소 용기를 얻었다. 'play again'은 먼 훗날의 play가 아닌 보다 뜻 깊은 내일의 play again이다. 지금부터가 더욱 중요하다.

존경받는 사람보다 좋은 사람이 되어야 한다. 인생이란 동반자 없이 슬픈 오솔길을 걸어가는 것이다. 친구, 친척, 부모, 형제도 우리가 어머니 뱃속에 있었을 때에는 생각조차 못한 존재들이다. 그들은 단지 오솔길을 걸어가는 도중에 우연히 만났던 사람들이다. 이 사실은 영원한 원천적 슬픔 같은 것이다. 원천적 슬픔이란 우리의 힘으로 벗어날 수 없는 아담과 이브의 자손으로서, 생명이 다하는 날까지 묵묵히 감수해야 하는 운명 같은 것이다.

인류라는 거대한 집합체 속에서 1인이란 지극히 미소하고 극한의 미립자 같은 존재이다. 인류란 집합체는 사실상 내가 소속되어 있는 집단이기도 하지만, 솔직히 그 속에서 난 아무것도 아닌 존재이기도 한 것이다. 지금 시점에서 이런 넋두리를 하는 이유가 무엇일까. 출세욕에 의지를 불태우는 순간에 밀려오는 무력감, 의기소침, 절망에 다다르는 허무감에 스스로를 조소하는 것일까. 아니면 자학하는 것일까.

그러나 명심해야 한다. 극한의 미립자 같은 존재도 전체에 지대한 힘을 전개시킬 수 있는 위대함을 잠재하고 있다는 것을. 이 말은 거대한 집합체 속의 한 미립자에 불과한 1인도 무한한 힘의 원동력이 될 수 있다는 반증이기도 하다. 단, 그렇다손 치더라도 인간은, 첫째 실력이 항상 준비되어야 한다. 둘째 어떤 것을 하더라도 일심전력해야 한다. 셋째는 끈기와 인내심을 가져야 한다. 넷째는 관용과 포용심을 지녀야 한다. 다섯째는 다방면에 걸쳐 조금씩은 골고루 알고 있어야 한다.

먼저 실력이란 환경에 적응할 수 있는 지력과 체력을 말한다. 모든 것 중에서 가장 으뜸이 되는 것이다. 둘째는 일심전력은, 어떤 일을 하든지 미칠 정도로 몰두하지 않는다면 안 된다는 것을 말한다. 셋째로 끈기와 인내력은 모든 일의 추진력을 말한다. 이것이 없다면 모든 것은 한바탕의 꿈에 지나지 않는다. 칠전팔기할 수 있는 정신, 바로 이 정신만 있다면 모든 일에서 당황하지 않을 것이다. 실패해도 좋다. 실패란 성공의 지름길이기에. 넷째 관용과 포용심은 공사를 분명히 구분하는 것을 말한다. 흔히 한국적 정서의 호인과는 다르다. 호인이란 우유부단하고 흐리멍덩한 족속들을 일컫는 뼈대 없는 아첨의 말이다. 일할 때는 일하고 놀 때는 노는 것을 명확히 구분하는 것이 중요하다. 그렇게만 된다면 승리는 분명 배신하지 않는다. 다섯째는 모든 일에 다소의 보편타당성을 갖고 임해야 한다는 것을 말한다. 보편타당성이 없다면 사회 낙제생이 되고야 만다. 어울릴 수 있어야 한다. 어떤 친구라도 사귈 수 있어야 한다. 사람을 가려서 보는 눈도 있어야 한다.

안으로 응결되고 또 응결되어서 더 이상 응결될 수 없는 경지에 다다른 바위의 천년의 침묵 같은 굵은 생명. 희게 표백되어서 더 이상 희어질 수 없는 결백성. 그보다도 세상에 초연한 자세로 인간사를 훑어볼 수 있어 영원한 신성을 찾아내는 것. 똑 똑 똑 떨어지는 샘터 옆 바위 틈새의 고요한 물소리에도 감격의 파도를 느낄 수 있는 심성. 영원한 미의 순례자로서 자연을 벗 삼아 구름 아래의 오두막에 쉴 수 있는 표표한 나그네. 이 모든 것이 융합되고 범벅되어 이윽고 푸른 쪽빛 옹달샘의 고목 등걸의 순수한 나무색으로 심장의 뚜껑을 해 닫고서는 수원지의 맑은 물에 발을 담가 천년의 망부석처럼 나의 형체 그대로 담아두고 마음의 높푸른 창가에 기대어 서서 하늘과 동화되어 그리스 신화의 아폴론이 될 수 있다. 그렇게 될 수 있다면 자살도, 예민한 감각의 탐미도, 병에 대한 고통의 처절한 신음과 표정도, 죽은 누나의 무덤 옆에 나란히 잠재울 수 있겠다.

사회 부조리에 대한 강렬한 거부, 밖으로 도약하고 싶은 심정은 남 못지않다. 때로는 그게 지나쳐 갈등을 일으키는 경우도 많지만 이 청춘의 시기에는 자연스런 것들이다. 지나친 우월감 때로는 무력감이 나를 감싸고돈다. 나 스스로 나의 마음을 조정할 수 없다면 누구에게 나의 마음을 맡길 수 있겠는가? 친구 생각을 하지 않고 공부만 할 수도 있다. 하기만 한다면 누구에게 질것 같지는 않다. 지나친 강박관념으로 확고한 신념이 서지 않는다. 모든 것이 산산이 갈라지는 심정이다.

1972. 11. 21. 화요일.

초겨울 날씨다. 칼날 같은 매서운 감촉의 바람이 귓전에서 소용돌이를 일으키고 코끝에서는 찡하게 눈물이 흐르게 한다. 종일 기분이 언짢다. 글도 제대로 써지질 않는다.

집에선 양식이 없어서 어머님께서 종일 투정이시다. 아무 말도 못하고 잠자코 듣고만 있자니 나도 모르게 화가 나 집에 있을 수가 없다. 저녁 늦게서야 어머님께서 쌀집에서 쌀 한 되를 빌려 와서 저녁을 지었다. 집에서 하루를 보내다 보면 공부도 안 되고 화만 난다. 거기다 어머님 푸념도 빠지지 않고……. 어찌 보면 집안에서 나의 위치가 심히 민망스런 자리가 되곤 해서 집에는 늦게 와야겠다.

진학반에 편성되고서부터 집에서 나를 가족 취급도 않는 기분이다. 멀리 달아나고 싶다. 학교도 몇 번이나 그만두고 싶었는지 모른다. 이 집도 춥고 배고프지만 우리 집이라 어쩔 수 없어 붙어 있지만, 한편으로는 그래도 이 정도는 편한 것이라는 생각도 든다. 사회로 나가면 이보다 더 큰 서러움과 고생을 겪을 수 있다는 냉엄한 현실에 강한 투지고 뭐고 간에 보는 것으로부터 도피하고 싶은 생각으로 가득 차 있다.

어제는 양열이와 같이 해운대에 갔다. 그래도 그 친구는 나보다는 형편이 나은 녀석이다 보니 아직 춥고 배고픈 소리는 안 하지만 성에 대해선 나보다 한 수 위인 것 같다. 모든 일을 지나치게 생각하지 않고 마음 편히 살 수도 있겠지만 현실적이어야 한다. 돈, 돈 해도 사실은 아무것도 아니다. 인간이 만들고 인간이 그것에 매여 있는 게 가소롭기 짝이 없다. 돈 없이 사는 방법이 어디 없나 살펴봐도 작은 틈조차도 찾을 수 없다. 불합리하고 모순덩어리인 이 사회에는 없다. 내가 뭐 사회 개혁가도 아니고 혁명가가 될 타입은 더더욱 아닌데 소용없고 부질없는 생각이다.

오늘은 선거일이기도 하다. 임시공휴일이다 보니 우리야 또 재미있게 놀았지만 불쾌한 일도 있다. 투표하러 못 가는 사람의 투표지를 다시 거둬 가는 게 심히 못마땅하다. 부정과 부패 일소를 목적으로 만든 헌법, 곧 유신헌법이 정작 부정과 부패로써 이루어져 있다면 이것은 어떤 논리로도 해명될 수 없다.

사회가 악에 물들고 있다는데, 우리가 그 악의 정화에 나설 수 없다니……. 예전 같으면 시위의 물결이 거리를 메웠을 텐데……. 지금은 비상사태에다가 계엄령까지 발령되어 아무도 소리를 못 내고 있다. 우리가 학교에서 배운 게 모두 엉터리란 말인지, 이상과 현실이 맞지 않는다. 더럽고 추잡한 세상이라고만 여겨진다. 오늘처럼 온종일 반항심이 가득 차고 의기소침한 날이 없었다.

사람의 죽음도 어쩌면 자연변화의 한 단면이니 누가 죽더라도 결코 눈물을 흘리지 말자고 다짐한다. 죽는다는 것도 사실상 보다 더 나은 세계에 돌입하는 과정일지 모른다. 아귀다툼했던 다사다난한 이 세계와 결별하는 것이니 축복받아야 할 게다.

속이 훤하게 들여다보이는 교육자란 꼴불견이다. 지금 심정으론 학교에 다닐 마음이 조금도 없다. 그나마 몇 되는 친구들마저도 없다면 학교를 더 이상 다닐 재미도 없어 그만 두겠지만, 불행 중 다행으로 이야기를 나눠볼, 어려울 때 도와주는 벗이 있기에 서로 의지해서 학교를 다니고 있다. 갑성, 을수, 효정, 양열 다 괜찮은 친구들이다. 마음이 통하면 뜻도 같아진다. 공부만 한다고 학교에서 합숙까지 하면서, 정작 친구가 어떤 것인지 알지 못하는 장학생들이 조금도 부럽지 않다.

모든 것을 죄다 한번 뒤집어 까보고 싶다. 철면피. 하기야 털어서 먼지 안 나는 사람이 없겠지만.

지금 당장 소원은 공부방이 하나 있고 책이 좀 있고 친구와 얘기할 수 있게 차비 100원만 있으면 된다. 밥도 못 먹어 집안 분위기 험악한데 100원만 달라고 말하려니 입이 안 떨어진다. 나 자신이 너무 초라해지기 시작한다.

공부를 해보려고 해도 그것조차 잘 안 되니 변명할 여지가 없다. 마음이 어지러우면 어지러울수록 형님 생각이 난다. 그래도 이 세상에서 아직도 믿고 의지할 곳은 형님뿐이다. 형님이라면 다소 얘기가 통할 것 같은데 요사이 그것도 지난 6월경에 만났을 땐 왠지 우리 집 식구 같지 않은 느낌이었다. 형님이 베트남 전장에 가 있어서 그런지 아니면 내가 그동안 변해서 그런지 모를 일이다.

형님께 안부 편지를 쓰겠다고 어머님께 말씀드렸는데 아직 부치질 못했다. 크리스마스카드나 한 장 보내야겠다.

시인 이동섭 씨가 작고하셨다. 만나보지는 않았으나 훌륭한 인격자라고 한다. 작품집으로는 『별이 내리는 정원』 『탄생B』 등이 있다.

1972년 12월 5일. 맑다.

학교에 있기가 쑥스러워 하루 종일 침묵으로 일관했다. 친한 친구들하고도 얘기하기가 싫더니 종내 지나친 자기 침전 속에 가라앉고 말았다.

요즘엔 돌아가신 둘째누나 생각이 자주 난다. 누구보다 집안일을 걱정하고 한때는 집안의 기둥이기까지 했던 누나였다. 하지만, 판도라의 상자가 열리는 순간 튀어 나온 병고와 곤란을 어이없게 생명과 바꿔야만 했던 숙명으로 인해 둘째누나는 죽음에서 벗어날 수가 없었다.

나의 처지가 슬퍼지면 슬퍼질수록 둘째누나가 살아만 계셨더라면 하는 생각이 든다. 둘째누나라면 분명 나를 도와주었을 거라는 느낌 때문이다. 결국 사람이란 자신의 환경에서 벗어날 수 없다. 환경이 괴롭고 고통스럽다면, 견디기 어려울지라도 적응하는 수밖에 없다. 환경이란 것도 인간이 스스로 만들고 또 그 속에서 생활하기에 되도록 많은 아름다운 꽃을 피우며 살아야 하지 않을까.

곳간에서 자란 쥐와 시궁창에서 자란 쥐가 근본적으로 다른 것이 있다면, 한 마리는 좀 더 먹기에 편안한 환경을 갖고 있고 또 다른 한 마리는 그렇지 못하다는 점이다. 사람도 그와 같은 환경의 지배를 받는다. 중요한 것은 자신이 처한 환경을 개척하지 못하면 결국 그 환경에서 벗어나기 힘들다는 법이다. 김형석 교수가 그의 저서에서 한 이야기다. 옳은 말씀이다.

당면한 과제는 현상 타개에 있다. 숱한 과제를 한꺼번에 해결할 수는 없다. 차례차례 한 번씩 껍질을 탈피해 가야만 한다.

1973. 1. 12. 맑고 추웠다.

60회 학교 졸업식에 참석했다. 마치고 나서 작은아버지 댁에 들렀다 돌아오는데 간밤에 꾼 꿈 때문인지 마음이 편치 못했다. 내 잠재의식을 통해 영화의 내용이 꿈으로 묘하게 변형되어 나타났다.

그 꿈의 내용인즉, 〈모정〉의 여주인공 제니퍼 존스의 얼굴인지 〈솔로몬과 시바 여왕〉의 지나 롤로브리지다의 얼굴인지 확실히 기억나지 않는 한 여인, 친구 중 한명인 K, 그리고 나 이렇게 세 명이 얽히고설킨 이야기였다.

첫 부분이 잘 기억나지 않지만 며칠 전에 본 영화 〈모정〉의 여주인공 제니퍼 존스처럼 혼혈 여자 – 이 여자를 M이라고 부르자 – 를 K가 사랑하게 되는데, M은 자신이 혼혈이란 이유로 스스로에 대해 자기학대 감정을 지니고 있고, 그래서인지 K에 대해서도 늘 거리를 두려고 한다. 그 사이를 내가 끼어들어 중재를 하게 되는데, M은 결코 스스로에 대해 자기학대감을 버리지 못한다. 그러다 어느 순간 나도 M을 사랑하게 되는데 M은 나에 대해서도 K와 같은 감정을 가진다. 이런 와중에 전쟁이 일어나고 M은 병이 들어 피난도 떠나지 못하는 지경에 이른다. 초조하게 임종만 기다리는 그녀를 나와 아버지께서 몸소 방문한다. 폭탄은 병실의 침대 옆에서 터지고, 아버지와 나는 M의 옆에서 임종을 지켜보는 수밖에는 별 도리 없이 서 있을 따름이었다. 임종에 임해서도 M은 자신의 그 생각을 버리지 못한다.

M은 분명 혼혈 여자, 그러므로 어쩌면 나의 이웃에 있는 인물 같기도

하고 그렇지 않다고 생각하면 이국인 같은 여자이기도 하였다. 그러나 보면 볼수록 사랑스러워지는 여자였다. 스스로 운명을 저주하는 듯한 M은 분명 사랑스럽긴 하지만 나의 동반자는 아니었다. 싫어할 수 없고 오히려 도와주고 싶은 느낌이 들었다. 확실히 M은 나를 생각해주고 또 내가 생각하고 있는 여자이긴 하다.

M은 나의 모든 것을 바칠 수 있는 그런 여자이긴 하지만 그녀의 실상은 나도 모른다. 내가 M을 사랑하고는 있지만, 나를 좋아한다는 그녀의 말 한마디가 없어 나는 슬프다. 정확하게는 M이 나를 사랑하는지 또는 K를 사랑하는지조차 모른다. 그러나 내가 사랑한다는 이 엄연한 사실 – 그것도 꿈이 현실인 경우라고 가정해서 – 에 나의 가슴엔 아름답지만 너무나 애상적인 마음이 가득하여 종일토록 마음이 설레었다.

나는 그녀의 아름다움 이면에서 애수를 본다. 그 애수가 가슴을 저미어서 꿈이 마치 현실인 듯 금방 죽음에라도 다다를 수 있는 심정으로 하루를 보낸 것이다.

이 세상은 슬픈 것이다. 그러나 우리는 서로 협조함으로써 이 슬픈 세상을 헤쳐 나가야 한다. 그럼에도 불구하고 협조하는 사람으로서 우정의 유대, 이성간의 결합으로서의 사랑의 유대가 있기야 하지만 결국에는 이 인생길은 혼자 힘으로 걸어갈 수밖에 없다. 이 영원한 고독의 오솔길을 걷지 않으면 안 될 존재라는 사실에 '인간은 고독하다.' 라는 말이 있다. 지금 나 자신이 고독한 상태인지도 모르겠다.

참다운 현자는 이성간의 사랑보다도 우정을 존중한다는 말이 있지만, 이성간의 사랑에 관심이 쏠리는 것은 어찌 할 수가 없다. 때가 때인 만큼이라고 생각하면서 한번 웃어버리면 그만이겠지만 그래도 이것은 나의 귀중한 아픔임에는 틀림없다. 나는 현자가 되고 싶다. 그러나 고독한 현자보다는 오히려 모든 감정이 풍부한 평범한 사람이 되고 싶다.

웃고 울고 부대끼고 화통하게 살고 싶지만 나의 정신은 아직도 너무나 미숙해서 환상 속에서, 감정 속에서, 때로는 지나친 이기심 속에서 아직 완전히 표백되지 않은 얼룩진 도포와 같다. 아직도 완전한 생활인이 되기는 요원한가 보다.

나는 지금부터 당신을 구원의 여인, 불멸의 여인으로 부를까 합니다.

M이여.

나의 생활이 어리석고 미숙한 곳이 많더라도 차가운 눈초리가 아닌 부드러운 눈길로 보아주길 부탁드립니다. 어리석고 무지한 나 자신이 끊임없이 당신을 생각하고 당신과 더불어 살고 있고, 또 당신도 항상 불멸의 여인으로서 나의 일거수일투족을 지켜보고 있다고 생각하기에 나의 생활이 더욱 윤택해지고 있음을 고백하고 싶습니다.

M이여.

내가 현실에서 M을 발견할 때까지, 결국 발견할 수 없을지라도 M이여, 당신이 나의 영원한 동반자로서 지위를 가져주기를 바랍니다. 비록 당신은 형체가 없지만, 오히려 난 형체 없는 당신이 좋습니다. 실체란 것은 항상 모순이 있게 마련이기에.

M이여.

당신은 결점이 없습니다. 모순도 없습니다. 정신적으로도 우월합니다. 나는 때때로 14세기 사람이 되고 싶습니다. 어쩌면 그 시기가 낭만주의 시대이기에 더욱 그럴지도 모릅니다. 그 시기야말로 용감한 기사가 베일에 싸인 미지의 여인을 보호하기 위해 기사도 정신이 발휘되던 시대이니까요.

M이여.

꿈속에서 당신은 나에게, "저는 혼혈아입니다. 저는 누구의 사랑을 받을 자격도 없어요. 오직 인고로써 남을 사랑할 수밖엔 없습니다. 그 대상이 누구인가는 밝힐 수 없습니다. 이미 삶이란 나에겐 의미 있는 의미를 부여하지 않고 있습니다. 저는 오직 인내와 노력으로써 저의 목숨이 붙어 있는 한 사랑하는 사람을 사랑할 수밖엔 없습니다."라고 말했지요. 그대는 나의 친한 친구인 K에게도 같은 말을 했지요.

사실 나는 K가 나의 연적으로 나타난 것을 이해할 수가 없습니다. 그러나 세상의 이치를 가만 들여다보면 정작 가까운 사람이 큰 피해를 주는 경우가 더러 있지 않은지요? 세상은 그렇게 원래가 모순덩어리입니다.

순수해지겠다는 사람과 선해지겠다는 사람이 없는 것은 아닙니다. 그보다 오히려 순수해지겠다고 의식조차 하지 않는 순수하지 않은 사람이 많은 것입니다. 그렇기에 세상은 처음부터 염세주의의 꽃이 필 환경이었지요. 염세주의를 결코 찬성하는 것은 아니지만, 아니 오히려 그것을 부정하고 싶지만, 그것은 우리가 살아갈 수 있는 방법론을 제시해주고 있습니다.

M이여.

나는 당신을 부를 때마다 마치 젊은 베르테르가 '사랑하는 로테여!' 하고 부르던 기분을 느낍니다. 왜 꿈속에서 당신을 사랑하면서도 좀 더 유심히 관찰하고 좀 더 함께 오랜 시간을 누려 보지 못했는지 후회가 됩니다. 현재 내가 확실히 기억하는 것은 그때의 나의 감정이 얼마나 뿌듯했는지 지금도 생생합니다.

M이여.

이젠 피로에 젖은 머리를 식히기 위해 수면을 취할까 합니다. 터무니없는 욕심이지만 오늘 저녁에 당신이 나의 꿈속에 나타나 서로 진지한 대화를 나눌 수 있기를 기원합니다. 당신이 나로 하여금 너무 지나친 몽상에 빠지지 않게 하고 좀 더 강인한 정신력을 갖출 수 있게 이끌어주길 바랍니다. 잘 자요.

73. 1. 16. 화요일. 다소 흐림.

아침에 학교에 갔다가 오후에 부산대학교 시험장에 C를 보러 갔습니다. 하지만 C를 만나지는 못했습니다.

M이여.

며칠째 침묵했습니다. 게으름을 피웠습니다. 사람이란 잠시도 쉬어선 안 된다는 사실을 알고는 있지만, 쉬지 않고 행한다는 것 역시 어려운 건 분명합니다.

요즈음엔 자주 의기소침해집니다. 집안 사정이 어수선하니까요. 그런 마당에 동생이 불쾌한 일을 저질렀습니다. 그 일로 동생을 나무라고 훈계를 했지만, 실상 그 일에 대해 책임을 져야 할 사람은 저입니다. 동생에게 학교에 가는 중에 헌책을 팔아서 볼 만한 책으로 바꿔오라고 했더니 서면 C책방에서 실수를 했나 봅니다. 내가 동생에게 시켜서 그런 일이 생긴 거였습니다. 앞으론 내일은 내가 직접 해야겠습니다. 말보다 실천을 존중하며.

M이여.

자기를 자제한다는 것이 얼마나 어려운 일인지 모르겠습니다. 특히 오늘같이 학생이 많이 모이는 장소엘 나가면 모든 여학생이 전부 그대 M처럼 보이니까요. 아무리 나의 감정을 자제하려고 해도 제대로 자제된 적이 없으니. 그저 뭔가 허전한 감정에 빠져 있는 것 외에는 아무것도 의식하고 싶지도 않습니다. 그래서 일부러 친구들에게 큰소리로 마음에도 없는 말을 한 것이 아닐는지요.

어저껜 형님께 편지를 부쳤지요. 아무쪼록 빨리 형님의 소원이 이뤄지길 기원합니다. 같은 핏줄을 받아 태어난 우리 형제가 한 사람은 이곳의 겨울철을 피부로 느끼고 있는 반면 또 한 사람은 멀리 그것도 타국의 땅에서 열대의 주민들과 함께 열기를 호흡하고 있습니다. 신기한 느낌입니다.

형님이 입대한 지 올해로 3년째입니다. 올 5월 말경에 제대를 하게 됩니다. 형님이 두세 번 휴가를 왔지만 어쩐지 서먹합니다. 아무것도 달라진 건 없지만요. 형님이 없는 동안에 내가 너무 변하지는 않았나 싶지만, 좋게 생각하자면 독립심이 더 강해진 것도 같습니다.

M이여.

더욱 강해져야겠다고 생각해봅니다. 강해지지 않고서는 존재의 의미가 없어지기 때문입니다. 강해진다는 것, 이것은 발전이 뒤따를 징후지요. 존재라는 건 그 자체만으로도 발전하고 있는 것입니다. 발전도 아니고 퇴보도 아닌 중간적 존재는 없습니다. 발전이 없으면 저절로 도태가 될 뿐이지요.

무언가를 의식한다는 것도 존재하고 있다는 것의 한 의미지요. '나는 생각한다. 고로 존재한다.' 는 식의 데카르트적 실존주의자가 아니라 해도 분명 생각하는 이 순간만큼은 존재하고 있는 것입니다. 이 순간의 존재가 '현재의 나' 라는 하나의 실재를 이루고 있으니까요. 현재의 삶이 끊이지 않고 이어진다면 무한한 가능성이 있는 미래도 엿보이겠지요. 가능성, 이 발전의 가능성이야말로 현재의 모든 행동의 원동력 아닐까요.

가령 미래란 것이 한없이 어둡고 등불 하나 없는 칠흑 같은 산골의 상태라 한다면, 어느 나그네가 선뜻 나서서 미래를 향해 걸어가겠습니까. 차라리 순간의 쾌락을 찾지요. 사람이 살아간다는 것은 현재의 쾌락보다 미래의 더욱 큰 쾌락을 위하여 현재를 참고 노력하는 것이지요. 이것은 육신적 쾌락뿐만 아니라 정신적 쾌락까지 포함하고 있습니다.

M이여.

오직 정신적 쾌락만을 위해서는 살아갈 수 없을 것입니다. 사람 또한 동물의 일원임에는 틀림이 없습니다. 물질세계의 구성원으로서 인간은 분명 동물이지요. 그러나 정신세계로 보면 인간은 영장인 것입니다. 그러니 그 쾌락도 반씩 나눠야겠지요. 이것은 평범한 사람에게만 적용되는지도 모르겠습니다.

M이여.

오늘 저녁엔 카를 힐티의 책을 읽고 싶습니다. 그리고 보다 나은 내일을 위해서 눈 좀 붙여야겠군요. 잘 자요.

1973. 1. 29. 월요일. 맑으나 좀 흐림.

종일 침침한 겨울바람이 불었다.
첫 번째 달을 아주 바쁘게 보냈다.
보냈다는 것은 뒤에 허탈한 감정을 생기게 한다.
그 무엇도 제대로 성취한 게 없기 때문이다.
그런 까닭에 뭔가 찜찜한 미련 같은 것이 남아 있기도 한다.
으레 그러려니 하고 넘어가서 모르고 있을 따름이다.
난세에 영웅이 있게 마련이다.
생활이 곤궁할수록 힘을 내야겠다고 생각한다.
모든 것을 잊기 위해 퇴조된 생각을 갖지 말자.
꿈, 희망, 포부.
이것이 없는 사람은 살아갈 희망 없이 죽음과 친해질 뿐이다.
넘어뜨리지 못할 불행이란 없다.
사람이란 동물 이상의 어떤 영감을 갖고 있다.
그것은 미래에 대한 무한한 희망의 가능성의 암시이기도 하다.
목표란 수많은 노력의 과녁이다.
집념은 오랜 세월의 실패에 대한 성공과 승리의 추진력이다.
용기를 갖자. 모든 일에 자신을 갖고서.
후회 않는 인간이 되자. 후회란 지조 없는 자의 넋두리다.
무궁한 희망의 가능성을 발견하도록 노력하자.

1973. 2. 4. 일요일.

M.

오늘도 어쭙잖은 행동으로 하루를 채웠군요. 하루하루가 오늘과 같다면 한 해 뒤의 나의 처지는 이미 뻔한 게 아닐까요. 어쩌면 나는 지금 자학하고 있는지도 모르겠어요. 양열과의 일도 그래요. 뭔가 말해야겠는데 남에게까지 침울한 기분을 끼칠까봐 입 밖으로 토해낼 수가 없었어요.

공부란 것도 그렇지 않나 싶어요. 가방만 들고 학교에 다니면 공부하는가 보다 생각하시는 부모님. 정작 학교에 가서 공부한답시고 책을 쥐고 있으나 머릿속에는 온갖 잡념들로 꽉 차 있고……

삼촌께선 당신이 학벌 없는 것에 대한 푸념을 늘어놓으시며, 저더러 성공하라고 강조하십니다. 사실 자기를 이기지 못하고서 성공한 사람이 몇이나 될까요. 우리가 생각하고 있는 한도 내에서는 거의 없지요.

일일삼성(一日三省), 곧 하루에 3번 반성하라는 증자님의 말씀이 있긴 하지만, 그 반성이 그저 반성하는 자체로 끝나는 것에 불과하다면, 그것은 결국 무의미의 되풀이가 아닐는지요. 내가 남도 사람이라서 끈기가 없는지도 모르겠어요. 마음속에 뭔가 뚫려 있는 곳이 있는가 보죠.

M.

사람이 자기 자신을 속인다는 것보다 더 큰 어리석음이 있을까요? 그것은 자기를 추구하는 것이 부족하다는 반증 아닐까요. 사위가 온통 암울하고 컴컴한데 '나' 라고 하는 주체의 자의식이 결여되어 있으면, 주위와 부합되어 더욱 어지러워지는 것은 아닐는지요.

M.

이 세상은 영원을 추구할 만한 곳이 아닌 것 같아요. 그러나 전혀 가망성이 없는 곳도 아니지요. 그것이 비록 무한대에 가깝다 할지라도. 사실 가망성의 세계란 봄눈이 녹아 망망한 바다로 들어가는 과정의 세계와 비슷한 것이지요. 물이란 것은 흘러서 처음엔 개울로, 다음엔 시내로, 다음엔 강으로, 그 다음엔 영원히 창해 속으로 들어갑니다.

하지만 인간 세상은 이와 같은 게 아니지요. 인간사란 것은 구비마다 너무도 다치기 쉽고 끊기기 쉬운 요소가 많으니까요.

M.

요즈음 나는 나의 자아에 반항하고 있는 묘한 심리 상태를 겪고 있습니다. 청춘에게 윤리가 있다면 그건 무엇일까요? 반기성(反旣成) 윤리에 가깝지 않을까요. 우리가 타파해야 할 것이 너무도 많습니다. 생각건대, 4.19 당시의 선배들도 젊음의 불길과 누적된 반항심리가 합쳐져 의거를 산화시켰는지도 모릅니다.

어쩌면 내가 행복에 겨워 이러고 있지 않나 싶기도 하네요, 모든 것이 너무 충만한 상태에서라면 발전이 이뤄지기가 힘든 법이니까요. 나 자신이 너무 강하지 못하구나 생각들 때가 많습니다.

무덤은 자기가 파는 것.
죽음도 불사하고 싸울 전의가 있는가.
보라, 삶과 죽음의 뒤안길에서
고통은 뼈마디 속에서 춤추고.
신은 진정 잠을 청했는가.
죽음이 활기에 겨워 미쳐 날뛰도다.

불그레한 석유 등잔불에서 고요히 치맛자락을 만지작거리는 소리가 들려나오고,

하늘이 바다가 되고,
촛불이 어두운 밤을 지키기에 너무도 적막한 침묵을 깔아 내린다.
이 모든 것이 지금은 저 멀리 한적한 교회 탑의 숨 쉬는 종소리에서,
은은한 내 죽은 누나의 음성 속에서,
꿈과 차가운 얼음도 녹이는 정열이 배어 나오는 듯.
쓸데없는 이룰 수 없는 희열에 잠겨
희멀건 눈으로 고요를 삼킨다.

무엇이든 생각할 수 있는 시간을 갖자. 세상에 대한 비관적 견해를 갖지 말자. 슬픔의 파도를 넘어, 너무 지나치지 않은 정열이 몸에 배이도록. 내가 최초로 진실과 명랑을 느껴본 친구, 갑성에게 뭔가 거리낌이 있어선 안 되겠다.

생활 속에서 참다운 '무엇'을 찾도록 하자. 분산보다 집합적인 것을 추구하자. 요점과 포인트. 모든 것은 오늘 다시 play again. 내일마저 헛되지 않게 한 해 동안 최선의 방법으로.

73. 3. 7. 수요일. 맑다가 흐려짐.

성낼 줄 모르는 인간, 발전도 없다.

M.

근 한 달가량 펜을 놓고 있었습니다. 왠지 글을 쓰기가 싫었습니다. 신학기가 벌써 일주일가량 흘렀는데도 확고한 것은 아무것도 없더군요. 요즘의 일과란 그저 남들이 학교에 가니까 나도 따라갔다가, 마치면 곧장 집으로 돌아와서 일찍 자는 것입니다.

M.

진로에 대한 확고한 주관이 없어 나의 모든 것이 마치 저 바다에 표류하는 나무 조각만 같습니다. 신중히 숙고한 후에 전력 질주해야 할 시점에 안개로 흐릿해진 시계마냥 모든 현실과 미래가 희미할 뿐입니다.

M.

게슴츠레한 눈빛으로 뭔가를 바라보면 M의 얼굴, 사실은 명확치도 않고 윤곽도 없는 얼굴의 환영이 나타납니다. 그러면 나의 가슴에 알뜰한 뜻이 깃든 것 같은 착각이 듭니다. 잠시 후, 문득 나의 시계가 현실로서 드러날 때면, 그만 쓸데없는 망상을 가진 맥(貘 : 꿈을 먹고 사는 동물)이었음을 깨닫고 어이없는 웃음을 흘립니다. 이는 아마도 이상(李箱)이 서울의 어느 다방에서 희뿌연 담배연기를 흡입하면서 머금던 그 천래의 고소(苦笑), 마치 자기의 눈에 비친 세계를 공상하는 표정과 눈빛으로 희멀건 눈망울 굴리며 다리를 꼰 채 의자에 걸터앉아서 연신 담배연기를 뽐어대며 짓는 웃음과 같다고 느껴집니다.

M.

쓸데없는 말들을 늘어놓아서 미안합니다. 조금 우스운 기분이 드는 것도 사실이고요. 왜냐고요? 어느 저녁의 우연한 꿈속에서 어렴풋이 느낀 감정이 응결되어서 한 사람의 인격을 추상하게 되었으니까요. 그 뒤로는 통 M의 얼굴이 나타나지 않더군요. 왜 그런지 모르겠어요.

M.

'성낼 줄 모르는 인간은 발전이 없다.'를 써놓고 보니 그런 느낌이 들더군요. 사실 내가 왜 좀 더 나은 학교에 다니지 못하고 있으며, 또 더 나은 학교에 지망하지 않았느냐며 식구들로부터 핀잔을 듣고, 그 말을 듣고 나니 나 또한 그런 생각이 드니까요. 형님께서 빨리 오셔서 나를 통제해주었으면 합니다. 방향이 뚜렷해야 전진할 수 있지요.

M.

오늘 밤이 새도록 얘기를 해도 끝이 없겠습니다. 오늘 저녁 꿈속에 당신이 제발 나타나길 바라면서.

이만 안녕.

1973. 3. 10. 토요일. 맑았다 흐려짐.

쓸데없는 말들을 또 토해내야 할 것 같습니다.

M.

오전 중에 승관이를 만나러 가려 했는데 여의찮았습니다.

요즈음은 이 세상 모든 것이 너무 비관적이고 허무합니다. 이러다가 종내는 그늘의 인간이 되지나 않을까 걱정됩니다. 공백이 생기기만 하면 여지없이 허탈감에 마음이 점령당하니까요. 작년부터 들기 시작하여 요즈음까지 이런 생각이 계속되니 살고 싶지 않은 느낌이 들곤 하지요.

세상 사람들이 본다면 젊은 사람이 이런 생각 하는 것을 비웃거나 쓸데없는 망상이라고 일축할 것이나, 나의 입장에서 보면 결코 그렇지 않지요. 고백컨대 어떻게 인생을 좀 더 진지하게 볼 수 있을는지가 나의 가장 중대한 문제의 일부가 되었습니다.

평소에 좀 더 조심스런 생활을 하려고 합니다만 여느 때와 다름없이 쓸데없는 피해망상 또는 막연한 충동감에서 또는 이기심에서 그날의 목표를 완수하지 않게 되는군요. 이런 나의 행동은 타락된 심정의 일부라고 생각할 수밖에 없겠습니다. 달걀 껍질을 깨는 아픔 없이는 병아리가 탄생할 수 없는 것처럼 나 자신의 자아를 찾기 위한 진통인지도 모르겠습니다. 이런 측면에서 본다면 그런대로 참고 견디며 계속 이런 생활을 터득해 나갈 수 있게 노력해야겠지요.

삶과 죽음, 영원과 인간, 진리와 모순과의 갈등의 모든 것들을 무한한 시간이란 직선 위에 놓고 견주어 본다면 인간은 절대 무한의 어떤 것의 절벽을 마주하는 단절감을 느끼게 됩니다. 수많은 점들이 모여 직선을 이루긴 하지만 점이란 개념은 존재하고 있다는 것에는 변함이 없지만 실제로 그려낼 수 없을 만큼 작은, 추상에 가까운 무한소의 개념입니다. 얼마나 작으면 그려낼 수조차 없을 정도일까요?

마찬가지로 기껏 잡아야 백년도 채 안 되는 인간의 삶도 유구한 영겁으로 보면, 천년도 수유(須臾)던가, 라고 노래하는 정비석의 「산정무한」의 일향(一晌 : 아주 짧은 시간)처럼 비참하기 그지없습니다. 사람은 나뭇잎과 같은 것. 가을이 되면 어쩔 수 없이 땅으로 떨어져 묻혀야 될 존재입니다. 그러기에 초탈할 수밖에 없다는 결론에는 아직 도달하지도 않았습니다.

M.

그런데 나의 주변에도 생에 대한 강한 신념을 간직하고 있는 분이 여럿 있습니다. 국사 선생님인 이승희 씨가 그중 한 분이십니다. 결코 우울하거나 환경에 반응이 없는, 그렇다고 전혀 주변의 사정을 느낄 줄 모르는 것도 아니면서 유머러스하시고 생에 대한 강한 신념을 갖고 계십니다. 나도 이런 신념을 갖도록 노력해야겠다고 생각합니다. 먼저 이런 신념에 도달하기까진 여러 과정을 거쳐야 되겠지만요. 그걸 수양이라고 하는 건지 모르겠군요.

고(故) 청마 유치환 씨의 글 중에도 "정말로 시를 쓰기에 앞서 그보다 한 사람의 인간이 되려고 노력하자고 마음먹었지만 날이 갈수록 그것이 얼마나 어려운 일인가."라는 표현이 있습니다. 한 사람의 인간이 된다는 것 그것은 어려운 일임에 틀림이 없습니다. 가장 명료하면서도 어려운 명제인 게 사실입니다.

사르트르의 『구토』의 일부

저기 어떤 노부인이 걸어가고 있다. A거리를 걸어간다. 저런 걸음걸이라면 100m 가는데 10분이 걸릴 것이다. 그런데 나는 지금 이 창문에서 저 여자를 보고 있다. 지금 여기서 잠시 후, 나는 저 여자를 다시 봐서 100m 이동한 거리에 있는 것을 본다면 나는 10분 후의 미래에 있게 될 것이다. 미래라고 하는 것은 흐릿한 현재다. 결국 과거, 미래라고 하는 것은 흐린 현재에 불과하다.
모든 시간도 잘게 쪼개어 본다면 정지된 상태를 찾아낼 수 있는데 이 순간적으로 정지된 상태에는 아무 생성, 도태, 발전이 없고 오직 유(有)하고 있는 것, 있기는 있지만 인간의 모든 정신활동이 정지된 상태이기 때문에 있는지 없는지 알 수가 없는 그런 상태에서 인간은 정상적 기능을 발휘할 수가 없다. 인간이 적어도 활동을 한다는 것은 이미 현재, 과거, 미래의 여러 순간들의 복합적 시간관념일 수밖에 없다. 그러므로 사실상 현재란 오히려 빼버려도 좋은 그런 상태가 아니겠는가. 현재란 엄격한 의미에서 그것은 3차원의 세계와는 다른 차원의 세계다. 우리는 때때로 악이라고 하는 것에 묘한 흥미를 느끼며 한번쯤 그런 충동을 받기도 한다.
사실상 인간이 어릴 때부터 인습과 제도의 구속을 받아서 그가 자연인 그대로 성장하여 악을 행하고 싶을 땐 그는 서슴지 않고 악을 실행할 것이다. 그런데 어릴 때부터 교육이란 테두리 안에서 자라온 우리들은 여러 사람이 있는 곳에서는 자신도 모르게 우리가 악한 것들이라고 배워온 모든 것들을 보기만 해도 불쾌해 하고 나쁘고 악한 것이라고 느낀다. 그러나 사실 그들이 단독자로서, 그 악한 것이란 제도중의 한 구성원이나 단체의 구성원일 때는 그걸 전혀 인정하려조차 않는다. 이런 사람들의 대부분은 선량한 사람이며 그 중의 일부가 소위 위선자란 말을 듣기도 하는 부류이다. 그런데 사실 위선자라고 하는 사람은 그들 자신을 위선자라고는 느끼지 못하는 것과 같은 태도를 취한다. 사실 사람은 성인이 아닌 바엔 모두가 위선적인 행동을 하지 않을 수 없다. 나쁜 일을 하면서도 자기를 끝내 두둔하고픈 심리를 누구나 갖고 있기에 누구를 위선자라고 탓할 필요는 없다. 그렇게 말하는 나 자신부터 엄격한 의미에서 – 아니 엄격할 필요조차 없어도 수많은 그런 행동을 하기 때문에 우리 모두 그런 사람이다. 다소간의 정도의 차이는 있지만.

73. 3. 12. 월요일. 맑다.

봄 날씨다.

형님이 귀국한 지 이틀이나 된다. 기다리다 지친 집안 식구들이 거의 체념한 때가 되어 왔으니, 반가운 느낌이 한결 더하고 집안도 갑자기 활기를 띤다. 오랜 동면에서 깨어난 동물들처럼…….

어쨌든 봄은 좋은 계절이다. 희망을 갖는다는 것은 금상첨화 격이고.

어제는 우연히 동래도서관에 갔다. 그곳에서 승관이를 만났는데 공부를 하고 있는 중이었다. 대학엘 들어가도 공부를 안 하면 안 되겠다고 한다. 얘기 도중에 옆에서 누가 웃길래 보니 홍기였다. 갑자기 나도 공부를 해야겠다는 마음이 일어났다. 그래서 홍기에게 공통 수학책을 빌렸지만, 애초부터 공부를 목적으로 온 것이 아니라 나의 머리에 공부가 들어올 리가 없었다.

나는 잠시 자리에 앉았다가 일어나 신문게시판으로 가서 한참 신문을 들여다보았다. 저녁때가 되어서 승관이와 도서관에서 나와 함께 그의 집에 가서 식사를 하였다. 그런 후 함께 탁구를 치러 나왔다가 다시 늦게쯤 돌아가서 저녁간식도 얻어먹고 입시 책을 빌려 집에 돌아오니 정각 12시였다. 종일 좀 돌아다니다 보니 피곤하였으나 울적한 기분이 풀렸다.

73. 5. 6. 일요일. 쾌청.

오늘은 참으로 청명한 날씨였다. 하지만 나에겐 오늘도 쓰라린 체험의 날이기도 하였다. 아침 일찍 동래도서관에 갔다. 8시경부터 12시 10분경까지 공부를 하다가 홍기와 동래여중에 배드민턴을 치러갔다. 중학교 3학년 때 충근이와 한번 쳐본 이후 4년 만에 쳐보는 것이었다. 맞을 것 같으면서도 맞지 않아서 화가 좀 나기도 하였으나 30분가량 치고 나니 제법 요령을 터득할 수 있었다.

약 1시간 30분간 배드민턴을 치고 난 뒤 홍기는 점심을 먹으러 집에 갔고, 나는 기분을 전환시키려고 동래중학교에 갔다. 그러다 점심때가 지나서 배가 출출하여 남은 10원으로 건빵을 사먹고 도서관에 들어가려고 하였다. 도서관 입구에서 검표하는 청년이 나를 보고 표를 새로 끊어서 들어가라고 한다.

까닭을 물으니 정오에서 한 시 사이에만 외출이 가능하고 그 외의 시간엔 돈을 새로 내야 한다고 한다. 마침 가진 돈이 없어 사정을 봐 달라고 하니 완강히 거절하기에 가방을 들고 나오는데 마침 같은 반의 K가 들어왔나. 서로 눈인사를 하고 헤어지고 한참 더운 공기를 마시며 안락동 고개를 넘어가고 있는데, 갑자기 K가 나의 이름을 부르며 올라오는 것이었다.

우리는 길을 같이 걸어가면서 얘기를 나누었다. K는 10원이 없어서 도서관 출입을 못하고, 관리인에게 톡톡히 핀잔만 들었다고 했다. 나의 경우와 똑같았던 것이다. 하지만 나는 정작 "나도 그래서 집에 가게 되었다."고 말하는 것 대신, "도서관이 시끄럽고 배가 고파서 나왔다."고 거짓말을 했다.

K는 같이 길을 가는 도중에 자기 집을 알려주었다. 그러면서 집에 들렀다 가라고 하는 것이었다. 참 순진한 아이였지만 난 마음에 걸리는 일이 있어 그냥 왔다. 시시한 이런 일에까지 거짓말을 하다니! 아 나는 정말 이런 인간밖에 안 되는가? 구원(久遠)한 영혼의 세계를 찾는답시고 가끔 책상머리에 앉아 독서를 하고 있는 나와 아무리 가볍다고 하더라도 천연덕스럽게 거짓말을 꾸며대는 내가 이 한 육체에 동시에 병존할 수가 있을까?

어제 저녁 때의 일만 해도 나의 거짓 마음이 그대로 드러나지 않았는가. 가기 싫다는 길오를 억지로 음식점으로 데려가려는 나의 마음이 점점 미천하게만 보인다. 일관성이 없는 나 자신에 대해 스스로 알고 있으면서도 근본적인 대책을 강구하지 않고 그저 물결 일렁이는 대로 부유하는 지푸라기 같은 인생으로 살고 싶은가?

근본적인 이유는 단 하나로 압축된다. 나 자신이 무엇보다도 가식이 많다는 것이다. 남자가, 그것도 아직 고등학생에 불과한 내가 벌써부터 그런 행동을 계속한다면 먼 후일의 나는 응당 그렇고 그런 사람이 되고야 말게 아닌가?

모든 것은 미래 지향적으로 뻗어나가야 될 것이다. 남자답게. 예전에 어느 책에서 「답자」라는 수필을 읽은 적이 있다. 학생은 학생답게, 부모는 부모답게, 정치가는 청치가답게, 경제인은 경제인답게, 교사는 교사답게만 행동한다면 자연적인 조화를 이루어 보이지 않는 손에 의해 수요와 공급이 균형을 이루듯이 보다 알뜰한 사회가 되리라 생각한다.

요즈음 친구들 특히 1, 2학년 때의 친구들과 다소 관계가 소원해진 것도 사실은 나 자신이 정직하지 못한데서 연유한 것 같다. 가식에는 과감한 철퇴를 던지고 정직을 발군시켜 월요일 오후에는 반드시 철학책을 읽도록 노력하자. 정신적 기쁨 없이는 내게서 공부란 되지 않기 때문에.

바람에 흔들릴지라도 갈대는 말없이 자라듯이 보다 큰 나를 발굴하기 위해서 모든 것을 씻어내고 진실한 일에는 용기를 갖도록 노력하자. 용기를 갖도록!

74. 2. 11. 월요일. 쾌청.

지금은 아직 한낮의 송정.

이 소리를 어떻게 나타내야 할까? 이 시끄러운 소리가 나의 마음속에 무엇인가를 심고 있다는 느낌이 드는 것은 무슨 까닭인가? 희망의 속삼임이라고 해야 할까. 이젠 우울한 요즈음의 생활에서 어떻게라도 탈피하려는 용기를 내야만 할 때다.

아침엔 오늘이 월요일인지도 모르고 도서관엘 갔는데 휴관이었다. 승관이네 집에나 들러볼까 하다 아무래도 학교에 가고 없을 것 같아 송정으로 발걸음을 옮겼다. 차를 타고 송정 고개를 넘을 때 해운대 저편으로 오륙도가 보였다. 혹시나 일영이를 만날 수도 있지 않을까 싶어 백사장을 걸어볼 생각도 하였지만, 하릴없이 옆구리에 책도 2권이나 낀 채 그냥 발걸음 가는 대로 마음을 맡겼다.

구릿빛 얼굴들. 바다와 수없는 고난의 운명과 싸워온 역사의 주인공의 그 구릿빛 얼굴들. 그들 모두 이른 아침 출범 준비를 끝냈는지 모두 따뜻한 벽에 기대어 바다를 쳐다보면서 묵묵히 서 있다. 그들의 아낙네들 역시 수레에다 미역이랑 파래랑 잔뜩 실어서는 어디론가 끌고 가고 있다. 좀 전까지만 해도 먼 저편 바다 끝에서 보이던 큰 배가 지금은 보이지 않는다. 마치 바다 위에 정지한 채 떠 있는 것 같았는데, 빠른 속도로 벌써 안 보이는 곳까지 가버렸나 보다. 이것이야말로 우리의 인생과 같은 게 아닐까.

우리는 하루하루를 정말 분주하게 보낸다. 정말 직장이라도 다니게 되면 인간사는 눈코 뜰 새 없이 바빠진다. 물론 예외란 있게 마련이지만 그러한 바쁜 일생도 먼 탄생부터 죽음의 순간 그 사이를, 대형 스크린을 통해 본다면 하루의 순간순간이 수천수만 아니 수십억 순간들의 나열이라면, 우리가 그 순간들이 지나가는 것을 일일이 깨닫기도 전에 그것을 아예 무시하고 대강의 줄거리만을 기억 속에 남길 것이다. 사실 순간과 줄거리는 확실히 인과율의 법칙에 얽매이지만, 그렇다고 해서 그것도 이원론적인 차원은 아니다. 순간이 곧 줄거리이기 때문이다.

우리의 나날도 마찬가지다. 나날의 생활, 순간순간의 행동이 곧 나의 인생 전체라고 할 수 있으니, 지금이 곧 종말의 그것이요. 비록 비약이 있다 해도 급격히 일어나지는 않는다. 그러니 인생 전체를 잘 보내려면 지금 이 순간을 알차고 보람 있게 보내야 한다.

아직도 발밑에서는 여전히 내가 뭐라고 적을 수 없는 거센 파도 소리가 귓전을 때리고 있다. 숱한 물거품의 흰 시체를 내보이면서 잠시도 쉴 줄 모른다. 바닷가 미역밭 위에 아까부터 나룻배 한 척이 작업을 하고 있고, 그 하늘 위를 갈매기 한 놈이 스윽 해면에 내려왔다가 다시 하늘을 박차 오른다. 코끝의 짭짤한 바다 냄새에 마음이 저려진다.

제2부

무지개 문을 드나들며

74. 4. 9. 화요일. 흐리다.

M.

참으로 오랜 만에 당신에게 글을 띄우는군요. 생각해보니 일 년 내내 짧은 소식조차 전하지 못한 것 같더군요. 아무리 내가 게으름뱅이라고 하더라도 이건 심하다는 느낌이 듭니다.

지난 일 년 동안 나는 무얼 했을까요? 대학 입학시험에 쫓기다 그리운 M마저 잊어버렸나 봅니다. 하하하, 아무쪼록 너그러운 마음으로 용서하시지요. 이젠 20세가 넘었으니까 청년이라 부를 수 있겠지요.(청소년의 시절은 벌써 지났다고요.) 하지만 솔직히 정신적으로는 어른 대접을 받을 정도는 아직 아닌 것 같아요.

봄의 한들한들거리는 미풍이 고요한 마을의 저편 산골짝 사이에서 불어옵니다. 시인 김광균님이 밤에 내리는 눈을 그리운 먼 곳의 소식이라고 비유했듯, 나는 봄의 소리 없는 미풍을 그렇게 비유하고 싶습니다. 마치 봄마다 솔베이지가 고향의 산언덕에서 멀리 내다보이는 푸른 대양으로 떠난 페르귄트를 그리는 그 적막한 감정 같은 것을 가슴속 깊이 부여잡고서, 나는 누구를 위한 작은 등불이 되길 바라고 있는지도 모르겠습니다. 산은 이젠 초록색 비단으로 휘장을 해 덮고 이따금 우리로 하여금 미소 짓게 하는 울긋불긋한 수를 놓을 채비를 갖추고 있습니다.

그리운 M이여.

나는 이맘때가 되어선 친구 S를 생각합니다. 어쩌면 M과 거의 같은 정도로 마음을 주고 있는 친구입니다. 그는 지적 성격을 가진, 항상 무언가를 동경하고 갈구하는 사람입니다. 학교에 다닐 때에도 서로에게 말은 건네지 않았습니다. 서로가 마음은 있으면서도 작은 미소로 지나치는 그런 사이였죠.

M.

어두침침한 학교 음악실의 소파에 기대어 그에게 보낼 마음의 낙서를 적다가 음악을 듣고 또 적고는 하다가, 며칠 전엔 지나친 정신 소모로 소화불량에 걸려 고통스런 몇 날을 기억하게 되었습니다.

M.

천릿길이나 떨어진 곳으로 유학을 떠난 S에게 건강과 축복과 노력에 대한 정당한 보상을 가질 수 있길 기원합니다.

M.

요즘 나는 내 또래들에게 흔히 있기 쉬운 집에서의 부적응을 강하게 느끼고 있지요. 나는 이런 행동이 잘못된 일이라곤 생각하지 않습니다. 왜냐고요? 그건 사람의 성장에는 여러 단계가 있기 때문이지요. 물론 사람에게는 기인이란 부류도 있어 그들의 경우 유다른 인생 체험을 하기도 합니다만 우리 같은 범인들이란 으레 정규 과정이 있는 법이지요. 한번 이것을 지나가야 되리라는 지각이 생긴 바엔 과감히 부딪쳐 나가야 되겠지요.

사람들이란 많은 시행착오를 몸소 체험해야만 자기 자신에 도움을 주게 되지요. 실패를 하지 않거나 적어도 실패를 예견하지 않고서는 목표를 달성할 수가 없지요.

M이여!

나는 이 세상 어디엔가 반드시 당신이 존재하고 있다고 믿습니다. 플라톤의 『향연』에서 아리스토파네스는 인간은 원래 남성, 여성, 그리고 제3의 성, 이렇게 3가지 성을 가졌다고 말하더군요. 제3의 성을 가진 인간은 남성과 여성, 즉 2가지 성이 혼합된 모습으로 자웅동체의 몸이라고 하고요. 그런데 남성과 여성2가지 성을 가진 인간들은 힘도 세고 능력도 뛰어났다지요. 이에 두려움을 느낀 제우스와 다른 신들이 고민을 하였고, 마침내 2가지 성을 가진 인간들의 몸을 반으로 쪼개자는 결정을 내렸다더군요. 그 결과 갈라진 사람들은 서로 제 짝을 찾기 위해 밤낮으로 노력을 할 수밖에 없다고 하고요. 용케 서로 제 짝을 찾은 인간들은 행복해지고 제 짝을 선택하지 못하면 그만큼 불행해진다고……. 그러나 세상에서 제 짝을 찾는 게 결코 쉬운 일은 아닙니다.

M.

나는 누구를 나의 짝으로 삼아야 할지 정말 방황하는 마음으로 나날이 무의미함을 느껴야 하는지 의문스럽습니다.

M이여.

삶이 확실한 행복의 조건을 제시해주지 않는데 대해 심한 반발을 느낍니다. 그렇다고 삶을 저주할 권리도 없습니다. 솔직히 삶을 저주할 만큼 내가 삶에 노력을 쏟은 것도 아니기 때문에. 불멸의 여인 M에게 띄우는 나의 짧은 편지는 오늘 이 정도로 줄여야 할 것 같군요. 잠의 여신이 나의 눈꺼풀을 억지로 닫도록 눌러오니까요.

안녕. 오늘밤 또한 그대의 꿈을 꿀 수 있기를 빌면서.

74. 4. 10. 수요일. 쾌청.

M.

정말 화창한 봄 날씨지요. 따사로운 열기를 가진 봄바람이 스치고 지나가면 양 볼엔 간질간질한 감촉이 남아 있지요. 진정 4월의 봄 날씨가 있다면 바로 이런 날일 것이라는 생각이 들어요.

학교 등하교 길의 여학생들의 치마에서도 봄이 한창임을 느껴요. 한 시간 반씩의 여유를 갖고 집을 출발하여 학교에 등하교를 하니 여러 가지 생각들을 할 수 있어서 좋네요.

M.

국민윤리 시간에 리포트를 발표하였는데, 그냥 줄줄 읽어 나가는 바람에 이해를 못하겠다고 하더군요. 난생처음 사람들 앞에서 '산다는 것에 대하여' 라는 주제의 발표를 하다 보니, 저도 모르게 떨려서 손아귀에 힘도 잔뜩 들어갔지요.

영택 씨와 함께 점심을 먹고 도서관에서 리포트를 다시 정리하여 이석재 교수님께 제출했지요. 교수님께 간 김에 '실존적 사람' 에 대해 물었더니, 그것은 특별한 용어가 아니고 문맥에 맞게 해석을 하면 된다고 말씀하시더군요. 또 '실존' 에 대해 물었더니 그것은 참된 자기를 찾아내는 것, 합리주의적 관념론에 대한 반발로서의 인간성 회복 등 여러 가지의 정의를 내릴 수 있으나 뭐라고 딱 꼬집어 말할 수 없을 만큼 많은 사상이 있다면서 안병욱 교수님의 저서 『세계대사상전집』에 나오는 사르트르, 하이데거, 키에르케고르 등에 관한 글들을 읽어보라고 조언해주셨지요.

M.

내가 리포트를 너무 비관적으로 썼기 때문인지 모르겠지만, 교수님께서는 사람을 집단에서 끄집어내어 홀로 놓고 평가를 하면 정말 보잘것없는 존재일 수도 있지만 집단 속에서 다른 사람과 관계를 갖게 되면 문제는 달라질 수 있다고 말씀하셨지요. 그러니 관계란 것에 대해 좀 더 진중하게 생각해보라고 덧붙이시더군요.

M.

난 또 멍청한 나 자신에게로 돌아왔지요. 정말 나 자신이 멍청하다고 생각하면서 저녁 먹기 전 부대를 지나 강둑에서 호젓한 나의 목청을 들으며 나대로의 감상에 젖어 보았지요. 고요하고 적막한 밤의 어둠 속에서 먼 곳에 보이는 불빛만 밤의 아름다움을 더 빛내고 있었지요.

정말 건너편 도로에서 질주하고 있는 차량의 불빛은 흡사 하늘에서 쏴 하고 떨어지는 여름밤의 별똥같이 보입니다.

오늘은 이만.

1974. 4. 15. 월요일. 쾌청.

M이여!

오늘도 오늘이란 한정된 시간을 채우느라고 무척 노력하였지요. 사실 한 것도 없이 하루하루를 보낸다는 것보다 무의미한 게 또 있을까요? 그렇다고 내가 전적으로 무의미한 행동만 했다고는 생각지 않아요. 오후에 갑성과 다방에 마주 앉아 서로의 생각을 늘어놓다가 어두워지고 나서 그의 집에 가서 저녁을 얻어먹었지요. 그러고 난 뒤에도 서로 고리타분한 생각을 주고받다가 집에서 나왔는데, 그가 따라 나오더니 어두운 골목길에서 돈 100원을 내 호주머니에 넣어주더군요. 받지 않으려 했더니 억지로 챙겨주는 바람에 부득불 받을 수밖에 없었습니다. 기분이 썩 좋진 않았어요. 아무래도 나의 자존심이 상처를 받은 셈이니까요.

M.

산다는 게, 곧 이렇게 살아야 한다 저렇게 살아야 한다는 게 도대체 무슨 가치를 가져다주는 것인지 M은 알고 있나요. 나는 요즘엔 그런 걸 많이 생각합니다. 그런 것에 흥미를 느끼고 또 어렴푸게나마 이해를 하려고 노력합니다. M을 위하여 보다 나은 우리 사고의 진보를 위하여.

M.

오후에 학교에 가다가 동상동 고개 마루 버스 정류장에서 등에는 갓난애를 업고 양손에는 십자매가 들어 있는 새장을 들고 가는 여인을 보았습니다. 허름한 옷차림의 그 부인의 생활에 찌든 모습에 뭐라 할 수 없는 슬픔을 느꼈습니다. 그런데 그 여인이 들고 가는 새장에 갇혀 자유를 유린당한 십자매가, 버스가 내뿜는 매연과 먼지를 맞고서 그런 장소를 지나가야만 한다는 사실에 인간에 대한 혐오감을 느꼈지요.

비록 자유를 빼앗기고 제대로 숨 쉴 곳조차 마음대로 가질 수 없는 애완동물이라도, 이러한 처사는 너무 잔인한 것이 아닌지요? 참으로 인간들이란 선량한 동물만 같지 못하다는 생각이 듭니다.

사랑스러운 M이여.

인간이란 필연성과 가능성의 복합구조체라고 키에르케고르가 말했다지요? 생각해보니 키에르케고르의 생각이 옳은 것 같습니다. 인간은 과학적 지식의 요리로 우주의 신비를 하나하나 풀어가고 있지만, 우주 비밀의 일정 한계 이상은 아직도 요원한 단계이니까요.

74. 4. 19. 금요일. 아침 5시 반경.

M.

어제처럼 그리움에 복받치는 4월에 멀리 바다를 동경해서 송정에 나가봤습니다. 해변 갯벌에는 파도가 밀려 들어와서는 다시 밀려나가고 있었고, 또 바위틈 사이에는 파도가 눈가루와 같은 흰 거품으로 부서지고 있었습니다.

이런 바닷가 바로 뒤편 산언덕에 푸르른 소나무가 그야말로 푸르른 하늘을 배경으로 우뚝 솟아 있고, 바다 또한 한창 푸르러 가고 있을 때, 누군들 마음에 일말의 애수를 품지 않을 수 있으리오.

M.

4월 유혹에 찬 그 목소리는, 정말 먼 곳에서 부르는 그 소리는 『야성의 절규』에서 썰매견 버크를 부르는 자연의 소리처럼 우리들 본능의 세계 저 밑바닥에서 파닥이며 은은히 귓구멍을 후비고 들어오지요. 파란 잔디는 어느덧 황금잔디를 뒤엎어버리고 말지요.

M.

대학생활이란 게 이런 것일까 자꾸 의문이 듭니다. 그냥 책이나 두어 권 집어 들고 학교에 가서 강의시간엔 지겨워서 꾸벅꾸벅 졸고 난 뒤 점심이나 먹으러 다니거나, 슬픔에 겨워 눈물이나 흘리고 병든 문명의 다방에 앉아서 한두 개비의 담배를 입에다 물고 누굴 생각 좀 하다가 물이나 약간 들이키고 갑작스럽게 저녁이 되어 밥 먹으러 집으로 돌아오는 생활……. 이건 나 자신이 이해 못 할 생활의 난맥입니다.

M.

생동하는 봄의 숨결이 아스라이 저 언덕을 넘어서기 전에 물 찬 제비 같이 봄의 향훈을 맡으며 봄이 무엇이며, 산이 무엇이며 강과 바다는 무엇이며, 그리고 가장 중요한 것, 나 자신이 무엇이냐를 찾아보려고 방황의 길에 들어서야겠습니다. 청춘은 고뇌와 방황의 연속입니다. 나 자신은 남과 다른, 뭔가 좀 다른 길을 걷고 싶어서 홀로 선택한 그 길을 위해 나아가겠습니다. 맹목적 의지라 해도 좋은 방식으로 나대로의 삶의 한 페이지를 적어 나가야겠지요. 사랑, 정열, 인간, 삶 ,신 등 난제들은 얼마든지 있으니까요.

M.

이제 잠시 후면 나는 부산역 광장 앞에 가 있을 겁니다. 그리고 밀양을 향해 출발할 겁니다. 어제 저녁 형님께서는 촌놈들이 그런 곳에 잘 간다고 빈정거렸고 실제로 나의 어리석음에 혀를 찹니다. 밀양이 시골이라면 그건 더욱 더 우리들에겐 좋다고 할 수밖에 없습니다. 문명의 이기로 가득 찬 세상 속에서 하루만이라도 한적한 교외의 자연 속에 파묻히고 싶었습니다.

삶과 죽음을 의식치 않고 그저 무한히 번져가는 누구를 위한 향연이라도 베풀어 주며 나 자신이 그냥 자연의 한 모퉁이가 되고 싶습니다.

M.

오늘 날씨가 어떤지 아직 모르겠으나 모쪼록 즐거운 시간이 되길 희망합니다.

안녕.

74. 4. 23. 화요일. 화창.

어느덧 4월 23일이다. 흐르는 세월이 덧없게 느껴진다. 뭔가 푹 파묻혀 세상이 어떻게 돌아가는지 모를 정도로 열중할 만한 일거리를 갖지 못해서일까.

며칠 전 밀양 야유회에 다녀와서 피곤한데도 성인의 날이라 명택 씨가 맥주를 한잔 사줘서 함께 마셨다. 그러고 난 뒤 갑성이네 집에 가서 잠을 자고, 다시 함께 을수네 집에 들렀다가 에덴공원까지 가는 우행만 내지르곤 집으로 돌아왔다.

이삼일 간 내가 무엇을 하였던가를 생각해보니 정말 엉뚱한 일의 연속이었구나 싶다. 요즘 나 자신이 방탕의 길로 떨어졌다는 느낌이 강하게 든다. 실제로도 그렇고, 뭔가 정신적으로도 정말 타락한 것 같다는 느낌이 강력하게 든다.

쓸데없이 전혀 모르는 여인에게 말을 걸다 퇴짜를 맞은 적도 있다. 스스로 생각해보아도 너무나 뻔뻔스런 행동이었지 싶다. 나 자신이 일부러 그런 일을 골라서 하는 데, 그것에 대한 책임 또한 내 자신이 져야 하는 것은 당연한 이치 아닌가?

타락이란 무얼까? 윤리적 잣대에 위배되는 행위를 타락된 행위로 본다면, 비록 현재의 타락이 일시적으론 타락일지 모르나, 미래엔 정작 타락이 아닐 수도 있다. 우리가 현존하는 모든 인간의 행위를 윤리적 잣대로 비교하고 비판한다는 것이, 과연 옳은 것일까. 사실 윤리적 잣대란 시대에 따라 변하는 것 아닌가. 그러고 보면 앞으로는 인간의 행위를 상대주의적 입장에서 논하게 될지도 모른다.

절대적 진리란 우리의 현상세계에선 정말 찾아낼 수 없는 걸까? 그렇다면 우리는 모두 회의와 실망 속에서 죽어갈 수밖에 없지 않을까? 설사 절대적 진리가 현존할 수 없다손 치더라도, 우리가 살아가는 이유는 그것이 있으리라는 가능성에, 곧 발견될 수 있으리라는 가능성에 속고 있기 때문 아닌가.

M.

회의는 또 다른 회의를 낳고, 절망은 또 다른 절망을 잉태합니다. 인식이 인식을 더욱 굳게 하듯이, M을 사랑하면 할수록 M에 대한 그리움 또한 더욱 충만해집니다. 보고 싶고, 말하고 싶고, 안아주고 싶고, 또 그 밖에 형언할 수 없을 만큼 많은 그 욕망 때문에 더욱 더 방황하게 되는지 모르지요. 정말 너무 허전합니다. 삶에 대한 희열은 모두 M이 보내줄 수 있는 것이죠.

M.

시간은 시시각각 넓은 바다를 향해 떠나가지만, 나의 이 헛되고 목적 없는 노력은 이정표 없이 길을 찾아나서는 나그네의 심정이라면 어리석은 비유일까요.

M.

소아병적 감상주의에서 탈피하고자 맹세하던 때가 한두 번이 아니련만, 이렇게 새삼 돋듯 다시 돋아 오르기 시작하는 나의 넋은 정녕 찾을 수 없는 임을 그리워하는 건지……. 동물적인 육욕적 충동 말고도 있어야 할 그 무엇이 없다는 불만이 나의 고독의 심연의 밑바닥에 끌려가고 있습니다. 사람이란 이렇게 잘못 인도되다가 종국에는 파멸이 오게 되는지도 모르지요. 이 고독의 심연의 밑바닥을 보게 하는 이 파멸에서 보다 다르며 보다 지향적인 다른 차원의 세계가 그때에 나타나리라고 생각됩니다.

M.

모든 것이 충족될 수 없다면 고독의, 허무주의의 저 새까만 밑바닥을 발견할 수 있게 푹 빠져보고 싶습니다. 그래야만 새로운 세계가 전개될 수도 있을 테니까요. 우리는 끊임없이 지향하는 힘, 에로스의 정열에 몸과 정신을 불태워야겠지요.

나의 아씨여, 그럼 안녕.

74. 4. 24. 수요일. 쾌청.

푸른 하늘에 표표히 흘러가는 한 송이의 구름이 희게 피어나고 있었습니다.

M.

어쭙잖은 대학생활에 시달리다 보니 요즘은 통 영원에 대해 동경할 여유를 갖지 못했지요. 벌써 학교에 입학한 지도 이미 2달이 다 지나고 말았네요. 무엇을 하면서 2달이나 보냈는지 정말 모르겠습니다.

김형석 씨의 에세이집인 『고독이라는 병』의 「영원과 사랑의 대화」 장 마지막 부분이 생각나네요. 모 신학 교수의 체험담이 일기체로 쓰여 있었지요. 그 교수는 K란 처녀와 사랑을 하였지만, 정작 K가 다른 청년과 결혼하게 되었지요. 사실을 알게 된 그 교수는 유학길에 오르며 마지막 일기를 남긴답니다. 그 마지막 일기 가운데 "만약 영원에 대한 사랑이 없었더라면 그 누가 나의 발걸음을 옮겨놓게 하였을까?" 라는 구절을 기억하고 있습니다. 정말 나는 영원에 대한 사랑을 갖고 있는 것인지.

우리가 살아감에 있어 꼭 가지고 있어야 할 것은 바로 이 영원, 피안의 오솔길을 향해 걸어가야 할 마음의 준비라고 할 수 있겠지요. 어리석고 헛된 눈앞의 욕망에만 눈이 어두워서 이 에로스적 방향성을 잃어버리는 날은 바로 나의 모두를 망각하고 있는 거와 다를 바 없지 요.

M.

세상에 자기만이 홀로 똑똑하게 갖고 있는 것은 없지요. 노자의 말씀에 '유약겸하(柔弱謙下)' 라는 말이 있지요. 자기를 낮추어서 상대방에 겸손하게 대하란 말이지요. 비슷한 일례로 '물은 부드럽게 흐르다가 돌 틈을 뚫고 바다에 도달한다.' 란 말도 있지요.

M.

보고 싶지 않으세요? 나의 모습이 보고 싶지 않으세요?

나의 얼굴을 똑바로 쳐다봐요. 과연 무엇이 나의 표정 속에 들어 있는지를. 나의 삶이, 청춘이, 우울이, 욕망이, 고귀한 것에 대한 열망이, 환경에서 받을 회의와 절망이 보이나요? 돌아올 5월의 추억 속에서 나의 예술을 창조하고 싶어지네요. 나의 승화되지도 못할 심미감. 그러기에 나는 더더욱 절망하며 노력하지 않게 됩니다.

M.

꽃 속에 남아 있는 씨방의 그 호리병 같은 몸매 속에서 새로운 씨앗이 태어난다는 것과 여성의 몸에서 인간이 태어나는 게 비슷한 생태이군요. 물론 인간의 탄생이란 육체적 탄생과 정신적 탄생이 있겠지만, 육체적 탄생이 흔히 여성이란 모체에서 나오는 것이라면 정신적 탄생 역시 여성에 대한 인식에서부터 발달되지 않을까 싶습니다. 우리 또래는 두뇌의 태반 이상을 이 문제에 가장 많은 시간을 소비하고 있습니다.

인생이란 진실로 아름다운 것도 추한 것도 아닌 그 자체로서는 중립이지만 우리의 마음가짐에 따라 그 가치와 쾌, 불쾌, 미추(美醜)가 결정되는 것 같습니다.

74. 5. 1. 수요일.

무척이나 구리텁텁하게 느껴지는 날씨다.

일기를 쓴다는 것은 무척이나 축복 받을 일이 아닐까? 대학교에 들어오고 난 뒤에야 비로소 일기 쓸 여유를 갖다니……. 작년엔 무던히도 시간이 없었던 모양이군.

M.

사실은 작년처럼 시간이 많았던 때는 없었어요. 사람이란 현재에서 무엇을 바라고 추구할 때는 언제나 미래를 보고 기다리고 바라는 모양인데, 그렇지만 우리가 일정기간을 보내고 난 뒤엔 항상 어떤 목표에 충실하지 못했다는 변명을 늘어놓고 후회를 하게 되는가 보군요. 작년엔 오히려 공부를 한답시고 교양 도서 읽을 시간을 빼앗기지 않을까 걱정하여 틈틈이 독서를 하였는데 지금은 독서하기에 좋은 대학 일학년 시절임에도 불구하고 오히려 책을 더 안보는 것 같습니다.

M.

그렇다고 해서 내가 그냥 놀고 멍청하게 보내는 것만은 아닙니다. 요즈음은 독서보다도 오히려 뭔가를 생각하려고 노력하고 있지요. 훌륭한 작품을 쓰려면 꼭 필요한 요소가 자고로 삼다(三多)라 해서 다독(多讀), 다작(多作), 다상량(多商量)이란 말이 있는데, 이것은 비록 작가의 경우만이 아니라 평범하게 살면서도 뭔가를 지향하는 사람들이 숙고해봐야 할 문제라고 생각합니다. 그래서 보다 더 많이 읽고, 쓰고, 생각하는 삼위

일체식 훈련을 통해서 무엇이든지간에 보다 정진하여야겠습니다.

M.

불쾌한 마음을 갖고선 도대체 아무 일도 되지 않습니다. 성숙한 인격이란 비록 불쾌한 일을 당했을지라도 이것을 극복하든지 아니면 그것을 완화시켜서 얼굴에 나타내지 말고 불쾌한 행동을 하지 않아야 된다고 들었지요. 오늘은 날씨 탓 인지 모르나 괜히 기분이 울먹울먹해지는 날이었습니다.

M.

당신 앞에 선 이 조그만 존재는 정말 보잘 것 없는 것 같아 보이지 않으세요? 하나의 직선이 있습니다. 이 직선의 곧고 끝없는 그 끝에는 당신이 서 있습니다. 그리고 난 이 직선의 처음 출발점에서 출발신호를 기다리다 출발 소리와 함께 떠납니다. 당신을 만나기 위해서.

그렇지만 난 아마도 달리다가 중단해야겠어요. 왜냐고요? 내가 달린다는 것은 아무 소용없는 허사라는 걸 알기 때문에 도저히 엄두를 내지 못하지요.

M.

당신은 왜 그렇게 멀리 가 계신지 도무지 알 수가 없네요. 진리란 항상 가까운 곳에 있다고들 말하지만 그건 진리가 아니라 진실이 나의 주위에 있다는 것이겠지요.

M.

그렇기 때문에(진리란 것이 너무나 멀리 떨어져 있어 우리가 그저 동경밖에 할 수 없기 때문에) 우리는 태어날 때부터 가지는 막연한 호기심을 한층 더 불러일으키는지도 모르지요. 가만히 사물을 살펴보면 정말 이상한 신비감에 사로잡히게 됩니다. 때론 내가 다방에 앉아서 멍청한 눈 자체로 몽롱한 의식에서 헤매고 있을 때 정말 내가 현실이란 범주 내에서 존재하긴 하는가, 아니면 다른 어떤 꿈의 세계 속에서 시공의 벽을 초월하여 있는지를 알 수 없을 경우가 많지요. 이것은 단지 정신적 긴장이 감소된 경우라고도 볼 수 있겠지만, 세상이란 게 특히 내가 말하고자 하는 것은 자연 – 순수한, 인공의 때가 묻지 않은 산에서 자라는 잡풀, 나무, 이리 저리 굴러다니는 돌들, 그리고 졸졸 소리를 내며 흘러가는 깨끗한 산골짝을 흐르는 맑은 물 – 나의 모든 인간사에서 묻었던 때를 씻어버리고 자연의 천진한 아동이 된다고 생각하죠.

M.

나는 오늘 저녁엔 무얼 써야 할지를 모르겠어요. 정말이지 내 기분에 못 이겨서 그저 횡설 수설하고 있지나 않은지 모릅니다. 긴 밤의 시간에게 보다 많은 안식과 축복이 내려지길 바라면서 그만 줄입니다.

S에게도 보다 많은 축복이 내려지길 바라며…….

자정에 쓰다.

74. 5. 2. 목요일. 맑다.

M.

오늘부터 국민윤리 시간에 이석재 교수님께서 더 이상 들어오지 않아 좀 착잡했어요. 비록 2달 동안이지만 너무도 재미있게 수업을 해주셨는데……. 하긴 수업이 시작할 때부터 미리 당신께선 2달간만 가르치고, 나머지 시간은 다른 교수님께서 가르치게 될 거라는 말씀을 하셨지요. 그래도 막상 이런 일을 실제로 겪고 보니 뭔가 섭섭한 마음을 금할 수 없습니다.

M.

비록 2달밖에 안 된 수업이었지만 이처럼 열정적으로 강의를 들은 적은 과거에도 물론 없었지만 미래에도 없으리란 생각이 들어요.

M.

물론 강의 시간엔 들어오시지 않아도 내가 학교에 다니면서 다른 강연회에서 만날 수도 있을 것이고, 또 내가 교수실로 직접 찾아가서 만나 뵐 수도 있기에 그렇게 슬퍼하지 않아도 되겠지요.

M.

젊은 시절 숱한 방황으로 일관한 이 교수님의 얘기 하나하나에 우리 모두는 공감할 수 있었습니다. 당신께선 우리 인생에 있으리라고 믿는 진리를 찾기 위해 서울대 철학과에 입학하셨다 하더군요. 당신을 골드문트에 비유하시고 다른 친구 한분을 나르시스에 비유하시며 당신의 인생 전반부를 보내버린 얘기, 예술에 탐닉하기 위해 연극에 빠졌다가 다시 영화감독까지 하신 얘기에 참으로 뭐라고 말할 수 없는 존경심마저 느꼈습니다.

M.

우리가 원하고 바라는 교수는 이론에만 치우친 형이상학적 학자보다는 체험을 통해 그로부터 얻어진 철학을 피력하는 분이지요. 그래야 우리가 공감하고 진정으로 이해할 수 있는 첩경을 얻을 수 있지 않을는지요? 짧은 기간이었지만 정말 즐거운 시간들의 나날이었지요.

M.

내일은 시험이 처음으로 시작되는 날이지요. 그러나 나로선 책 한 권 제대로 읽지 못하고 시험을 치러야 할 형편이니 고통스럽기 그지없는 시간입니다. 법학통론과 국어는 그럭저럭 볼 것 같은데 아무래도 독일어는 나에게 너무나 고통스러운 과목입니다. 워낙 공부를 하지 않다가 시험을 보게 되어 당황스러운 거지요.

다음 시험부터는 좀 더 착실히 공부를 해야겠다고 마음먹지만 별로 믿음이 가지 않는 결심 같습니다. 솔직히 나 자신은 1, 2학년 땐 좀 뭔가 다른 것에 몰두하고 싶습니다. (그렇다고 공부를 팽개치자는 게 아니고 전공과목과 관계가 있는 것은 나름 열심히 해두고)

M.

저녁땐 갑성이를 만나서 같이 해운대 을수네 집을 찾아갔지요. 오늘 회사에 을수가 나가지 않았다기에 처음엔 어디가 안 좋은 줄 알았는데, 연탄공상 가스와 먼지에 도저히 견딜 수 없어서 회사를 그만두려 한다고 하였죠. 가정 형편도 어려운데 놀면 어떻게 하냐는 생각이 마음속에 있었지만, 그렇다고 어찌 직접 말할 수 있겠어요? 우선 직장을 구해놓고 나오는 것이 좋겠다고 충고하였지만 아마도 곧 사표를 제출할 모양이었어요.

M.

오다가 버스에서 후배 3학년들을 만났지요. 이런저런 얘기를 하다 보니 벌써 동래가 다 되었더군요.

지금 엎드려서 일기를 적습니다만 막 12시를 알리는 옆방의 시계 소리가 울립니다.

M.

12번 종을 친다는 건 충만한 일이 아닌가요? 물론 하루 중 12번 종이 울리는 경우는 2번이나 있지만, 특히 밤에 자정을 알리는 12번의 종소리는 오늘 하루를 완전히 마감하는 소리가 아니던가요. 지금부터는 오직 개구리들이 논에서 줄기차게 울어대는 시간이 되겠지요. 저 개구리들도 인간들처럼 희로애락을 알까요? 왜 저렇게도 요란하게 화성을 맞추어서 밤의 시간을 장식하는지 알 수 없네요.

영원한 것은 저런 미물들에게도 노래를 부르게 하는 아량이 있나 보죠. 밤에 우는 개구리들의 울음소리는 천지를 충만하는 교향악단의 연주와 다름이 없지요. 이따금 한 마리의 단독 연주가 있는가 하면 다른 여러 마리의 합주도 나오기도 하죠. 이런 것들이 조화를 이루면 그게 바로 관현악단의 연주가 되죠.

자정에 보냄.

74. 5. 4. 토요일.

시커먼 구름 사이로 이따금 햇빛이 나오다가 오후엔 차차 개었다.

M,

오늘은 하루 종일 바깥에도 나가지 못하고 온종일 집안에서만 개미 쳇바퀴 돌 듯 맴돌고 말았지요. 정호에게 독일어와 영어(갑) 책을 좀 빌리러 가려고 어머님께 차비를 얻으려고 했으나 무산되고 말았지요. 그래서 월요일부터 치르는 시험엔 도통 자신도 없고 가만히 있자니 불안만이 나의 뇌리를 엄습해 오고 있지요.

M,

그래도 요즘 나의 생활 가운데에서 오직 당신에게만이라도 집착하려고 노력하는 중이지요. 다른 하고 싶은 일, 정말로 내가 하고 싶은 일이라 해도 고작 미술에 필요한 화구와 물감을 들고 들판에라도 나가 붓질하고 싶은 일, 그리고 철학책이나 문학책을 읽는 일 이외엔 없지만, 그래도 이런 것을 준비하자면 아르바이트를 하지 않아서는 경비를 맞추어 낼 도리가 없지요. 그리고 어느 정도 여분의 돈이 생긴다면 가까운 곳에 여행이라도 떠나고 싶습니다. 월요일이나 화요일에 운 좋게 일자리가 생긴다면 모든 것은 해결이 되겠지요.

M,

조용한 그 무엇을 찾으려고 자주 시도해보지만 실제로 그렇게 되지 않으며, 실제로 또 그렇게 한다고 해도 세상에 행동하기가 매우 힘들다는 걸 알아야겠지요. 그렇게 한다는 자체가 현실과 너무 유리된 생활이 되지 않을까 걱정하기 때문이지요. 사람이란 죽기 전에 활동을 멈출 수 없어요. 나는 사회에서 사교적인 업무를 맡을 운명이죠. 지금부터라도 좀 더 사교적인 생활을 하려고 노력은 해보지만 왠지 나에겐 어울리지 않게 느껴지지요. 그렇다고 해서 나 자신에게 소원한 감을 갖거나, 나 자신을 믿지 못하는 것은 아니지만 어쨌든 나의 대외활동에서는 좀 더 사교적이어야겠다고 생각하지요.

M,

오늘은 나에 대해서 생각을 좀 해봐야겠어요. 나는 과연 누구이며, 앞으로 과연 어떤 일을 해야 하며, 또 어떤 일을 하여야 가장 나의 뜻에 어긋남이 없는 일을 할 수 있을까요?

M,

내가 글을 쓰고 있는 순간, 1974년 5월 4일 오후 10시를 알리는 시계 종소리가 귀에 들려옵니다. 이 순간의 나는 어떤 존재인가, 나는 과연 지금 이 순간에 반드시 존재해야 할 당위성을 갖고 있는 존재인가, 나는 타인과의 어떤 관계에 있는 것일까, 내가 지금 이 순간에 죽는다면 참다운 나의 자아는 부끄럼 없이 임종을 맞이할 수 있는가 등 물론 삶이란 시간적으로 연속된 것이지만 나의 현존해왔던 그 모든 행위에 부끄럼 없는 생활을 해왔던가를 나 자신에게 물어봅니다.

삶의 궁극적인 목표를 과연 어디에서 찾아낼 수 있을까요? 이 모든 현상계의 저류에 흐르고 있는 생명력의 신비성을 보면 절대적인 진리란 어딘가 반드시 존재한다고 생각합니다. 하지만 이 절대적 진리란 우리의 눈으로는 볼 수 없는 초월적인 존재로 존재하고 있습니다. 나는 이 절대적 진리를 향한 어떤 정열만이라도 지닐 수 있으면 하는 그리움으로 가득 찬 생활을 하는 게 내 인생의 목적이 될 것입니다. 다시 말하면 '영원에 대한 그리움' 이겠지요.

M,

이것이 바로 나의 철학적 근본 사고가 되겠지요. 영원이란 곧 진리요, 우리 사고의 심연의 밑바닥이 되겠지요. 뭔가를 파헤쳐 그 근본적인 아이디어, 즉 피안의 오솔길을 걸어갈 수 있게 나의 의지로써 노력하는 것이겠지요.

M,

당신에게 가는 길은 너무 이상적이어서 오히려 상상적으로만 보입니다. 어쩌면 너무 어리석어 보일지도 모릅니다. 하지만 인생이란 걸 순전히 합리적으로만 바라볼 수는 없겠지요. 어떻게 보면 나는 바보처럼 살아야 할 필요가 있다고 봅니다. 한국인으로서 미국의 문학가였던 고 강용흘 씨의 『궁중에서의 살인』에서 "……사람이 훌륭하게 살기 위해선 모든 백성을 술에 취하게 하고 모든 백성을 엉터리 시인으로 만드는 일이다."란 대목이 나오지요. 현대라는 비극적 딜레마에서 벗어날 수 있는 길은 우리 모두가 엉터리 시인이 되는 수밖에 없지 않을까요.

M,

당신은 너무나 먼 곳에 있습니다. 당신의 분신인 또 다른 여자가 내게 올 때까지는 당신에게 도저히 갈 수가 없겠죠. 왜냐하면 사랑만이 모든 것을 단축시키며 오직 초월하게 하는 힘이니까요.

M,

지금 밖은 깜깜한 오뉴월의 향훈이 그윽합니다. 이런 잠 못 이루는 밤엔 '일지춘심이야 사규야 일라마는 다정도 병인 양하여 잠 못 이뤄 하노라.'는 시조를 인용하지 않더라도 정말 봄날 밤의 도란도란 얘기하는 소리를 귀 담아 듣고 싶습니다.

74. 5. 7. 화요일.

M,

무척이나 화창한 햇볕은 여름의 강렬한 시선을 느끼게 합니다.

이젠 시험도 거의 막바지에 이르렀습니다. 첫 번째 치르는 시험이라 초긴장해야 함에도 불구하고 그저 담담하게 그날 칠 것은 그날 아침에 공부를 했습니다. 정말 대학 시험이란 게 이 정도밖에 안 되는가, 라고 자책해봅니다.

일단 한국 대학생은 학교에만 들어오면 푹 퍼져서 노는 것 외엔 아무것도 생각하지 않게 되는가 봅니다. 이것이 정도(正道)가 아니라는 것을 누구나 알고 있지만 여건상 그럴 수밖에 없다고 하는 것은 나 자신의 변명에 불과하겠지요. 물론 전공 공부(학교 공부만 한정하는 말이지만)만 아니라 다른 여러 가지 공부도 할 수 있다는 이점도 있고, 그로 인해 다른 여러 가지 기회를 가질 수도 있다는 것도 이해해야겠지요.

M,

당신은 나의 마음을 이해하고 또 훤히 들여다보고 있는 유일한 존재입니다. 내 마음을 적나라하게 쳐다보며, 또한 온갖 충고도 할 수 있고 또 무서운 경고도 할 수 있지요. 오늘은 국민윤리 시험을 봤어요. 문장은 그럴듯합니다만 나 자신에게도 자신 없는 말들을 늘어놓고 나니, 나 자신이 그렇게 생각하며 실천해 왔느냐에 대해서는 큰소리치지 못하겠다고 실토합니다. 그렇지만 나 자신이 그렇게 되도록 노력한다면 그렇게 부끄러운 일은 아닙니다.

M,

모르겠습니다. 이석재 교수님께서 제4의 계절 – 재기(再起)할 수 있는 기회 – 을 갖는 것이 중요하다고 하셨습니다. 끊임없는 개선의 의지가 중요한 것이지요. 과거에도 못했고, 현재도 못하고 있는지 모르지만 현재 바로 다음 순간부터라도 잘해야겠다는 개선의 의지를 갖도록 노력하여야죠.

M,

세상은 모순의 통일체라고 합니다. 해서는 안 된다고 규범을 정한 당사자들은 오히려 그 규범을 위반하고, 어린 아이들에게는 지킬 것을 강요하면서 정작 기성세대인 어른들 대부분은 지키지 않는 모순을 연출합니다. 세상은 모순의 통일체라고 그냥 믿으면, 이 말을 믿는 사람들은 부정을 저질러도 되고, 나쁜 짓을 해도 무방하다 여길 겁니다. 그렇게 되면 이 사회가 어떻게 될 것인가에 대해 생각해봅니다. 물론 이런 말을 듣는다고 해서 선한 사람이 갑자기 악한 사람으로 될 수 없기에 걱정할 필요가 없으나 실제로 우리가 가장 두려워해야 하는 것도 무관심이라는 사실에 주목해야겠지요.

M,

나는 나의 얼굴을 거울에 비쳐보면 거의 언제나 실망하게 되거든요. 미남형의 얼굴이 아니어서가 아니고, 내 얼굴의 인상이 너무 험악한 것을 보니 나의 마음도 악한 것이 아닐까 하는 염려 때문이지요. 세상에 거울이 없다면 나르시시즘과 같은 자기도취도 없을 테고, 나와 같은 슬픔에 빠져들지도 않겠지요. 이렇게 적고 보니 내 자신이 비관론자처럼 보이는군요.

나 자신도 때때로 나를 정확하게 파악 못하고 있기에 혼란스런 일이 많아요.

M,

결단과 상황, 이 하나만 있어야 할 곳에 상황과 주저라는 또 다른 하나가 왜 나의 머릿속에 있는지 모르겠습니다. 햄릿 식으로 우유부단하게 주저하다가 비극으로 끝나도 곤란하고, 돈키호테 식으로 우스꽝스럽고 지나치게 행동적이어서도 곤란하지요. 그렇다면 자동적으로 중용이라는 단어를 취해야 하는데, 실제로 중용처럼 어려운 것이 있을까요?

M,

겨울입니다. 지금 여기에 두터운 빙판이 덮여 있는 강물이 있습니다. 한 사람이 여기에 와서 구멍을 뚫으려 합니다. 빙판 두께의 1/2가량이 뚫렸습니다. 그런데 잘 뚫리지 않는다고 해서 다른 곳의 빙판을 처음부터 팝니다. 잘 안 뚫려 또 다른 곳으로 이동하여 다시 파기 시작합니다. 그런데 한 군데서 계속 구멍을 파고 있던 다른 사람이 있습니다. 잠시 후 이 사람은 구멍을 내어 고기를 잡아 올리기 시작합니다만, 자리를 자주 옮기던 사람은 항상 반만 파고 치우고 또 다른 곳에 이동하다 보니 짧은 겨울 해가 이미 서산을 넘어 갔습니다.

안녕.

74. 5. 9. 목요일.

M,

흐릿하고 텁텁한 공기가 나의 주위를 휩싸고 비 오는 날의 어지럼을 더하게 합니다.

M,

어제는 오후에 시험을 치르고 난 뒤에 영규, 수관과 함께 남포동에 갔습니다. 딱히 할 일이 없어 서면으로 다시 돌아와서 함께 차를 마셨습니다. 여기서 토론이 벌어져서 4시간 동안 계속되었습니다. 의제는 진리와 진실의 갭(gap)을 어떻게 메워 나갈 것인가였지요. 나의 주장은 항상 사랑과 인식은 거의 동시에 일어난다는 거였고, 영규는 기독교 윤리관에 입각해 사랑이 인식에 앞선다는 거였어요. 하지만 각자의 의견에 대해 결론을 완전히 이끌어 내지는 못했습니다. 각자의 견해에 대한 모순점을 극복하는 것 자체만으로, 또는 다른 모순이나 문제점을 던지는 것만으로도 큰 수확이라고 생각됩니다.

내가 A라는 진리를 주장하고 있을 때 상대편은 B라는 진리를 주장하고 있다, 그런데 나와 상대편이 주장한 A와 B라는 진리는 정반대의 성격을 갖고 있거나 혹은 평행하기 때문에 서로 대립을 이루고 있다, 그럴 때는 이 두 진리를 어떻게 통합시켜 앞으로 나갈 수 있겠느냐 라는 문제가 나타났습니다. 물론 이 두 가지 중에서 진리가 있을 수도 있고, 없을 수도 있습니다. 엄격히 상대주의 입장에서 보면, 각자가 주장하고 있는 진리라는 건 실상 어떻게 보면 진실인지도 모릅니다. 각자 보는 시각과 상황에 따라 그렇게 생각할 수 있기 때문입니다.

M,

만약 예를 들어 보겠습니다. 내가 어떤 믿음을 주장하고 있는데, 다른 사람은 이 믿음이 타당하지 않다고 생각해 반박하고 있습니다. 그런 경우 나는 내 믿음에 입각해 다른 사람을 이끌려고 노력하게 됩니다. 하지만 내 믿음대로 이끌면 이끌수록 상대방은 점점 더 반발하게 되는 문제에 봉착하겠지요. 나에게는 분명히 진실이라고 여겨지는 것이 상대편에게는 그렇지 않은 것으로 보이니까요. 영규는 이것을 단절이라고 했습니다.

M,

나는 이렇게 생각합니다.

우리가 어떤 불가지적(不可知的) 절대 진리가 있다고 믿고서 이것에 대해 외경하고 또 무조건 복종하려는 마음의 준비를 갖추고 있다고 합시다. 그렇다면 우리가 앞서 얘기한 A와 B라는 진리는 단지 하나의 진실일 수도 있는 진리의 한 단면에 불과할 뿐입니다. 따라서 진실과 진실의 통합은 자연히 어떤 절대적 진리 안에서 통합될 수도 있지 않겠느냐, 라는 생각이 듭니다. 그러면 각자가 믿고 있는 진실의 경지에 다른 사람을 이끌어올 필요도 굳이 없지 않겠느냐, 라는 생각도 들고요. 결국 진실과 진실은 자연히 어떤 진리 아래서 자연스럽게 통합될 수도 있을 것이고요. 물론 이것은 너무 낙천적인 생각일 수도 있습니다.

그렇다면 다른 예를 들어보겠습니다. 어떤 도둑이 있다고 합시다. 마치 중국의 도척(盜跖)과 같은 도둑입니다. 그에게 있어 도둑질이란 건 전혀 나쁘지 않고 합법적인 것입니다. 그의 입장에서 보면 그의 생각은 이미 하나의 현실적인 진실이지요. 그렇다면 과연 우리가 이 사람을 그냥 놔둬야 할까요? 그냥 놔두면 그는 필경 다른 사람의 생명을 빼앗거나 재산을 훔쳐갈 기회를 더 많이 얻게 되지요. 그런 고로 내가 생각하기엔 진실이란 적어도 그 속에 선한 뜻(또는 공동선)이 담겨져 있어야 한다는 가정을 전제해야 한다는 것입니다. 그래야 모든 진실이 궁극적인 진리 안에서 통합될 수 있다고 여겨지기 때문입니다. 아무리 현실적인 행위라고 해도 여기에 반드시 선한 뜻이 있어야겠지요. 그래야 현실이 곧 진실이 될 수 있으니까요. 현실이 참다운 진실이 아닌데 현실을 받아들이고 싶은 마음이 일어나겠습니까?

결론적으로 말해서 많은 진실(즉 A, B, C…… 등 많은 진실들 - 보는 관점에 따라 다르긴 하지만 선한 뜻이 담겨 있어야만 한다)들은 결국 불가지적이고 참다운 절대 진리 아래서 통합될 있도록 자유스럽게 내버려둬야겠지요.

안녕히.

난 또 시험이란 생활의 문제에 부딪쳐야 합니다. 오늘 오후 시험 한 개만 보면 5일간의 시험은 끝납니다. 최선의 것을 향해 포기하지 말도록 노력해야지요.

74. 5. 16. 목요일.

M,

혼자 보내기엔 너무나 화창한 봄날이었습니다. 오전에 갑성이와 함께 을수네 집으로 직행하였습니다. 오후까지 잘 놀다, 점심까지 대접 받고 집으로 왔지요.

M,

그 때문에 오늘 강연회에 참석하는 것도 포기하고 말았지요. 하지만 내일 강연회엔 꼭 참석하고 싶어요. 박남수 시인, 김소운 씨(목근통신 저자)의 강연을 오래 전부터 기대하고 있었던 차였거든요.

M,

여기에 엊그저께 갑성이네 집에서 빌렸던 한스 카로사의 『의사 기온』이란 책에서 감명 받은 부분을 발췌해볼까 합니다.

모질게 파괴된 뒤 재흥(再興)하는 해는 국민이 착실히 성장하는 해다. 헌데 패배에 깃들인 귀중한 가치를 인식하는 자는 항상 적은 수의 생각 있고 능동적인 정신의 소유자뿐인 것이다. 그렇지만 실상 결정적인 힘은 이 소수의 정신에 있다. 타인은 향락을 꾀하고 욕을 하며 저주를 일삼으며 선동하면서 혹은 장차 성장 일로에 있는 인간들에게 명령을 하달하고 있는 동안에 소수의 그들은 조용히 미래를 마련하고 있는 것이다. 그들은 이미 일체에 대해서 몰락을 느꼈으며, 기성적인 것에 대하여 지극히 자유로운 입장에 있는 것이다. 그렇다. 세계 심판의 폭풍은 그들의 이마에 살짝 와 닿으면서 시원스레 불고 있다. 그들은 새로이 어떤 책임감을 예감하고 있다. 마치 자기네가 최후의 인간이요, 자기네 목숨을 해를 입은 빌린 물건처럼 될수록 제 모습대로 복구시켜 창조주에게 돌려주려는 듯할 것 같다. 마음, 사랑, 신, 자유, 영웅심. 이 같은 말을 그들은 이제 입에 담기를 좋아하고 있지 않았다. 그것들은 모두 번데기가 되어버린 채 깊은 겨울철에는 긴긴 잠을 자는 것으로 생각하고, 끈덕진 소리를 들음으로써 원시적인 여러 가지 힘의 성스러운 분묘를 교란시킬 것을 몹시도 두려워하고 있다. 그들에게는 제아무리 사소한 일일지라도 마음의 소리가 들려주는 것이면 무엇이라도 실현시키려 하고 있는 것이다. 이것이 그들 무덤의 등불을 밝혀주는 기름이다. 이리하여 일상적인 것 속에서만 때로 그들에게 보다 더 높은 세계가 수없이 나타나게 될 것이다.

M,

며칠 전에 잡은 아르바이트가 허무하게 끝나서 마음 한 켠이 몹시 씁쓸하네요. 내가 온실 속에서만 자란 꽃이라서 그런 걸까요? 아니겠지요. 야외에서 자라는 꽃들도 이따금 뇌우와 번개, 천둥에 놀라 몸을 오싹 움츠릴 때가 있지 않나요. 헤밍웨이가 쓴 『노인과 바다』에 나오는 "인간은 파멸할 수도 있다. 그러나 패배할 수는 없다."란 어구를 마음속에 되새겨봅니다. 실패를 두려워 말아야지요.

M,

저번 14일 비가 구성지게 내리던 날. 학교 도서관엘 갔다가 이 교수님을 뵙고 싶어서 도서관에서 한 200m 거랑 떨어진 교수 휴게실 쪽으로 발걸음을 옮겼지요. 비를 쫄딱 맞은 나의 머리칼과 축축하고 습기에 찬 옷 사이사이에 후줄근한 내 자신이 들러붙어 있었지요.

M,

나는 문을 똑똑 두들겨 노크를 하고 휴게실 안쪽으로 들어섰지요. 막상 들어가고 보니 평소에 별로 씻지도, 닦지도, 더군다나 그날따라 비가 내려 흙탕물이 잔뜩 묻어 있었던 나의 흰 고무신이 자꾸 눈에 거슬렸습니다. 위악(僞惡)과 위선의 관계, 진리의 외부에 있는 진실들, 상호 반대되는 사이의 갭을 해소시키는 방법에 대한 나의 질문에 이 교수님께선 인간은 인간을 구제하지 못한다고 생각하며 자기 자신에 대한 완전한 해결도 없이 타인을 구하려는 생각을 버려야 된다고 말씀하셨습니다.

만약 사실이 그러하다면 누가 신부가 될 수 있으며, 교사가 될 수 있나요? 이런 사람들은 모두 자기 자신을 구하고 난 후에 타인을 구하고 있는가요? 아닐 겁니다. 한계는 분명하지 않지만 어느 정도 자기완성을 해 놓고 남을 구함으로써 자기 자신도 구출해 나가야 되겠지요. 어느 정도 자기완성은 사실은 어느 정도가 아니라 크면 클수록 좋습니다.

M,

그리고 위선에 대해선 이 교수님께선 '위악의 경우와 마찬가지로 위선의 행동도 지선(至善)의 경지로 넘어가는 수도 있다. 일단 위선적인 행동을 어떤 사람이 했다고 치더라도 그 사람은 자기 자신이 노력(이것이 물론 위선적인 행동일 수도, 아닐 수도 있는 경우지만)하여 그 위선적인 행동이 어긋나지 않게 보이려 한다면 마침내는 이 사람도 선한 사람이 되고 만다.' 라고 말씀하셨지요.

1974. 5. 19. 일요일. 호우 밤 10시경.

어제부터 내리는 비가 오늘 아침까지도 지칠 줄 모르고 이미 진흙탕이 다 돼버린 땅바닥을 내려치면서 떨어진다. 이젠 너무 많이 내려 집 앞에 있는 논두렁 위로 논의 물이 넘쳐흐르고 있다. 참으로 지겹게 내려온다. 온몸이 텁텁하다.

M,

철제네 집으로 가려고 버스를 탔으나 지나쳐 버리고 말았습니다. 별 수 없이 교육위원회 건물까지 내려오다가 보니 책을 싸고 있는 신문지가 비에 젖어서 찢어졌기에 신문지를 벗겨내고 그냥 책을 들고 걸어갔지요. 다행히도 책의 맨 바깥엔 비닐로 된 꺼풀이 한 장 더 붙어 있었기에 책 속은 비에 젖지 않았지요.

지나가다 보니 숱한 사람들의 행렬이 눈에 들어오더군요. 검은 우산을 쓰고 총총히 걸음을 재촉하는 아주머니들 우산도 쓰지 않고 장보러 갔다가 돌아오는 우리네의 어머님 같으신 분들이 장바구니에 벌써 한 아름이 되다시피 큰 무들을 담고서 얼굴과 머리에 주룩 주룩 비를 맞으면서 지나가십니다.

그런가 하면 학교에 갔다 오는 여학생들이 마치 소중한 장난감을 품에 안고 달려가는 어린애들처럼 책을 가슴에 꼭 껴안고는 질퍽거리는 포장도 안 된 도로를 달려가는 풍경도 보였습니다. 내려가면서 나는 왠지 모르게 기분이 좋았습니다.

비만 오면 비를 맞으면서 걷는다는 나의 까닭 없는 즐거움이 나의 조그만 가슴을 꽉 메워버려서 나도 모르는 사이에 희열의 등불에 성냥을 갖다 댑니다.

그렇지만 하수구에 넘쳐 흘러가는 시커먼 물, 우중충하고 도시의 모든 독소를 품고 달려가는 그 회색의 시꺼먼 물속에 온갖 종이 찌꺼기와 부서진 가구 – 책상다리 조각, 담벼락에 세워 두었던 긴 널빤지 같은 것, 페인트칠한 원형의 탁자 판자, 그 외에 이전에 빨간 대구산 사과를 담음직도 한 사과 광주리가 이미 하수구에 흘러 내려가는 물에 젖어서 노란 원래의 색깔은 잃고 회색빛 색깔로 변하여 흙탕물 속으로 함께 흘러가고 있었지요. 그걸 보고 있노라니까 즐거움도 잠시이고 역겨운 생각이 나의 가슴 속에서 메슥메슥하게 올라오고 있었지요.

그만 고개를 돌린 채 계속해서 터벅터벅 걸음을 옮기고 있노라니까 이윽고 범천 육교 앞에 도달했지요. 그래서 버스 타고 학교로 도망치듯 달아났습니다. 학교에서 친구들과 탁주를 몇 잔 마시고 오후엔 철제네 집에 찾아가서, 이번엔 대번에 찾아내어 그의 집에서 저녁을 먹으며 축구 중계방송을 듣고 집으로 왔다.

피곤해서 마치 어린애들이 마당에 둥근 원을 그리고 그 속에 동전을 던지듯이 나의 몸 전체를 이불 속으로, 신비하고 무궁무진한 밤의 세계 속으로 던져버리고 말았지요.

M,

여기 한스 카로사의 『의사 기온』에 등장하는 준티아의 대화를 적어봅니다.

그 나이 먹은 선생님의 동료가 말 한 것은 옳았어요. 적은 사면팔방에 있어요. 우리의 조상이 가졌던 그 그지없이 아름답고 깨끗한 꿈은 벌써 화염이 되어 타버리고, 이 묘소의 돌도 남김없이 허물어져버릴 때가 올 것이에요.

> 아시겠어요! 우리들은 조용히 참기로 해요. 환히 보이는 세계로는 들어가지 말기로 해요. 우리들 자신은 물론 아무런 가치도 없어요. 다만 닥쳐올 미래의 것과 우리들의 신성한 옛날의 것과의 연결이 됨으로써 하나의 가치를 가질 수 있으리라고 생각해요.
>
> 그렇지만 그런 겸손한 연결자로서는 시대의 지식인 우리들은 아주 억세게 될 것으로 생각해요. 폭풍은 숲을 휩쓸고 배를 가라앉힐 수 있을지 모르지만 포도넝쿨을 단단히 연결하고 있는 그 연약한 초록빛의 수염을 잡아끊을 수는 없어요.

이 말은 제1차 세계대전으로 심한 고통을 받아 노이로제에 걸린 준티아라는 젊은 여류화가가 그 병을 치료하고자 하는 휴머니스트 의사 기온에게 하는 말입니다.

책의 줄거리는 기온과 준타이, 시골의 산악지방에 사는 순박하고 아름다운 젊은 하녀 에메렌츠, 전쟁으로 황폐해진 도시의 분수대 옆에서 망원경으로 사람들에게 밝은 별을 보여주는 고아 소년 토니, 기온의 간호사이자 성스러운 수녀 알루나 등의 얘기인데, 우리는 이 책에서 저마다 자기의 나아갈 길을 성실하게 추구해 나가는 가운데 슬픔과 고통을 극복해 나가는 과정을 발견할 수 있지요.

M,

뭔가에 의미를 부여한다는 것은 정말 어렵고도 어렵기에 역설적으로 즐거운 일이기도 합니다. 사실 의미를 부여하고 싶어하는 그 노력 자체가 바로 의미 있는 일이 아닐는지요?

M,

검은 칠흑색 테두리에 자개가 박혀서 빨, 주, 노, 초, 파, 남, 보의 일곱 가지 무지개 색들이 영롱하게 내비쳐서 마치 검은 비로드에 붉은 보석을 박아 놓은 것처럼 보이는, 둥그런 거울 속에서 나의 자화상을 봅니다.

나는 거울 속의 나를 들여다볼 때마다 나의 무언가 알 수 없는 검은 그림자를 느끼곤 합니다. 곧잘 우울해지는 나의 얼굴 표정 또한 검은 그림자에 더욱 짙은 암영을 더하지요. 그래서 거울보기가 그렇게도 싫은 일이 되었습니다.

M,

오스카 와일드가 자신의 지나간 인생에 대한 후회를 가슴에 담고 서술한 그의 참회 속엔 자기가 진정한 의미에서 탐미주의와 쾌락주의에 철저하지 못했기 때문에 자기 자신을 그런 불행 속에 집어 던질 수밖에 없었다고 서술한 것처럼, 나 역시 나 자신 속에 인간으로서 피할 수 없는 그 어떤 어두운 숙명의 끄나풀을 더욱 꽉 잡아 쥐기 위해 노력하고 있는 것임을 이해했기 때문입니다. 내가 이렇게 어두운 숙명의 끄나풀을 보다 확실하고 꽉 잡을수록 그것은 불행이 아니라 오히려 해결점에 더 가까이 가고 있다는 느낌이 들어요.

M,

청년이란 존재는 때론 어찌 할 수 없는 걱정 속에 묻힐 수 있겠지요. 뭔가를 생각하고 추구하려는 자라면 별 수 없이 자기 자신과의 대화를 즐길 수밖에 없지요. 젊은 시절엔 지나치게 사교에 치중할 필요는 없으리란 생각도 듭니다. 용기란 것이 순수하다면 행동 또한 올바른 행동으로 이끌어질 수 있다고 생각합니다. 정말 의사 기온과 같은 인물이 될 수 있다면!

M,

진정으로 자기 자신을 남을 위해 던지겠다면 결혼 생활은 포기해야겠다는 생각이 들어요. 물론 슈바이처 박사같이 결혼하고도 훌륭한 일을 할 수 있었던 예도 있긴 합니다. 하지만 뭔가를 희생함으로써 더욱 큰 것을 얻을 수 있다면 가치가 적은 것은 포기해야겠지요.

M,

나의 경우 무조건적 탐미주의 문학 작품에서 벗어나야 되지 않을까 싶어요. 진정한 의미의 철저한 탐미주의자가 됨은 괜찮은 일일 수도 있으나, 현실에 대한 서술이 너무나 비현실적인 것 같으니까요. 헐벗고 굶주림을 뼈아픈 숙명처럼 이어받아 태어난 우리로서는 당장의 보리밥 한 그릇이 더욱 가치를 갖게 마련이지요.

M,

우리는 현실을 벗어나 살아갈 수는 없지요. 인생 여정에서 부딪치는 여러 일들을 부딪치는 순간마다 더욱 의미 있게 받아들이고, 좀 더 사변적으로 다루도록 노력해야겠지요. 인간은 신비스러운 것을 좋아할지도 모르지요. 신비라는 것은 상식적으로 있을 수 없는 일보다 정신의 마비상태에서 깨어나서 아궁이 속에서 피어오르는 장작개비의 시뻘건 불빛처럼 활활 타오르는 정신의 긴장상태가 계속되는 것과 같습니다.

M,

사자(死者)와 더불어 밤의 가장 고적한 순간들을 보내보고 싶습니다. 사방이 온통 시커먼데 시체를 덮는 흰 천 옆에 앉아 있노라면, 자신의 얘기를 하고 싶은 주검이 이승에서 잊었던 것을 갑자기 생각해낸 양 상반신을 일으킬지도 모르는 일이지요. 그 경우에 나는 무엇이라 말할까요.

나의 동공이 크게 부풀어 오르고 눈꺼풀은 뒤집히고, 나의 뺨은 하얗다 못해 밤의 깊은 고적으로 인해 번쩍 빛을 발할지도 모릅니다. 창문에는 깨진 유리창이 반쯤 남아 있고 그 사이로 기분 나쁘게 바람이 후들거리며 들어오는데, 그 창문 흔들리는 소리에 혹시라도 죽은 누나의 얼굴을 떠올릴지도 모르겠습니다. 누님도 돌아가셨을 적에 하얀 포대에 덮여 있었습니다. 생시(生時)보다 두서너 배나 부어오른 얼굴과 하얀 솜으로 꼭 막은 코, 방안에는 짙은 알코올 냄새가 코끝을 자극하는 밤의 풍경이…….

M,

죽은 자에게 산 자의 울음은 아무 의미가 없지요. 모두가 정상대로 돌아갈 것인데, 자기의 죽음도 아닌데 사람들은 왜 그렇게 서너 줄기의 울음으로 자기의 공포를 감추려드는지 도통 이해할 수 없어요. 참되게 죽음의 의미를 꿰뚫을 수 있어야만 참되게 살아갈 수 있겠지요.

M,

지금 이 순간은 우리가 한없이 죽어가고 있는 순간입니다. 엄밀히 말하자면, 지금 죽어가고 있는 순간이 아니라, 죽어가고 있는 순간이라는 미래가 있기 때문에 달리 생각해볼 필요가 있지 않겠어요. 즉 지금이 지구상에서 딱 한번만 숨 쉴 수 있는 순간이라고 가정합시다. 그렇다면 나는 어떻게 죽을 것인가부터 생각해야겠지요. 아니 그것보다 어떤 표정으로, 다시 말하면 어떤 웃음을 띠고(그 웃음은 가장 이상적으로 만족도 불만도 아닙니다. 그렇다고 성스러운 하나님 곁으로가 아닌 단지 있을 때 있을 수 있는 곳으로 간다는 경건한 미소입니다), 어떤 굴욕감을 맛보고, 고통을 참고, 후회와 추하게라도 살아보고 싶은 욕망을 가득 담고 죽을 시간을 기다리느냐를 결정해야겠지요. 물론 죽는 순간의 얼굴 표정이란 한 삶을 총 결산하는 모든 행동의 최후의 결과로 나타나기 때문에 우리의 일상생활이나 정신적인 차원에 달린 것이라 하겠지요. 그렇다면 우린 어떤 목표와 이상과 진리를 갖고 행동해야만 하는가를 생각해야겠습니다.

M,

아직은 모든 게 카오스 상태를 벗어나진 못했으나, 하늘에 잔뜩 끼어 있는 구름들이 이따금 도넛 구멍처럼 열려서 그 사이로 태양의 가느다란 빛이 내비치듯, 희미한 서광이 나의 얼굴 위로 슬쩍 내비치더니 이내 사라집니다.

M,

내가 추구하고자 하는 것은 그 구름 사이로 언뜻언뜻 내비치는 햇빛이 아닐까요. 밤의 축복을 받기 위해 이만 줄이지요.

1974. 5. 20. 화요일. 흐림.

M,

일기를 하루씩 미루어 쓰는 게 나의 게으른 버릇 속으로 흡수된 듯 보입니다. 어제도 무슨 공부를 하였는지 도무지 기억에 남는 게 없어요. 그렇다고 수업 시간에 도망만 치는 것도 아닌데요.

어제 수업이 끝난 뒤 수관이와 명택 씨가 〈스파르타쿠스(Spartacus)〉를 보러 가자는 걸 뿌리치고 혼자 부산역으로 나갔습니다. 영화 보러 가면 좋긴 하지만 너무 남에게 의지하는 것은 옳지 못하다는 생각이 들어서였습니다.

사실 용돈이 궁한 처지라 본의 아니게 남의 돈을 자주 사용하는 편입니다. 나름 아르바이트를 구하려고 열심히 노력은 하지만 번번이 실패하니 집에서도 썩 미더워하는 눈치도 아닙니다. 빌리기를 잘 하는 사람은 갚기를 잘하지 못하는 사람이기도 합니다.

M,

어제 오후 부산역으로 갔던 얘길 계속해보지요. 부산역에 내렸더니 지하도의 흐릿한 형광등이 행인들의 표정을 비추고 있었습니다. 나도 그렇지만 사람들의 표정이 너무나 무표정하고 음침하였지요. 단지 어린 아이들 얼굴에서만 생기가 돌았는데, 그네들은 부산스레 지하도의 계단과 계단을 오르내리면서 뛰어 다녔지요.

지하도 입구에는 몇몇 사람들이 시커멓고 때 묻은 손들 위에 껌을 올려놓고 지나가는 행인들에게 사달라고 애걸합니다. 나는 알 수 없는 화가 치밀어 올랐습니다. 말이 애걸이지 거의 강요에 가까웠는데 그래서 화가 나는 건지, 아니면 우리들 자신에게 화가 나는 것인지 모르겠습니다. 더욱 측은한 것은 한쪽 다리가 없거나, 한쪽 팔이나, 한쪽 손이 달아난 불쌍한 소년들이 이마를 땅에다 처박고는 엎드려서 손을 모아 내밀고 있는 것입니다. 씻지 않은 손엔 10원 짜리 동전 몇 개가 얹혀 있었는데, 돈을 놓고 가도 좋고 그러지 않아도 좋다는 듯한 그들의 모습에 나의 우울은 더욱 깊어집니다. 사실 그들은 엎드려서 간절히 기도를 드리고 있는지도 모를 일이지요. 다시 태어날 때는 이런 추한 모습보다는 산에서 수백 년간 침묵을 지키며 환하고 밝은 꽃을 수 없이 피우는 나무가 되게 해달라는…….

M,

세상에 좀 더 밝은 시대의 전주곡이 울리기를 고대해봅니다.

하여튼 긴 지하도를 올라와서 분수대 앞을 지나갔습니다. 물을 뿜고 있지 않았지만 지난밤에 내린 비로 분수대 가엔 물이 넘치듯 있었지요. 잿빛 하늘엔 잠시 후 비를 다시 뿌리겠다는 결의가 역력히 드러나 있었지요. 분수대를 반 바퀴 돌다가 부산역 광장을 지나 역구내로 들어가 보았지요.

M,

역구내의 대합실엔 사람들이 거의 없었지요.

간혹 생활에 찌든 얼굴의 할머니들께서 긴 나무의자에 앉아서 졸고 있는 모습이 보일 뿐입니다. 아, 참! 내 또래의 청년이 이마까지 더벅머리를 드리고선 긴 나무 의자에 두 다리를 얹어 놓고는 낮잠을 즐기고도 있었지요. 그 모습을 보고 있노라니 대합실에 있는 사람들 모두가 어찌 그렇게나 초라하고 궁상맞게 보이는지요.

그 속에서 나는 어떻게 빠져나올까에 온 신경을 집중하였습니다. 인생의 낙오자에서 벗어날 수 있는 돌파구를 열심히 찾아서 아래층으로

난 긴 층계를 2번이나 타고 내려갔습니다. 아래층의 사면 벽에는 발차하는 열차 시간표가 흰 아크릴판 위에 검은색과 푸른색의 글씨로 씌어져 있었습니다. 또 켜지 않은 TV와 한가롭게 바늘을 꼼지락거리는 벽시계가 있었습니다. 빈 나무의자에 털썩 주저앉으며 소설책 한권과 우산을 무릎에 얹어놓았습니다.

사물들을 신경 써서 보았더니 눈이 아파서 휴식을 취하고 싶어 눈을 감았습니다. 한참 새우잠을 자다가 문득 이상한 기분이 들어 눈을 퍼뜩 떠보니, 내 눈 바로 앞엔 신문을 든 한 젊은 신사가 나를 응시하고 있었습니다.

잠자는 모습을 타인에게 보인 것이 나의 자존심에 상처를 입힌 것 같아서 불쾌했었지요. 특히 그 사람의 날카로운 눈이 나를 자극하기도 했고요. 그래서 나도 제법 인상을 쓰며 마주 앉아 쳐다보며 말없이 눈싸움을 했었지요. 한참 노려보다 마침내 그가 안 되겠다 싶었는지 신문으로 눈을 돌렸습니다.

1974. 6. 3. 월요일.

어두컴컴한 감방 속에서 하늘과 단절된 죄수처럼 무겁고도 꺼림칙한 공기가 나의 어깨 위로 휩싸고 돕니다.

M,

벌써 2주일가량 일기를 쓰지 못했군요. 아르바이트 핑계를 댈 수도 있지만, 지금부터라도 다시 쓸 생각이에요. 어제 겨우 『말테의 수기』를 다 읽었지요. 다 읽고 나니까 씁쓸하기도 하고 달콤하기도 하고 서운하기도 한데, 그것은 대체 무슨 까닭에서일까요? 나는 어쩌면 이 책에서 새로운 이야기가 끝없이 흘러나오기를 바라고 있는지도 모르겠습니다.

M,

『말테의 수기』에서 당신이 좋아하리라 싶은 노래를 뽑아 드리지요.

제목은 잘 모르겠는데 말테가 이탈리아의 베네치아에서 우연히 만났던 덴마크 소녀가 부르던 노래지요.

그대를 생각할 때마다 그대가 흔들리듯 고달픔을 느끼노라.
자리에 들어서도 울고 있었노라. 그대에겐 말하지 않으려니
그대도 나 위해 잠 못 이루었음을 숨기는구려.
이 아름다운 목마름을 채울 길 없이 가슴에 담아두려나.
세상의 사랑하는 이를 보면
겨우 마음 고백하곤 벌써 거짓을 일삼는다.
그대는 내게 외로움을 마련하고

그대만은 조화를 이룰 수 있는 힘.
그대 모습 잠시 내게 보일 때
어느덧 바람 소리로 변하고
여향(餘香)도 남김 없는 내음이로다.
아아, 가슴에 안았다가 모조리 사라져 갔으되
그대만이 항상 가슴에 새로이 태어나오니
한 번도 그대를 잡지 않아
오히려 그대는 영원한 나의 것.

M,

가만히 음미해보시지요. 무언지 모르게 가슴에 조용히 저며 오는 슬픔의 소리, 잔잔하며 호숫가로 펴져 나오는 잔물결 같은 감정의 진입을 느껴보시지요. 슬플 때나 외로울 때 조용히 한 번 더, 그리고 다시 한 번 더……. 외어두어야겠어요.

M,

파도가 수평선 위에서 밀려오고 있습니다.

수평선 어딘가 처음 시작하는 곳에서 일어나는지도 모를 만큼 잔잔하게 펴져오는 저 파도처럼, 우리의 고독도 처음에는 슬프디 슬픈 우리의 가슴 가장 밑바닥의 혼돈에서 서서히 솟아나온 것인지 모릅니다. 파도는 잔잔히 밀려오다 해변 가로 올수록 점점 거센 반향(反響)을 일으키며 포효합니다. 그러다가 거센 바윗돌덩이에 자기 몸을 던지고선, 마치 자신의 의무를 마친 양 전쟁터의 전사자(戰死者)처럼 스스럼없이 사라집니다. 우리의 고독도 그렇습니다. 우리의 가슴 가장 밑바닥에서 솟아나서 커질 만큼 커지게 되면 파도처럼 역설적으로 산화되어버립니다. 마침내 우리의 고독도 무화되어 평정한 마음이 되는 것이지요.

M,

생명이 있는 곳엔 항상 고독이 휩싸고 돕니다. 설사 느끼지 못한다손 치더라도 우리의 내부 엔 까닭 없는 고독의 여향(餘香)이 잠적해 있습니다. 단지 우리들 자신들이 그걸 망각하고 있을 따름이지요.

M,

R. M. 릴케는 『젊은 시인에게 보내는 편지』 속에서 우리는 이런 슬픈 때를 당해서는 남과 더불어 이 사실을 잊어버리려고 노력하지 말고 오직 홀로 조용히 감지해내고 인내심을 갖고 참고 있어야한다 고 말하고 있습니다. 더군다나 우리 청년들은 많은 것을 흡수하는 시기이므로 침묵 속에 침잠(沈潛)해 있어야겠지요. 남과 더불어서 세상사에 끼지 못한다고 슬퍼해서도 안 되고 우리의 고독을 망각하려 해서도 안 된다고 합니다.

M,

나무와 같이 수천 년 전부터 오직 고고함과 침묵으로 내부의 불꽃만을 보듬어, 오직 청정 수림의 일부로서 만족할 줄 아는 사람이 되어야겠습니다. 언젠가는 모든 것이 극복되고, 해결될 수 있으리란 확신을 갖고, 살아가는 겁니다.

M,

당신은 『말테의 수기』에 나오는 아벨로네와 이명동인(異名同人)이라고 할 수 있지 않을까요. 유감스럽게도 나와 말테는 결코 이명동인이 될 수 없는 사이지요. 혹 모르죠, 내가 이미 정신적 완숙기에 접어들어 있다면 그런 사이가……. 하지만 그건 머나먼 하늘 저편 속에 비치는 나의 미래상(未來像)일 뿐입니다.

생(生)은 이제 결단을 요구하고 있습니다. 어떤 색깔의 끈을 고를지 선택한 후 그 끈이 이끄는 미래의 삶을 향해 걸어가야겠지요. 운명의 변화에 휘둘리지 않고 나만의 흔들리지 않는 잣대를 갈고 다듬어 그 길을 조용히 걸어가고 싶습니다.

M,

생의 슬픔이란 의미 있는 겁니다. 비바람의 포효가 나무를 더욱 굳건히 자라게 하듯 슬픔은 나의 생에다 더욱 풍부하고 다채로운 무늬를 새겨놓을 것입니다.

광부가 동굴 속에서 보석을 채굴하듯 나도 나의 동굴을 탐색하여 생의 의미를 채굴해야겠지요.

M,

『말테의 수기』의 맨 끝부분인 성경에서 나오지 않는 돌아온 탕자의 마지막 얘기를 소개하죠.

그가 어떤 사람인지 그들은 전혀 몰랐다. 그를 사랑한다는 것은 지극히 어려운 일이 되어 있었던 것이다. 그리고 그는 오직 한 분만이 그를 사랑할 수 있을 거라고 느끼고 있었다. 그러나 그 한 분인 신(神)은 아직도 그를 사랑하려고 하지 않았다.

M,

아직도 부슬부슬한 초여름 아침 비가 내리고 있군요. 생명의 불꽃이 이런 비에 젖어 꺼질 수야 없지요. 가장 훌륭한 배양지에 뿌리박고 있다면 바람과 비와 천둥이 나 자신을 송두리째 없애버릴 수는 있겠지만 내 생명의 불안감까지 멋대로 변화시킬 수는 없지요.

희랍신화의 이카루스의 날개를 만들어 붙이고 이상(李霜)의 의지의 날개를 뻗어 훨훨 바다를 날고 싶군요. 태양열에 녹아 바다에 떨어지는 한계를 인정하더라도, 감옥에서 죽는 것 보다는 진리의 보고(寶庫)인 큰 바다에 내려 갈 수 있는 인간의 불행을 슬프다고만 할 수 있을까요?

1974. 6. 4. 화요일

날씨가 여름날답지 않게 서늘하군요.

M,

가만히 눈을 감아보세요. 그리고 마음의 어두침침한 구석구석을 낱낱이 살펴보아요. 의사들이 현미경 너머로 보이는 꼬물거리는 병원균을 찾아내듯이 감은 눈의 망막 위에 무엇이 맺혀 나오는지 한 번 살펴보아요. 그리하여 우리가 무엇을 갈구하고 있으며, 어떻게 우리 눈을 굴려서 어항 속에서 노니는 주황빛의 금붕어, 검은 빛깔의 열대어를 어항 전체로서 볼 수 있는가에 대해 연구해보시지요.

M,

어항 속에선 푸른 수초가 흔들립니다. 그리고 흑갈색의 수초가 또한 알록달록하게 물결칩니다. 그 사이를 물고기들이 유유히 이리저리 헤엄칩니다. 비록 그들이 아무리 허우적거린다고 해도 그들은 결코 어항 밖으론 나오질 못합니다. 이것은 그들에게 인간들이 만들어 놓은 어찌할 수 없는 숙명의 올가미입니다. 우리의 사고(思考) 작용도 마찬가지입니다.

그러나 영혼의 세계란 신비한 힘을 갖고 있기 때문에 얼마든지 그 세계가 가변적입니다. 물질의 세계란 대개 가시(可視)적 세계입니다. 인간이 발견할 수 있었던 모든 세포는 전자 현미경의 능력 밖에선 존재할 수가 없지요. 반면 영적인 세계의 경험에 있어서, 우리의 영혼은 무한히 비약할 수 있는 힘이 있습니다. 이 힘은 서로가 좋아하는 사람들 사이에서는 더욱 강력하게 작용합니다. 꿈, 이것이 가장 불가사의한 것입니다. 꿈은 하나의 단절된 세계와 다른 또 하나의 세계를 연속적인 정경(情景)을 통해서 보여 줍니다. 꿈이란 바로 상상의 미덕을 가장 잘 발휘해주는 방법이기도 합니다.

M,

현대에 와서 특히 금년의 경우에 제2의 사고 즉 신비적 상상의 세계가 중요시되고 있습니다. 신비적이란 우리의 이성(理性)으로서는 잘 이해되어질 수 없어서 정(情)의 비약이 아닐 수 없습니다. 인간은 선천적으로 양면성을 갖고 있습니다.

그중에는 지성(知性)과 정(情)의 2가지 요소가 우리의 뇌수 속에 포함되어 있는지도 모릅니다. 지성이란 닦지 않으면 영영 사장(死藏)되어 버립니다. 거기에 비하면 정(情)이란 것도 물론 갈고 닦으면 보다 더 세련된 정서를 갖게 되지만 그래도 전자(前者)에 비하면 다소 완화되어 있어서 일평생 인간에 부착되어 있겠지요.

그렇다고 해서 정(情)의 비약이 곧 신비를 푸는 해결점이라고는 단정할 수 없겠지요. 정(情)이 비약할 수 있으려면, 그 사람의 머릿속에 과거보다 많은 사실들을 학습해야만 비약이 가능하게 될 것입니다. 학습이란 게 곧 지성의 밑바탕이 되는 것이니까요. 결국 신비란 바로 지(知)와 정(情)의 복합구성으로 되어 있다고 할 것입니다.

M,

꿈속에서 그대의 얼굴을 본 지 오랜 시간이 흘렀습니다. 요즘같이 피곤한 때엔 밤에 잠자리 들기가 무섭게 잠의 여왕이 나의 조그만 육체와 정신을 지배해버립니다. 잠의 여왕의 얼굴을 보셨는지요. 그녀가 입은 검은 비로드의 옷에선 잔잔한 무늬들의 색깔이 아롱거릴 뿐 아니라 아름답고 또 제각기 색다른 무늬를 갖고 있어서 우리가 밤마다 잠을 이루는 순간에 반짝거리는 별빛에 반사되어 빛날 때 우리의 아름다운 꿈들이 훨훨 밤의 고요한 정적 속을 날아가는 겁니다.

때때로 좋지 못한 죽음의 향내를 맡을 수 있는 꿈과 불행한 여인의 흐느끼는 소리가 우리의 귀를 진동시키는 꿈은 우리의 마음속에 아름다운 별빛이 먹구름 속에 잠시 머뭇거리는 순간에 일어납니다. 그녀가 입고 있는 옷의 색깔은 얼핏 보면 검은 비단결 같지만 또한 별빛에 반짝거릴 때는 그 주름살의 음영의 그림자는 회백색으로 빛나 보일 겁니다.

M,

그런데 요즘은 잠의 여왕의 아름다운 얼굴도 제대로 못보고 그녀의 신비스런 마술의 세계로 떨어져서 아침에 일어나려고 하면 정신이 없고 어리둥절합니다. 그녀의 얼굴은 언젠가 해운대에서 돌아오는 버스를 탔을 때 앞좌석에 앉아 있던 상아와 같이 희고 고운 여인의 목덜미와 몹시도 닮았지요. 어떻게 그렇게 하얀 살결을 가질 수 있는지.

잠의 여왕은 그녀의 옷과는 달리 마음은 항상 냉정하답니다. 그녀는 내 의사는 무시한 채 그 무늬와도 같은 꿈을 내게 내려주려고 자기의 옷자락을 살포시 두 엄지손가락으로 잡아 올립니다. 그러면 나는 어김없이 그녀의 기분에 따라 그녀의 노예가 되길 강요받습니다. 사정을 하는 것이 당치도 않은 듯이 내가 바라는 꿈과는 달리 엉뚱한 꿈을 꾸고 말지요.

M,

이젠 저널리즘에 대해서 별 흥미를 느끼지 못합니다. 아마도 릴케의 『젊은 시인에게 보내는 편지』를 읽었기 때문인가 봅니다. 저널리즘과 비평과 사회과학적 성격의 학문이란 자칫하면 자기를 망각하기 쉽고 또 그런 것들은 직업상 사교성이 농후하고 자기의 고독 속에서 자기의 내용과 무늬를 아름답게 창조해내고, 다스릴 기회를 상실하게 되는 경우가 많기 때문이지요.

M,

사람은 객관적인 측도보다 주관적 측도로 살아야함을 나 자신에게 확신시키려 합니다. 한 사람의 가치란 바로 그 사람의 내면세계의 성장이지, 결코 남의 판단과 평가 속에서 성립될 수 없음이 확실합니다. 우리의 세계에서 얼마나 많은 경이(驚異)를 발견하고, 잔잔한 호수의 수면과 같은 미소를 갖게 되느냐가 관건이 되겠지요. 자연이 읊조리는 시(詩)에 귀 기울이고, 음악에 도취되고, 신비한 색깔과 조형에 몰입 할 수 있겠느냐가 나의 일생의 과제이며 또한 즐거운 고역(苦役)이라 할 수 있겠지요.

M,

우리는 생(生)이란 열차를 타고 한없이 계속되는 듯한 선로를 따라 달려야 합니다. 그렇지만 열차가 달리는 순간에는 죽음을 의식하지 못합니다. 언젠간 종착역에서 내려야만 될 인간이 단지 망각만 한다고 해서 죽음이 도망쳐서 영영 돌아오지 않는 건 아닙니다.

인간이란 가능하면 자주 죽음을 의식하고, 의식하기보다는 오히려 죽음을 바라고 언제 어디서 죽더라도 여한 없이 죽음을 받아들일 마음의 준비가 되어 있어야 함이 나의 바람입니다. 가치 있는 삶을 영위하여야만 후회 없는 죽음의 순간을 맞이할 수가 있겠지요.

생(生)이란 우리의 보다 더 긴장되고 성실한 그 무엇을 향한 추구가 되어야 합니다. 우리의 삶은 일회적이기 때문에 오히려 더 가치를 갖게 된다는 것을 명심해야겠지요. 이석재 교수님의 '인생은 결코 실험할 성질의 것이 아니다.' 란 말이 생각납니다.

1974. 6. 5. 수요일.

아침 수업을 2시간만 하고 급히 서둘러서 갑성이네 집을 갔습니다. 하지만 갑성이가 집에 없어서 해운대 을수네 집에 갔는데, 거기서 갑성이가 을수와 공부를 하고 있었지요.

M,

가능한 침잠(沈潛) 할 수 있는 가장 밑바닥에 도달하려는 노력을 끊임없이 해야겠습니다. 남과는 다른 어떤 뜻 깊은 체험을 해보고, 보다 더 심각하게 받아들일 줄 아는 습성도 길러야 하겠고요. 우리의 청춘은 눈 깜짝할 사이에 봄, 여름이 떠나듯 훌쩍 가버리고 맙니다.

잘 익은 개암 냄새 같은 삶의 향기가 무르익어 가는 가을이 오기는 합니다만 가을이 가면 우리의 차가운 죽음을 기다리는 혹한의 고통이 있습니다. 혹한의 추위 속에서 우리는 화려하게 또는 수수하게 신(神)의 각본대로 우리의 사명을 다하게 됩니다. 그리고 사라져가는 겁니다. 다시 부름이 있을 때까지 영원히 침묵의 그늘 밑에서 쉬고 있어야겠지요.

M,

'영혼의 목마름에 굶주린 자여! 음악에 네 마음을 열어라.'

내가 중학교에 다닐 때 음악실의 정면 칠판 위에 걸려 있던 구절이었지요. 음악실의 분위기는 항상 어두워서 마치 눈을 멀거니 뜨고 있어도 눈을 감고 있는 듯한 느낌이었지요. 눈을 감고 있는 동안 흘러나오는 노래가 우리의 귀를 후벼 파고 들어올 때면 나의 작은 심장은 커다란 닻의

무게처럼 가라앉아 차가운 납덩이가 되곤 했지요.

모차르트와 같은 경쾌한 곡들도 있었지만 우리 음악실의 분위기는 항상 좀 어둡고 가라앉은, 고요한 때의 마음의 깊이만큼이나 깊었지요. 고통스럽고 심각한 베토벤의 조각 얼굴은 음악실의 분위기를 완전히 휘어잡고 있었지요. 교실 바닥에 세워 천장과 연결이 된 굵고 네모진 석주(石柱)엔 여러 유명한 음악가들의 초상화가 걸려 있었지요. 그중에서도 차이코프스키의 얼굴은 항상 수심에 잠겨 고독 속에서 인간사에 초연한 표정으로, 까닭 없는 비애와 향수를 풍기고 있었지요.

차이코프스키의 눈에 눈물이 어려 있지 않은 때를 나는 아직까지 한 번도 보지 못했지요. 그의 얼굴은 봄이거나 여름이거나 쓸쓸하고 어두침침한 늦가을을 연상하게 합니다. 우울과 고독이 없었더라면 그의 생애는 보다 더 일찍 끝나버리지 않았을까 싶습니다. 그는 보다 더 성숙한 시기를 기다렸지요. 여름날 무성하게 잎이 자란 포도넝쿨 속에서 포도송이가 주렁주렁 열릴 때까지 숨 한 번 쉬지 않고 죽은 듯이 기다렸지요. 이윽고 어느 순간에 포도넝쿨에서 꽃이 피고 자랑스러운 열매가 맺길 시작했습니다. 어둡던 그의 얼굴도 일시에 활짝 개입니다.

차이코프스키는 그 포도송이를 덥석 잡아떼서는 급히 혼자만의 방에 들어가서 둥근 테이블 위의 쟁반에 얹어놓고는 희열에 넘쳐 바라봅니다. 그러자 그의 얼굴은 갑자기 피로한 기색이 감돌았지요. 그는 너무 기다림에 가슴 아팠던 사람이었습니다. 재빨리 부자연스러운 몸을 일으켜서 곁에 있는 피아노 앞에 앉고선 그의 미래에 대한 기쁨을 연주하기 시작했습니다. 그의 마음은 기쁜 미래와 안도감과 만족감으로 가득 찼지만 그의 눈과 손과 다리는 기다림에 지쳐서 잘 움직이지 않습니다. 이윽고 그는 자기의 마음을 표현하기 위해 피아노의 검은 건반을 두드려 봅니다. 그러나 소리는 무시무시할 정도의 저음으로 웅웅거릴 뿐입니다. 그의 마음과 손들은 이미 서로 같은 방향의 평행선을 달리기 시작한 것입니다. 한 번 달리기 시작한 열차가 멈추기까지엔 많은 힘과 시간이 필요합니다.

오랜 동안의 노력과 수정으로 차이코프스키의 영혼과 손들이 제휴를 하였을 때, 아! 이게 웬일입니까? 이미 테이블 위 쟁반에 얹어 놓았던 포도송이가 다 시들어버리고 말았습니다. 그의 눈은 다시금 후회와 절망 속에 빠졌지요. 어쩔 수 없이 다시 밖으로 나갑니다. 집 앞마당의 포도 잎은 어느새 다 져버리고 앙상한 가지만 보일 뿐입니다. 그는 비로소 기다림의 철학이 무엇이란 것을 어렴풋이 감지해낼 수 있었습니다. 무언가에 대한 막연한 동경을 이제 생생하게 알아차릴 수가 있습니다. 그의 눈 꼬리가 아래로 쳐지기 시작한 것도 바로 이 순간부터지요. 그가 동경하는 것이 비로소 도저히 도달할 수 없는 저쪽 피안에 있다는 것을 알아차렸습니다. 아마 내년에도 같은 사연의 포도송이 역사를 서술할 수밖에 없으리란 것도……. 또한 그는 저쪽 피안에서 밀려오는 물결의 소리를 어렴풋하게나마 들을 수 있었습니다. 그걸 들을 수 있었던 까닭은 그가 기다림으로 그의 일생을 지새우고, 한때 잃어버렸던 탄생의 역사를 누구보다도 잘 터득하고 있었기 때문입니다.

차이코프스키는 겨우 모든 기다림의 의미를 알 수 있게 되었습니다. 그는 해마다 반복될 수밖에 없는 그 어쩔 수 없는 불행한 사건을 잠시 단념할 수밖에 없습니다. 별수 없이 이미 늙어진 그의 마음을 방에 있던 흰 건반 위에 던지고 맙니다. 피아노는 어딘가 어두컴컴한 굴속에서 일시에 울려나오는 쿵 하는 소리를 흘려보냈습니다. 그러자 그의 손은 자기의 뜻과는 무관하게 제멋대로 건반 위를 왔다 갔다 합니다. 그는 그렇게 〈비창〉을 만들어냈는지도 모릅니다.

오늘 저녁처럼 곧 비가 내릴 것같이 어두침침한 구름이 깔린 저녁엔 차이코프스키의 조용한 곡이 나의 뇌리 속을 저밉니다. 그 곡의 곡명이 무엇인지, 그 곡의 흐름이 어떤지는 중요하지 않습니다. 방금 11시를 알리는 시계 괘종의 울림이 바로 내 고막을 진동시켜 밤의 고즈넉함을 알려주듯이, 그의 곡은 나만이 듣고 나만이 알아채고 나만이 눈물겨워하는 나만의 곡입니다.

M,

아무도 걷지 않는 오솔길이나 산속에 혼자 있게 되면, 나만의 세계가 활짝 펼쳐지기 시작합니다. 그럴 때면 나는 별로 아름답지도 않은 목청으로 슈베르트의 〈보리수〉를 가만히 불러봅니다. 그와 동시에 나의 눈물샘도 메말라 있던 나의 마음을 따스한 눈물로 듬뿍 축여줍니다.

성 문 앞, 우물곁에 서있는 보리수
나는 그 그늘 아래 단 꿈을 꾸었네
가지에 희망의 말 새기어 놓고서
기쁠 때나 슬플 때 찾아온 나무 밑

오늘 밤도 지났네 보리수 곁으로.
캄캄한 어둠속에 눈 감아 보았네.
가지는 흔들려서 말 하는 것 같이
동무여 여기 와서 안식을 찾아라.

나는 특히나 '가지에 희망의 말 새기어 놓고서 기쁠 때나 슬플 때 찾아온 나무 밑'이란 구절과 제2절에 나오는 '가지는 흔들려서 말하는 것 같이 동무여 여기 와서 안식을 찾아라.'는 구절이 나올 때마다 눈물이 흐릅니다. 여전히 소년 때의 감상에서 벗어나지 못했냐고 나를 추궁해 보기도 합니다. 현대를 살아가는 사람들은 솔직히 남에게 보이기 위한 웃음밖에 지을 수밖에 없을지 모릅니다. 나는 그런 웃음 말고 나만의 생생한 울음을 저 드넓은 창공 속으로 발산하고 싶습니다.

현대는 너무도 울음을 모르는 기계적 인간들의 천국입니다. 우리들은 예술이 있고, 철학이 있고, 그리고 눈물도 있다는 걸 망각하고 있습니다. 20세기의 비극은 분명 그것에 있음에 틀림없습니다.

M이여!

시간은 조용히 날아갑니다. 시간이란 우리의 기분과 같습니다. 시간이란 우리의 기분과 정비례합니다. 기분이 무척이나 좋고 즐거울 땐 시간이 빨리 날아갑니다. 파드득거리며 차분히 날아가는 시간의 날개소리를 들어보고 싶습니다.

1974. 6. 14. 금요일. 맑음.

날씨가 무척이나 무더웠다.

S.

그간 잘 있었는지 궁금하군. 이곳 부산은 예년과 다름없이 부산다운 짭조름한 분위기와 혼탁한 도시 공기, 그리고 교외로 나가면 맑고 시원한 공기가 코를 거쳐 온몸에 퍼지는 곳이지.

어느덧 1학기도 다 지나가고 말았지. 도대체, 손에 잡힐 것 같지도 않은 실체를 붙잡으려 무수한 시행착오만 반복하고 있다.

편지를 한 달 이상 부치지 못했지만 마음은 항상 너와 더불어 있지. 사람의 마음이란 참 이상하다. 생각하고 싶지 않은데도 때로는 생각이 계속 한 방향으로 향하니, 혹 그 생각이 마음 깊숙이 자리 잡고 있는 체험 속에 용해돼버린 건 아닐까. 체험이란 일단 핏속에 용해되면, 빨아도 지울 수 없는 옷에 묻은 누런 녹처럼 없앨 수가 없지.

한 그루의 나무가 땅에 굳건히 뿌리를 박고 있다고 하자. 나무는 항상 생각을 하며 결코 잠을 자지 않지. 그 나무는 아마도 매우 차분하며 고독의 향기를 대지와 하늘에 발산하며 지조 높게 하늘로 쭉 뻗어 서 있겠지. 마치 정물화같이 나무는 웃으려고도 하지 않을 것이다. 고독의 향기를 뿜어내는 그 나무는 대지에 깊이 뿌리를 박고서 움직이고 싶어도 움직일 수가 없다. 움직이질 못하니 더욱 더 자기 내부 속으로 깊이 침잠해갈 수밖에 없겠지.

그래. 사람이란 고독하면 고독할수록 더욱 내면의 세계로 침잠해가겠지. 저 심층에서 나오는 소명의 소리를 들을 때까지……. 나는 고독을 견디지 못해서 허튼소리를 내뱉기보단 차라리 기다림의 미덕을 갖겠네.

S.

젊음의 길이란 항상 노력하고 갈구하는 데 있지 않을까 생각하네. 사람은 젊어서는 정말 꿀벌이 되지 않으면 안·되네. 부지런히 꿀을 끌어모아야 하는 것이지. 그 꿀 속에 얼마나 많은 노력과 의미가 깃들어 있는 알아야 한다는 거네.

사람에겐 각기 때라는 게 있지 않을까. 어려서는 어린아이로서의 때가 있는 것이고, 성숙하여서는 성숙한 사람으로서의 때가 있으며, 늙어서는 늙은 사람으로서의 때가 있는 법이네. 우리는 아직도 벼를 수확할 처지는 아니지. 봄에 무논에 볍씨를 뿌려 싹이 트기 시작할 때가 어린애가 탄생하는 때요, 그 싹이 시퍼렇게 성숙하여 꽃이 피기 전의 무성해지는 때가 바로 우리의 처지라면, 벼가 여물어 가을 들녘을 황금빛으로 채우는 때는 완성의 고요함, 곧 노년기의 축복 때가 아닌가.

우리의 사명이 때에 따라 달라지는 것 또한 자연히 받아들여야 할 과제이네.

S.

방금 내 방의 형광등 불빛을 보고 안으로 뛰어든 벌레가 있지. 그 벌레가 나의 일기장에 버티고 서 있는 품이 무척 대담하고 용기 있는 모습 같아 보이네. 실보다 더 가는 여섯 개의 다리 위로 저 자그만 날개의 면적보다 더 작은 몸뚱이를 지탱하고 있는 것이 여간 대견스럽지가 않아. 더욱이 몸의 빛깔조차 푸르스름한 연둣빛이니, 마치 밤의 어여쁜 요정이 아닐까하는 생각도 든다.

밤이 주는 의미. 하나도 놓치고 싶지 않은 삶의 의미. 이런 것은 모두 밤이라는 아내를 두지 않고는 잉태시킬 수 없는 밤의 신비스러움. 사실 나는 밤만 되면 하나의 남자 구실을 하게 된다. 비록 현실 속에서 붙잡고 마주 앉을 수 없는 그녀, 비록 아침 무렵이면 헤어지고 밤이 될 때야 다시 만날 수 있는 그녀와 말이다. 한밤에 우리의 정담(情談)은 무르익어 간다네. 그녀가 칠흑 같은 머리칼을 땋아 올리고 살포시 미소라도 지으면, 태초부터 잊어왔던 슬픔조차도 머릿속에 떠오르게 되지.

S.

가만히, 생각해봐. 우리 사이를 채우고 있는 공기가 얼마나 오랫동안 시간에 억눌려 왔는지.

바로 그 공기는 너와 나 사이를 가로막고 있는 실체 없는 순수한 무(無)이지. 그처럼 순수한 그 무엇이 우리의 체내에 스며들면, 우리는 저 깊은 바다 속의 의미도 캐낼 수 있게 될 거야. 그건 물 분자가 각자의 원소로 분리되어 떨어진다 하더라도, 대기 중에서나 산속 나뭇잎 위에서, 다시 서로 부딪쳐서 물방울이 되는 이치와도 같지.

S.

밤이 차다. 열어둔 창문으로 여름밤의 서늘한 입김이 피부로 불어온다. 움직이지 못하는 책 몇 권과 책상조차도 고즈넉한 밤의 소리에 귀 기울이고 있다. 뜰 앞의 나무들도 밤의 사색에 담긴 향내를 듬뿍 저축해 아침에 열릴 또 하나의 세계를 창조하려 한다.

땡! 땡! 벌써 두 시가 되었나! 똑딱거리는 괘종시계의 초침 흔들리는 소리. 아아 낮의 권태로움을 나는 또 어떻게 극복해야 될지? 어떻게든 조용히 생활의 내용을 캐 들이기야 한다는 것을 명심해야겠다.

S.

눈이 감겨온다. 너의 학업이 보람 있는 노력이길 진심으로 기원한다.

잘 자.

1974. 6. 15. 토요일.

후줄근한 땀 덩어리가 엉겨 붙어서 나의 등허리를 흘러 내려갑니다.

M이여!

모든 것은 아직도 변함없이 꾸물거리고 있지요. 우리의 도시를 휩싸고 있는 이 침울한 공기의 중압은 높게 올라갔다 내려갔다 합니다. 꾸물거리는 공기의 흐름은 마치 비 온 뒤의 우중충한 황톳물과 폐수가 엉켜 붙은 강물처럼 온 도시에 콜로이드로 흩어져 있지요. 아무리 산의 아름답고 맑은 공기가 나무로부터 뿜어 나온다 할지라도 이 거대한 도시의 탁류를 막을 도리가 없군요.

M,

여전히 참고 기다림의 계절을 보내고 있습니다.

오늘도 본의 아니게 어머님과 다투었습니다. 아직 수양이 덜 된 저인지라 다음엔 이런 일이 없도록 더욱 조심해야 할 것 같습니다.

어쩌면 우리는 소망으로 목표를 자꾸자꾸 일깨워 나가야 할 것 같아요. 우리의 목표가 합당하지 않다 하여 변경하기에 앞서, 변경은 꿈에서조차도 생각나지 않게 소망으로만 가득 찬 마음을 가져야 할 것 같아요. 소망으로만 늙어가는 게 참답게 나이를 먹는 게 아닐까요? 회의(懷疑)보다 소망으로 채워야겠지요.

M,

반성이 단순히 반성으로만 끝난다면, 체념보다 못하지요. 반성이란 개선(改善)을 바탕으로 해야지요.

M,

사실상 인간에겐 정(情)보다는 의(意)가 귀중한 미덕이 아닌가 생각됩니다. 정(情)이란 것은 일시적 충동 이상의 것은 아니지요. 언제나 변할 가능성이 있습니다. 세상은 변화를 발전의 징후로서 받아들입니다만, 그렇다고 변화만 있으면 인간계는 혼란의 와중에 빠지게 될 것입니다.

삶이란 의지의 결정(結晶)이라고 볼 수 있지 않을까요? 살아가는 데는 반드시 목적이 있게 마련이지요. 무목적성(無目的性)이 있을 수도 있다고요? 물론 있을 수도 있겠지요. 하지만 생의 템포가 수준 이하로 떨어지게 되면, 마치 기타 줄이 끊어진 기타 통의 겉을 두들길 때 나는 퉁퉁 울리는 생명 없는 물리적 공명만이 있을 따름이지요.

그래도 소리가 남으로써 살아 있다는 증거를 밝힐 수 있다고도 반문하겠지요. 하지만 사고하는 인간에겐 반드시 인식의 숙명이 있지요. 이것은 끊으려야 끊을 수 없는 운명의 사슬이지요. 그 인식이라는 게 단순히 자연계나 물질계를 단지 현상 그대로 받아만 들인다고 되는 걸까요. 인식에는 반드시 받아들인 대상의 실물 그대로와 또 거기에 대한 형상화(이것은 비판하는 정신이 수반되어야 하며 또한 사물에 대한 추리력을 요하지요.)를 함께 받아들여야만 하나의 실체로서 우리의 기억 속에 존재할 수 있지요.

인식이란 말 자체가 바로 인정의 인(認)과 지식의 식(識)이란 합성어인 바엔 이미 비판하여 얻은 지식이란 의미를 갖고 있지요. 그런 만큼 목적 없는 인생이란 시체가 움직이고 있다는 것 이상으로는 평가할 수가 없군요. 목적이 없다는 것은 인식하지 않는데서 오는 것으로, 다시 말하면 '절망하지 못하는 절망' 에 사로잡힌 사람들의 소산입니다. 여기서 말하는 목적은 세속적인 물질 추구가 아니고 인생의 궁극적 의의(意義)를 생각하고 시도하고자 하는 활동을 말합니다.

M,

절대정신이란 것이 우리의 역사와 인생에서 존재할 수가 있는 것인지 생각해보고 싶군요. 헤겔의 절대정신이란 정신의 절대적 존재인 자유와 물질계의 실체인 중력에 의존하는 정신입니다. 자유의 고귀성을 아무리 강조한다손 치더라도 실제 인생이 자유의 무한한 가능성만이 아닌 것이 사실입니다. 자유보다 자연의 섭리와 경이를 익혀 배우는 게 올바른 삶에 대한 태도가 아닐는지요.

M,

바람이 살랑 살랑 불어오는 저녁녘이 다가왔습니다. 아직도 감정의 끄나풀에 고개를 저을 수 없는 내 자신을 좀 못마땅하게 생각하면서도 또한 그런대로 그 점을 허락하고 싶기도 합니다.

눈물의 고갈을 일찌감치 방지하기 위해 틈틈이 울음을 흘려야 하겠어요. 오랫동안 사용하지 않아서 바람에 날린 모래로 오아시스의 우물터를 흔적 없게 덮어버리듯 너무 오랫동안 울지 않으면 태어날 때 귀한 축복으로 받은 울음의 가치를 망각할까 두렵기 때문이지요.

M,

지금 내가 아르바이트하고 있는 이 집의 골목을 지나서 조금 아래로 내려가면 붉은 벽돌의 예배당이 거대하게 버티고 서 있습니다. 나는 붉은 벽돌로 세워진 건물들을 얼마나 좋아하는지 모릅니다. 비를 맞은 뒤 습기라도 스며들게 되면 마치 서양의 중세 때의 건물처럼 약간의 오랜 역사의 냄새가 나는 듯한 착각을 일으킵니다. 나의 머릿속엔 어릴 때 읽었던 동화(童話)가 나의 기억의 창고 속에 가득 차 있는지도 모르겠습니다.

물론 우리의 창고란 아무리 채워도 구우(九牛)의 일모(一毛)밖엔 되지 않지요. 아직도 너무나 많은 의미를 모아야 하며 그러기엔 너무나 요원한 시간을 필요로 하니까요. 참을성을 가지고 기다려야겠지요.

M,

너무도 두서없는 생(生)의 단편들을 들춰내자니 문맥과 내용이 흡족

할 수가 없습니다. 젊은 시절엔 아무리 철학을 한다 해도 시적(詩的) 정서 이외의 경지를 넘을 수 없다는 말을 들었는데 사실 그럴지도 모르겠어요.

안녕히.

1974. 6. 23.

나는 너무나 미약하고 무력하다.

특정 주제에 관하여 타인의 사상이나 철학서적에 기웃거리지 않고 내 자신의 의견 정립은 너무나 요원하다. 젊은 시절의 철학 작품은 하나의 시(詩)가 될 따름이지, 참된 사상이 될 수는 없다고들 한다. 하지만 지금 나는 이미 인생의 거의 삼분의 일이나 보내지 않았는가? 나머지 삼분의 이를 보내기 위해서 지금 생각하고 준비하는 것은 결코 이르지 않다. 오히려 늦은 감이 없지 않다.

사람들이란 살기 위해서 비굴해지도록 요청 받는다. 이 요청을 거부함이 옳은지 그른지를 판단할 수가 없다. 비굴해지지 않으면 사회에 적응할 수가 없고, 사회에 적응할 수가 없어 참과 거짓 사이를 방황하다 보면 자연적인 질서의 밖에 있게 된다. 자연이 진리 그 외의 일을 하는 것을 본 적이 있었던가? 인간은 자연의 한 종속물로서의 가치를 가질 수밖에 없다.

산. 푸른 산에서만 참된 삶의 내용을 읽게 된다. 아르바이트를 하고 있는 용국이네 집의 정원에 분홍색, 붉은색, 흰색의 장미꽃이 환히 피어 있다. 여러 종류의 선인장도 마치 고대의 병사들이 적군을 맞아 창을 꼬나 잡고 있듯 가시를 갑옷에 붙이고 있었다. 황금색의 측백나무는 석양의 조화가 하늘에 펼쳐진 듯이 양쪽에 서 있다.

그런데 수꽃이란 묘한 꽃이 있다. 카멜레온처럼 꽃잎색이 시일이 경과함에 따라 변한다. 처음엔 노란색에서 차츰 분홍색으로 변하고, 종국에는 보라색에서 파란색으로 한다. 사물이란 본디 생성, 변화, 소멸되는 것이니 이상히 생각할 건 없다. 나뭇잎이 푸른색이라 하더라도, 맹아기(萌芽期)부터 푸른색은 아니다. 초기엔 노르스름하다 차츰 옅은 초록색에서 짙푸른 잎으로 변하는 것을 우리 모두는 알고 있다.

내가 내 글을 읽어봐도 내 성격을 알 수 있을 것 같다. 글에는 생기가 없어 죽어버린 재와 같다. 나의 색깔은 아직도 노르스름하다. 생기를 찾아야겠다. 앙드레 지드의 『배덕자』처럼 참된 자아의 출현을 기다리고 있을 문제가 아니라 내가 뛰어 들어가서 내가 찾고, 희구하던 것을 향유하고 나의 의견을 찾아내야만 한다. 정말로 나의 것을 찾아야만 한다. 한 줌의 재를 손바닥에 쥐게 된다고 해도, 나의 머리로 쥐어짠 나의 고혈을 빨아내야 한다.

일전에 집에서 닭 한 마리를 잡아먹기 위해서 닭의 한쪽 다리에 튼튼하나 가는 나일론 줄을 묶어 놓은 적이 있었다. 그 닭은 자기 다리에 묶인 줄을 끊기 위해 뾰족한 부리로 자기의 다리를 쪼아댔다. 그 닭은 정작 가는 줄은 끊어지지 않고 다리의 각질을 뚫고 나온 붉은 살이 보이는데도 자꾸만 자기 다리를 찍어댔다. 그처럼 나도 자꾸 내 다리를 찍어댄다. 찍어대면서도 나의 비참한 마음은 조금도 지워지지 않는다.

머리가 종일 우리하게 아파온다. 띵한 머리를 싸매고 나는 고함을 치고 싶다. 그렇지만 정신은 기진맥진해서 중심을 잃고 헤맨다. 사회의 모든 것들이 나의 어깨를 짓누르고 머리를 사방에서 조여 온다. 피할 수도 없고 부딪힐 수도 없는 나의 허약함. 유순하기엔 너무 강하고 강하기엔 너무 나약한 나 자신의 걸음은 어디로 향해야만 되는가?

1974. 6. 24.

오늘 아침 불현듯 나의 색깔이 변해감을 느꼈다.

남의 집에 있게 되면 자연히 동화되는 경향이 있게 마련이지만 그래서는 안 된다. 나의 생각을 가다듬어야 한다. 내가 자라온 환경을 잊어서는 안 된다.

저번 강연회에 오신 김소운 씨의 "향토는 나의 고향이었다."라는 말씀처럼 나는 나의 향토를 사랑해야만 한다. 나는 어제 밤새도록 내 몸 안의 피가 살아 있음을 느꼈다. 눈을 감고 누워도 살아 있음을 감지할 수 있었다.

피가 뛰고 움직임이 살아 있음의 증거였지만 나는 왠지 모르게 어릴 때부터 피와는 절연을 해야 한다는 생각이었다. 하지만 그것이 가능한 일인가. 인간이 피의 단절을 참고 견딜 수 있을까? 나는 두렵다.

나는 단 하나의 목표만을 향하여 돌진해야만 하나? 이 목표와 희망이 나의 가슴에 넘쳐 주체할 수 없는 데까지 이르러, 회의하기엔 나의 소망이 너무나 벅차서, 내가 행하지 않으면 안 될 시점에 다다라야만 할 게다.

어느덧 봄의 향기가 가버린 줄 이제야 깨달았다. 초여름 하루의 시작. 새벽의 공기는 풀 이슬에 젖어서 밖을 활보하려던 나의 마음이 이미 촉촉하게 젖어온다. 대기 속으로 빨려 들어가기라도 하듯이 나는 황홀한 기분이다. 이름 모를 새가 이웃집 빨랫줄 위에 걸터앉아서 아침 나들이에 바쁜 친구들에게 얼굴을 나눈다! 아침을 맞는 마음은 항상 맑고 투명하다. 허나 그 속엔 절대적 산물이란 아무것도 없다.

항상 혼탁의 그늘 속에 잠겨버리는 게 나의 마음인 줄 나는 안다. 철제 창문에 둥그렇게 방사형의 거미줄이 있다. 나는 그 속으로 바깥세상을 본다. 여러 세계가 분산된다. 나의 머리도 분산되어야만 한다. 하지만 언제나 나의 머리는 하나의 머리다. 하나의 머리로써 어떻게 저 많은 세계 속에서 살아갈 수 있을까? 나의 머리는 팔방미인이 되는 수 외엔 다른 수가 없을까? 하지만 그것 역시 나에게 너무도 벅찬 제안이 아닐까? 그렇게 사는 게 옳게 사는 것인가를 생각해본다.

사람은 태어날 때 비교적 공평하게 능력을 분배받았다고 생각한다. 그러므로 누구나 일장일단(一長一短)을 갖고 있음을 안다. 정도의 차이는 있겠으나. 역시 포기하는 미덕을 갖추어야겠다.

어제 낮엔 양정 뒷산에 올라갔다. 우거진 나무 아래서 털썩 주저앉았다. 나의 목청이 울려나오도록 여러 번 시도해보았으나 역시 동물의 본능의 소리 외엔 나오질 않는다. 나는 자꾸만 입을 벌려댔다. 그래도 역시 마찬가지였다. 나는 나의 목청을 안다. 나의 어머님으로 부터 갖고 나온 나의 소리를. 하지만 나는 동물의 소리를 내고 싶지 않았다. 자꾸만 입을 크게 벌리니, 나중엔 가래톳이 목구멍에 걸려 있게 되고, 헛구역질이 나려고 하는 게 아닌가?

나는 이미 돌아가지 않는 모터처럼 되어버린 게다. 이젠 노후하여 억지로 움직여보는 기계의 끽끽 하는 신경을 자극하는 소리밖엔 나오질 않는다.

1974. 6. 25.

날씨는 쾌청.

오후엔 명택 씨와 더불어 동명극장에서 상영하는 〈자이언트〉를 보러 갔다. 진짜 보고 싶었던 영화였다. 영화를 보면서 나름 많은 생각이 들었다. 실상 나는 배우라는 걸 별로 대단찮게 여겼다. 하지만 고(故) 제임스 딘이란 배우만은 열외로 두고 싶다.

예외 없는 규칙은 없다고 하던가? 하지만 그것 역시 실없는 소리이다. 이미 세상은 대단원의 막을 내리고, 새로운 막이 올라가고 있지 않은가? 어쩌면 몇 막이 이미 지나갔는지도 모른다. 분명 새로운 시대가 시작된 것은 거역할 수 없는 사실이다.

과연 나는 무엇을 희생할 수 있는가? 솔직히 두려운 일이다. 나는 무엇을 진정으로 남에게 줄 수 있는가? 남은 나의 것을 바라지 않을 수도 있다. 그런데 감히 내가 무엇을 줄 수 있는가? 그것은 정작 무한한 고통 외엔 아무것도 아니다. 인간에게 관계란 것이 있긴 하지만 실상 그 관계가 우리에게 무엇을 나눌 수 있게 한단 말인가?

관계. 너와 나의 관계. 그것은 어떤 대상에 대한 반응계의 감지이다. 어쩌면 나는 밭에서 무를 뽑아내듯 나 자신을 쑥 뽑아 팽개치고 있는 건 아닐까? 뽑힌 무는 밭고랑 사이에 버려져 있다. 하늘엔 6, 7월의 따가운 햇볕이 내리쬔다. 무는 시들시들해지며 차츰 쪼그라진다. 말라비틀어진 생명. 그 누가 나에게 물을 부어줄 것인가. 과연 이렇게 시답잖은 말라비틀어진 생명에 농부가 물을 뿌려줄 것인가? 나는 비로소 농부의 존재를 제대로 인식할 수가 있다. 하지만 그 이상 아무것도 생각할 수 없다.

좀 더 두려워하라. 좀 더 나 자신에 두려워하라. 도망칠 수 없는 막다른 골목길과 부딪쳐라. 그럼으로써 나를 더 잘 알 수 있게 되리라. 내가 사방에 막혀 옴짝달싹 못하고 있다는 것을.

절망하라. 더욱 깊게 절망하라. 살아가는 것은 괴로운 일이다. 하지만 괴롭지 않은 것은 더욱 괴로운 일이다. 괴로운 길을 괴롭게 걸어가는 괴로움이 어찌 괴로운 일일까? 그것은 차라리 겨울이 따스하다던 황무지에 다름 아니다.

나는 그것을 그리워하고 있다. 나는 그것을 두려움에 질려 쳐다보고 있다. 나는 그것이 진정 무엇인지 모른다. 하지만 나는 그것을 사랑하려고 노력한다. 아니, 시도한다. 아 진정 어려운 일이다, 그것은.

시계의 잔잔한 초침의 소리가 아니다. 그것은 탱크가 폭발하는 소리다. 다만 거대한 전차가 폭파되는 소리와 불꽃을 나는 보았던 것이다. 그 다음엔 나는 아무것도 알 수가 없었다. 단지 폭음과 섬광을 얼핏 보았던 것이다, 나는.

나는 점점 더 사방에 울타리를 쳐야만 하는데……. 실제로 나는 나의 휘장을 둘러칠 장소를 발견 못 했던가? 장소가 문제되는 시대는 이미 지나가버렸다. 새로운 시대가 이미 도래(到來)한 것이다. 정말 입이 필요 없게 된 시대다.

나는 나의 눈을 쳐다본다. 두 개의 눈을 가졌다는 슬픔! 왜 하나의 눈만을 갖지 못했던가? 비극은 두 개의 눈을 가진데서 출발한 것이다. 나는 무한히 날고 싶었다. 희랍신화의 장인(匠人)처럼 나는 밤마다 나의 날개에 초물을 떨어뜨려 양쪽 날개를 철사로 엮어냈다. 이제야말로 비상을 시도할 때임에도 불구하고……. 나는 두 개의 눈을 가졌던 것이다. 하나의 눈이 날아갈라치면 하나의 눈이 이것을 막는 것이다. 여하튼 나는 날개를 달고 바다 위를 훨훨 날고 있다. 바다 한복판에 떨어지느냐 아니냐는 문제 삼지 말기로 하자. 나는 단지 날고만 있는 것이다. 언젠가 떨어지고 말 것이지만…….

나는 내 눈 안의 색깔을 본다. 잠이 오는지 거슴츠레한 눈빛이다. 색깔은 검은색이었다. 검은 흑색은 순수한 동양의 색깔이던가? 정말 흑과 백은 동양의 진미이다. 서양엔 없는 색이다. 하지만 흑과 백은 홍청보다 더욱 순수하다. 모든 색깔의 본연이기도 하다. 흑색은 절망을 느끼지 못한 상태라면, 백색은 오히려 절망을 느껴 순수한 비애의 상태이다.

그렇다면 회색은 어떤가? 세상에 참다운 중간자(中間子)가 있을까? 만약에 있다고 한다면 세상은 그야말로 낙천가의 세상이 될 것이다. 모든 것을 중간적인 존재로서 나타낼 수만 있다면 모든 모순은 단박에 그 튼튼하게 묶인 끈을 풀어버릴 것이다.

1974. 6. 26. 수요일. 쾌청.

어리석게도 자꾸만 들먹거리던 그 숱한 시궁창의 찌꺼기들. 자기에 충실하지 못할수록 그런 쓰레기를 쏟아낼 것이다.

전통과 위신. 그게 무슨 소용이란 말인가? 승관이에게도 지고 싶질 않아서 학교 자랑을 했다. 친구에게 무엇 때문에 그걸 내세우려했을까? 내가 못난 탓이다. 부끄러워 할 줄 알아라.

모든 걸 부정하고, 완전한 황무지에서 새로이 처음부터 꽃을 피우도록 하자! 나는 여전히 하나의 구심력을 갖고 타원 궤도를 달리고 있다. 궤도 위를 그냥 달리고 있는 동안엔 실로 구심점으로 들어가지도 못하고 그렇다고 궤도 밖의 원심력에만도 의존을 못한다. 그렇다면 역시 중간적 위치를 점하고 있다는 것인가? 가만히 생각해보자. 고요한 호수 한 복판으로 돌멩이 하나를 던졌다고 치자. 파동이 일기 시작하겠지. 처음엔 조그맣던 파동이 점차 커져서 굉장히 큰 원을 그린다. 가만히 살펴보면 물이 상하로 운동하는 것이지 정말 움직여 나오는 것은 아니다. 그렇다면 다시 한 번 생각해보자. 우리가 눈으로 볼 땐 분명히 나오고 있는데도 사실은 그렇지 않은 경우도 있다. 궤도가 일정할 때 그 위를 물체가 돌고 있다. 돌고 있는 궤도를 차단시키면 돌아가고 있던 물체의 힘은 어느 쪽으로 작용할까? 물론 원심력 방향이 될 것이다. 중간자적 입장을 취하는 듯싶은 이 궤도상의 물체도 알고 보면 일방적인 역동을 갖고 있다. 아직까지 참다운 중간자를 나는 보지 못했다.

어리석을 정도로 집착하라. 오직 한쪽만을 위해서.

1974. 7. 1.

아침엔 짙은 안개로 말미암아 앞산이 보이지 않았다. 희뿌연 산을 바라보고 등교를 하자니, 자연의 신비란 바로 저런 곳에 있는 게 아닐까, 라는 생각이 들었다. 그렇지만 한낮엔 무더위로 숨이 턱턱 막혔다.

한낮 태양을 쳐다보니 문득 수탉이 떠올랐다. 붉은 볏을 단 수탉. 검붉은 날개와 검푸른 꼬리 깃을 가진 수탉. 낚시 바늘처럼 끝이 휘어진 부리를 가진 너는 먹이를 잽싸게 쪼아댔다. 먹이를 콕 콕 쪼아대는 그 부리 끝엔 한 번도 실패해본 적 없는 정확성이 깃들어 있다. 그런 너는 어느 화창한 봄날에 초가지붕 위에 후다닥 올라가선, 한 발짝, 두 발짝 움직이고는 하늘과 땅에 동시에 도전하듯 목을 앞으로 쑥 내밀어 꼬기오 꼬-옥 했지. 그 옛날 찬란한 문명의 시대를 연 잉카제국의 사람들은 너의 깃으로 머리 장식을 했었지. 그들의 머리 위엔 너의 꼬리 깃으로 장식을 한 모자가 씌워져 있었지. 그래야 위엄이 넘쳐흐르던 시대였으니까. 너는 예로부터 위엄과는 무척이나 가까웠지. 또한 너는 무척이나 사나웠지. 내가 조그맣고 귀여운 손을 가졌던 아이였던 때였다. 너는 장독 위로 올라가더니만 그만 풀쩍 하늘 위를 퍼덕거리면서 두려움으로 너를 쳐다보는 나에게 까닭 없이 덤벼들어 나의 간을 콩알보다 작아지게 하였다. 수탉은 두렵다. 사납다. 사나운 기질을 갖지 못한 나는 너를 한없이 부러워한다. 강렬한 너의 몸가짐에서 사방에 외쳐대는 너의 괴성에서 나는 무한한 부러움을 갖는다.

태양은 바로 너희들의 아버지였다. 나는 또 너의 아버지를 부러워한다.

1974. 7. 2.

이번 달엔 보다 훌륭한 출범을 하리라 마음먹고 지난달을 기다리며 지내왔다.

하지만 언제나 하나의 행동을 하고 난 뒤, 조용히 생각을 할라치면 어김없이 떠오르는 생각은 '또' 하고 부정적인 결과를 얘기하게 마련이다.

지금은 학기말 시험 중이다. 이른 새벽임을 알리는 교회 종소리와 먼 곳에서 이따금 들려오는 가벼운 자동차 소리가 귀를 간지럽게 한다.

아침엔 언제나 기분이 좋고 글을 쓰고 싶어진다. 굳이 뼈 있는 글이 아니라도 좋다. 아침 풀끝에 아롱다롱 달려 있는 이슬방울을 한 번만 쳐다보라. 풀잎은 밤새 얼마나 많은 생명의 물길을 모은 건지……. 그처럼 이슬방울은 아침마다 푸른 잎에 생기를 더한다.

또한 나무는 아침의 개화를 기다린다. 하나의 꽃. 그것은 무한한 아픔의 결실과 생활의 승리다. 나는 언제 한 송이의 꽃이 될 수 있을까? 나는 언제 싱싱한 잎사귀를 가질 수 있을까?

나는 말을 더욱 삼가야만 할 것이다. 하나의 말이 입을 통해서 나올 때마다 나의 머리는 온통 현실과 이상의 모순 속에서 방황한다.

침묵을 지켜라! 침묵이 모든 걸 해결해주리라 믿지만 사람은 모든 문화를 말로써 창출해냈다. 생각이라는 과정을 거치기야 하지만 문화란 것이 어느 한 사람의 생각이 아니고 보면 상대방과의 의사 교환이 필수가 된다. 문화가 형성된다고 해서 그 문화가 반드시 바르고 굳건한 기초를 이루고 있다고는 할 수 없다. 하나의 나라 안에서도 여러 계층의 문화가 형성된다. 아무리 현대가 대중의 세계라든지 보편의 세계라고 간단히 말하지만 실제로 다층적이고 모순된 사회 구조를 갖지 않는 나라가 어디에 있단 말인가?

공산주의는 공산주의대로 민주주의는 민주주의대로 병폐를 갖고 있어 공산주의 문화, 민주주의 문화란 것 모두가 진실이나 옳음을 의미하지는 않는다. 문화라고 하는 것이 대중의 것이고, 다수에 의해 형성된다고 하더라도 반드시 그것이 참됨을 나타내지는 않는다. 그러므로 달력을 하루에 한 장식 찢어버리는 동안이라도 나는 나의 어리석은 독단을 – 다른 사람들 눈에 그렇게 보이더라도 – 소유하려고 노력해야지.

내가 인정하는 것이라면 그것을 밀고 나가야 한다. 설사 박해와 압력을 받더라도 참아내야 한다. 목숨 바쳐 자신의 주관을 고수하는 이들에 비하면 나의 소신은 아직 너무나 낮은 곳에 있다.

1974. 7. 3.

오후 늦게부터 부슬거리는 가랑비가 나의 얼굴에 함초롬히 와 닿는다. 기분이 좋았다. 도무지 시험을 치는 기분이 안 난다.

이런 날엔 가만히 창문 옆에 붙어 있고 싶다. 뽀얗게 흐려진 창문의 유리창 때문에 바깥세상은 다른 세계로 위장한다. 손가락으로 창문 유리창 위를 살며시 문지른다. 그러면 손가락이 지나간 자국마다 또 다른 세계가 나타나기 시작한다, 나는 그 하나하나의 흔적을 사랑한다.

나는 그 흔적 만드는 법을 배워야 한다. 흔적을 만들기만 하면 그 뒤에 또 다른 무한한 세계가 있다는 것을 알기 때문이다. 그것이 얼마나 어려운지도 잘 알고 있다. 어쩌면 흔적을 만들 수 있다는 가능성에 나는 살아야 하는지도 모르겠다.

밤이다! 밤!

구성지게 비가 내리기 시작한다. 밤하늘에 떠 있는 모든 찌꺼기를 없애는 너는 정녕 방부제이기도 하다. 더 이상 오염되기를 원치 않는 너의 마음이 나의 얼굴과 몸뚱이를 씻겨주기를 나는 두 손 모아 기다리고 있다.

1974. 7. 4.

오늘은 어제처럼 진종일 비가 부슬거리다 잠시 그치곤 한다. 하늘엔 회색 구름으로 꽉 차 있다. 내일 오후 시험을 치르게 되면 드디어 1학기 방학이 시작된다. 방학 중엔 무엇을 할까? 공부를 할까? 놀러 다닐까? 용국이를 봐줘야 하기 때문에 놀러 다닐 수는 없다. 독서나 많이 해야겠다. 나는 아직도 독서를 일상화하지 못했다.

속이 텅 빈 공간에서는 아무것도 만들어낼 수가 없다. 인식에 있어서 오성(悟性)과 이성(理性)은 어떤 조화를 이룰까? 생각하면 할수록 내가 소유하고 있는 것이 별로 없다. 머릿속에 무언가를 집어넣으려고 노력하지 않는 사람보다 더 어리석은 사람이 있을까? 사실 보지 않으려는 사람보다 더욱 장님인 사람은 없는 법이다.

잉크가 물속에서 자유롭게 번져나가는 것처럼 우리의 정신도 가고 싶은 대로 가야 비로소 자신이 구속받지 않는다는 것을 알 수 있다. 하지만 사람에겐 정신 하나만 있는 것이 아니다. 사람에게는 육욕(肉慾)이란 것도 있다. 비록 육욕이란 것이 사악한 찰나적 쾌락에서 시작된다 하더라도, 정자와 난자가 결합한 뒤에는 자기 자신에 절망해본 적도 없이 비탈길 아래를 향해 파멸의 길로, 즉 죽음의 낭떠러지 위로 떨어지는 인간을 다시 잉태하는 것이다.

끊임없는 고뇌의 연속체인 인간이 태초부터 존재해왔다는 점에서 우주의 궁극적 본질은 그 해결점을 혼자서만 간직하고 있는지 알 수 없는 노릇이다.

1974. 7. 6.

온종일 비가 쉼 없이 뿌리고 있다. 태풍 '길다' 호가 아직 부산을 넘어 가지 않고 있다는 보도다. 지금은 밤 11시 30분. 사방은 완전히 어둠 속에 잠겨 있으나 창 바깥엔 다다닥 빗소리가 들려온다. 간간히 옆집 어린애와 그의 부모들이 나누는 대화 소리가 두런두런 아득한 고향집의 소리같이 울려나온다. 밤비는 이 모든 것을 집어 삼키는 묘한 성질이 있다.

대문간에서 찰방거리는 굵은 빗소리는 아직 다 타버리지 않은 나의 마음의 심지처럼 느껴진다. 심지가 남아 있다는 것은 좋다. 나의 남아 있는 마음, 내일을 기약할 수 있는 그 가능성에 안심한다.

빗소리는 방바닥에 쓰러져 우는 소복 입은 여인의 흐느낌 같기도 하다. 한(恨)을 풀지 못한 사람들은 이렇게 비 오는 밤엔 가만히 눈을 감고 회상의 석고상이 된다. 눈을 감고 있으면 어린 시절의 눈 덮인 포근한 마당이 생각난다. 이른 아침 누구보다도 일찍 일어나 두텁고 하얗게 쌓인 눈더미 위를 식구들 몰래 고무신을 신고서 살포시 밟아보던 일이 있었다.

그렇게 회상의 물이 스며들면 나는 마당을 지나 대문 밖으로 나선다. 지금은 집들과 상점으로 가득 찬 양정동 거리는 그때는 키 큰 소나무가 우거진 언덕바지였다. 간밤에 내린 눈으로 하얀 언덕을 이른 아침의 차가운 겨울바람에도 아랑곳하지 않고 날아다녔다. 우리 집 바로 옆은 교회당이었다.

눈으로 덮인 교회당은 형언할 수 없이 아름다웠고 성스러웠다. 은(銀)

으로 지은 듯 하얗게만 빛나는 교회당은 불을 켜지 않아도 환했다. 그 예배당을 바라보면서 나는 집에 다다랐다. 얼어붙은 나의 작은 손을 힘껏 비벼대며 바람 한 점 없는 가을날의 초막집 굴뚝에서 올라오는 엷게 푸른 연기처럼 김을 불어내면서 대문간에 들어선다.

겨울이 되면 언제나 나의 손은 얼어붙기 때문에 나는 손을 꽉 맞잡으면서 고의춤에 집어넣고서 거리를 싸다녔다. 부모님들과 윗사람들은 이런 나를 꾸짖었지만 초등학교를 졸업할 때 까지도 나의 손은 겨울만 되면 바지 속의 사타구니 사이를 헤맸다. 나는 코를 흘렸다. 시퍼런 코를 훌쩍거리고 나의 소매는 그 코 때문에 더덕더덕 코딱지가 붙어 있었다. 그런데도 나는 그때까지 더러움이란 것을 몰랐다. 지금도 잘 알지 못하지만……. 나는 그것이 버릇이며, 그런 것 따위는 아무래도 좋다는 식의 사고방식에 젖어 살아왔다.

요즘엔 이전에 비해 아주 깨끗하게 옷을 입는 편이다. 대학을 들어가고 나니까 아무래도 사람들의 눈을 의식해서인지 자꾸 옷에 신경이 쓰인다. 마음에 때가 묻었다는 증거다.

방학이 어제부터 시작되었다. 어제는 명택 씨, 영규와 함께 시내에 나갔다. 바보처럼 술을 마시고, 바보처럼 움직이다, 바보처럼 다쳐서, 바보처럼 집에 와서 잠들었다.

죽음의 순간을 맛보는 것보다 더 삶을 반석 위에 올려놓을 수 있을까? 참답게 사는 사람이란 올바른 죽음의 피안을 얼핏 보고, 죽음에 외경하고, 죽음을 의식하고, 그리고 죽음을 가만히 두 손을 모아 기도하는 자세로 받아들이면서 살아가야한다. 세상 사람들은 항상 죽음을 외면하려 든다. 죽음을 잊기 위해서 남을 사랑하고, 돈을 벌고, 끊임없는 식욕을 채우기 위해 허우적거린다. 죽음이 엄연하고 명백하게 존재한다고 인정을 해도 살아 있는 동안만이라도 뿌리 내리지 못한 개구리밥처럼 물 위에만 둥실둥실 떠다니고자 한다.

당장의 편함과 안락을 위하여 그들은 가시 달린 탱자 울타리의 화원(花園)으로 들어가길 거부한다. 그 화원 속엔 그들이 숭배하는 태양으로부터 피어난 꽃들이 가득한 곳인데 단지 울타리가 빽빽하게 둘러쳐져 있다고 해서 들어가길 거부하는 것이다.

참다운 즐거움이란 줄지어 서있는 고통을 맛보지 않고서는 체득할 수 없음을 그들은 알지 못하는 것이다. 더욱이 지식의 맛을 조금 봤다고 자부하는 사람들이 순간적 쾌락의 언덕으로 올라가고자 가장 많이 마음을 탕진한다. 차라리 순수한 흙의 아들로 태어나 노동하면서 비록 죽음을 인식하지는 않더라도 달관하면서 살아가는 농부의 정신은 우리가 배워야 할 바다. 썩어 빠져 버린 지성(知性), 생명을 잃어버린 지성은 지식의 산더미같이 쌓여 있는 창고 속의 기계부품과 무엇이 다른가?

그들이 배웠다는 게 겨우 숫자를 헤아리는 셈본 정도의 지식으로 모든 것을 정의하고, 우주의 불가사의한 신비까지도 증명하고자 한다. 초보적 셈본 정도로는 이 질서 정연한 우주의 신비를 궁극적으로 파헤치지를 못한다. 우주란 아주 먼 거리를 단숨에 도약해서 이편 끝에서 저편 끝까지 도달할 수 있도록 초월해 나가야 한다.

우리는 왜 끊임없는 비약을 해야만 하는가? 우리는 한 곳에 오래 머물러 흘러 들어가지도 나오지도 못하는 물웅덩이가 시일이 지남에 따라 썩어가는 물과 같은 마음을 갖게 되기 때문이다. 이 지상 위에 존재하는 모든 것들은 하늘 위에 존재하는 모든 것들처럼 항상 움직이고, 변환하고, 뒤섞이고, 흘러가는 것이다. 시냇가에서, 언덕에서, 해변 가에서, 바다 위와 그 아래에서, 그리고 움직일 것 같지도 않는 하늘 저 높은 그 끝까지 자연의 의지대로 움직일 수가 있다. 서로의 한계는 명백히 지키면서도…….

한계를 지킨다는 것은 좀 더 미묘한 일이다. 아무리 지구에서 달을 향해서 정확한 컴퓨터로 계산한다 해도, 아무리 지구에서 태양계의 어느

행성까지 정확히 쏘아 맞힐 수 있다 해도, 그리고 앞으로 지구의 과학이 더욱 발달해서 이 은하계까지 정복할 수 있다 해도, 이 우주(은하계 밖의 세계를 포함해서)의 모든 영역까지 장악할 수는 없다. 그것은 우리가 더 큰 다른 영역으로 들어갈 때마다 오차의 한계 또한 점차 확대되어 들어가는 것이기 때문에 정밀성은 그만치 감소하기 때문이다. 이 오차의 한계를 극복하자면 하는 수 없이 이 오차까지도 뛰어넘을 수 있는 상상의 영역에 우리 자신을 이끌고 가지 않을 수 없다. 이것은 단순한 방법적인 문제이다. 현대에도 명백하게 이러한 신화적인, 어쩌면 미신과도 거의 같은 성질을 가질지도 모를, 이상스럽고, 신비적인 세계의 도입이 필요하게 되는 것이다. 즉 현대가 아무리 편리한 이기(利器)를 사용한다 하더라도, 실제로 과학 문명이 발달하여 전철이 가동되고, 초음속기가 하늘을 난무하고, 하루 만에 지구를 열 바퀴 돌 만한 시대가 도래한다손 치더라도, 그럴수록 더욱 더 신화가 필요해지는 것이다. 차라리 원시시대 때의 그 투박하고, 천연의 자연 속에서 생활하던 그때가 배는 좀 고플지 몰라도 사람 살기가 오히려 편하던 때가 아니겠는가?

이제 우리의 정신이란 분석적인 방법을 벗어나야만 할 시기이다. 분석적인 방법이란 것은 아무리 날카롭게 분석한다손 치더라도 이것도 엄격한 의미에서 잊어버린 부분, 미처 분석하지 못한 부분이 남게 마련이다. 모순과 오차까지도 포용해버릴 수 있는 그 세계가 바로 이 거대한 우주의 광막한 언덕과 벌판, 하늘과 바다 속 그 아래위, 좌우로 펼쳐져 있고 숨겨져 있는 것이다. 만약에 이 우주 바깥에서 우리가 이 우주 안의 지구를 들여다본다면, 오늘날 우리가 현대 과학문명이 모든 과학적인 총력을 기울여서 무엇을 건설하고, 만들고, 띄우고, 날게 하려고 노력하는 것을 보면 겨우 소꿉놀이 정도밖에 되지 않는다는 것을 알 수 있을 것이다.

지구 위에 산재해 있는 더 큰 고통과 불안과 질투, 싸움 같은 더욱 다

급하고 치료를 해야 되는 게 남아 있지 않는가? 생활의 이기(利器)란 것은 지금 당장 없어도 예부터 사용해 온 방식대로만 살아간다면 불편은 할지라도 살아갈 수는 있다. 하지만 이런 숱한 부조리와 마찰을 제거하지 않았기 때문에 오늘날 얼마나 많은 사람들이 전쟁터에서 죽어가고, 아프리카나 아시아에선 수많은 인민들이 목숨을 그들의 굶주림과 교환하는 일이 비일비재한가?

1974. 7. 8. 월요일.

본격적인 장마철이 시작되었다. 지금은 밤 12시. 밖에는 비가 몸서리치도록 내리고 있다.

오늘 낮엔 정말 괴로웠다. 고통을 견딜 수 없었다. 내 몸 구석구석이 욕정으로 가득 차 있었다. 순간적이고 허무한 욕정으로 내 몸은 용광로처럼 뜨거웠다. 뱀처럼 칙칙하게 내 몸을 감아 조금도 움직일 수 없도록 얽어매는 이 욕정에 나는 그물에 걸린 고기와 같았다. 나는 수치심을 느꼈다.

순결이란 이미 버려진 것인가? 견딜 수가 없었다. 우연히 버스에서 본 그 여인의 옆얼굴, 나의 눈을 시큰거리게 했던 그 얼굴. 밤이 너무나 멀리 떨어져 있었다. 밤이 되어야 나의 마음을 재울 수 있는데……. 나의 밤은 너무나 먼 미래에서 헐떡거리고 있다. 나의 몸이 잠깐 깜박이다 꺼져버리는 순간을 위해 찰나와 찰나 사이에서 무수한 발자국을 옮겨댔다. 그것은 마치 여름밤의 유성과 같았다. 잠시 깜박거리다 쉬익 사라져가는 유성과 같았다. 바보, 바보, 바보. 그것은 이미 나의 의지 밖에서 마음대로 돌아다니는 가출소년과 다를 바 없었다. 내가 막으려 해도 그것은 너무나 먼 원시의 세계에서 흘러나오는 강물이라 막을 수가 없었다. 나는 결사적 투쟁을 했다.

내 얼굴은 일그러진 그대로 지금까지 남아 있었다. 나의 얼굴을 거울을 보지 않고도 알 수 있었다. 모든 게 다시 끝났다. 제 몇 막인지 모르지만 분명히 끝났다. 관중들은 긴장한 얼굴로 다음 막을 기다렸다. 그들은 아직까지도 이 연극이 비극인지 희극인지 모른다. 오랫동안 내부에서 끓어서 이젠 수증기로 화하길 기다리고 있던 나의 욕망은 이미 터져 나갔다. 언제까지나 막을 수 없으리라 생각했던 그 두터운 피막을 뚫고 나가버린 것이다.

내가 괜히 죄의식을 느낄 필요가 있을까? 죄란 무엇인가? 죄란 보기 흉한 것, 마음의 눈으로 보아 흉한 마음을 갖게 될 때의 바로 그 순간이다. 죄란 범하는 거다. 그러기에 그 죄는 하나의 후유증처럼 남아서 벌을 기다릴 것이며, 양심을 궤짝에 넣어 자물쇠를 채워 잠그지 않았다면 양심의 가책도 받을 게 틀림없다.

이미 죄란 낡은 시대의 잔존물처럼 화(化)했다. 죄란 가장 잘 알고 있는 것같이 생각되지만 실상 그것은 아무런 죄도 아니다. 단지 그것이 자기 내부의 자연스러운 인과법칙에 의해 일어날 때라는 전제조건이 붙어야 하지만. 이런 양심의 자유까지 구속할 필요가 있을까? 내가 한 여인을 보고 성욕을 느꼈다고 해서 그것이 악을 잉태하였다고 할 수 있단 말인가! 그것은 나의 자의적인 인식의 결과가 아니다. 어쩔 수없는 나의 내부의 필연적인 본성에서 흘러나온 한낱 물결이다. 파상적으로 흘러나오기도 하며 간헐적인 용솟음을 갖고 있기도 하다. 나는 이것을 두려워하고 있다. 내가 이것을 정말로 억제할 수가 없다면…….

나는 한 가지, 오직 단 한 가지 소원이 있다. 밤낮 이것으로 나의 인생을 불태워버릴 수 있는 단 한 가지 소원이다. 이 소원을 성취하기 위해선 전력투구를 해야만 한다. 외도(外道)를 할 여자가 나에게 어디 있을까 보냐. 이렇게 찝찔하고 라디오에선 질질 끄는 노랫가락이 징그럽게 나의 몸을 감아 올라가는 날이면 나는 밖으로 뛰쳐나가고 싶다. 바보같이 살면서 바보같이 죽어버려야지. 나의 손톱과 같이 매끄럽게 살지 말고. 나의 손바닥처럼 거미줄처럼 얽힌 손금처럼 나의 인생을 다듬어나가야지. 아주 많은 짤막한 통나무처럼……. 어이가 없어서 나는 그만

희죽 웃었다. 나 자신이 가증스러워서, 나 자신이 불쌍해서, 나 자신이 슬퍼서, 나 자신이 고통의 나락에 빠져 있음에, 나는 희멀겋게 웃어버렸다. 죽어간다. 불나비처럼 죽어가야만 하나. 등잔불 속으로 나는 뛰어들고 있다. 여전히 낮에 본 그 여인의 얼굴이 눈에 선하다.

그녀는 고개를 비스듬히 차창 밖으로 돌리고 있었다. 나는 그녀의 얼굴을 똑바로 보고 싶었다. 하지만 그녀의 얼굴을 똑바로 본다는 것이 너무도 두려웠다. 그녀의 옆얼굴은 하얗다 못해 창백했다. 그녀의 묶은 머리칼이 바람에 나풀거릴 때 나의 눈은 이미 초점을 잃고 말았다. 나는 엉겁결에 눈을 감았다. 감지 않았다가는 나 자신이 어떤 돌발 사태를 야기할 줄도 몰랐던 것이다. 나는 그 시간이 참으로 길었다는 것을 깨달았다. 또 그 시간이 내가 죽어 있던 시간이었다는 것도 깨달았다. 오랫동안 참아왔던 그 모든 욕망이 마치 분수처럼 솟아나서 나의 몸은 무거웠다. 판도라의 상자에서 나온 모든 불행과 고통이 나의 몸 구석구석 안 붙어 있는 곳이 없었다. 나의 얼굴은 시뻘겋게 되었고 나의 손은 한 움큼이나 되는 땀이 고여 있었다. 나는 돌돌 말아놓은 우산을 꽉 힘주어 쥐었다. 그러고선 차에서 내렸다. 견딜 수 없는 나의 마음을 차 안에다 두고 내렸다. 나는 그녀에게 욕망을 느꼈지만, 실상 그것이 또한 두려웠던 것이다. 어처구니없게도 나는 패배자란 걸 눈치 챘다.

1974. 7. 9. 화요일.

짓궂은 장맛비가 그칠 만도 한데 계속 내린다.

따가운 뙤약볕에 논이 쩍쩍 갈라터질 때면 비 한 방울 내리지 않는 기우제를 얼마나 올렸던가! 자연이란 쉴 새 없이 변하는 바람 위에서 칼춤을 추는 여인과 같다. 날아서 도는 칼끝의 선이 쨍그랑 소리와 함께 부딪쳤다가, 다시 이별하고, 다시 유성의 빛줄기처럼 하늘을 날아서 돈다. 오늘은 한결 마음을 가다듬었다.

역시 혼자서 자기 자신을 지킨다는 것보다 어려운 일이 있을까? 나는 나의 내심의 약속을 파기했다. 오늘은 철제네 집에 놀러갔다가 다시 우리 집으로 같이 왔다. 그러고 난 뒤 같이 동래 고개를 넘어 진철이네 집에 놀러갔다. 다들 자기대로의 삶을 살아가느라고 분주히 움직인다.

창문이 달린 버스를 탔다. 돌아오는 길이었다. 버스 천장의 공기통이 열려 있어 위에서 불어 내리는 바람 때문에 나의 마음은 벌써 날아가버렸다. 오직 나의 5자 반밖에 안 되는 육신만 남았다. 일기란 정말 마음의 일부분이다. 나는 내 머릿속의 모든 정보를 여기에 적어둔다. 나의 육체는 이 우주라는 넓지만 한정된 공간 속에서, 비록 작지만 나만의 공간을 차지한다. 하지만 나의 마음은 어떤가? 마음이란 죽고 난 뒤엔 크기가 줄어든다. 어린애의 고사리 주먹만 한 크기가 될 것이다.

나는 큰 얼굴을 갖고 싶지는 않다. 그저 둥글넓적하게 생긴 얼굴이 되고 싶다. 참으로 바보 같아 보이는 인간이 되고 싶다. 그러나 나의 눈마저 그런 식으로 되고 싶진 않다. 나의 눈만은 벽 뒤의 면까지도 샅샅이 꿰뚫어볼 수 있게 하고 싶다. 그리하여 이 바깥세상은 물론이며 안세상까지도 제대로 알고 싶다. 정말 나는 안세상의 이모저모를 제대로 알아보고 싶다. 나는 항상 이 욕망을 갖고 있다. 나는 보다 더 넓은 마음의 영역을 갖고 싶지만 동시에 보다 더 좁은 눈을 갖고 싶은 거다. 그런데 마음은 바람에 날려 훨훨 새털처럼 가버렸다. 덩그러니 나는 버스 간에서 움직이지 않는 석고상처럼 남았다.

74. 7. 10. 수요일.

문장도(文章道)에 관한 책을 읽고 있다. 문장 기법을 읽을수록 글이 더 안 써진다. 역시 작품을 한다는 건 이론으로만 되지 않는다.

제주도 관광 기념 사진첩이 용국이네 집에 있다. 뒤져보고 있노라면 쓰레기장의 흩어진 시커먼 휴지 조각처럼, 무너진 담벼락의 찢어진 벽보처럼, 오늘 하루 종일 개일 기미조차 보이지 않는 하늘의 어두운 먹구름이 비치고 있는 이 하늘 아래에 서 있는 나 자신과는 너무나 다른 그림과 대조해본다.

나의 우울한 마음을 달래려고 사진들을 낱낱이 뒤져본다. 문득 눈에 들어오는 화보 하나가 있다. 제목이 '돌하르방' 이다. 석상이다. 그저 형태가 사람 비슷하게 생겼다 뿐이지 괴상하게 생겼다. '하르방' 이란 말은 제주도 방언으로 할아버지란 뜻이다. 머리에 빵모자를 쓰고 있다. 얼굴은 이마 부분보다 오히려 양 볼때기가 더욱 팽배해 있고 두 눈은 안경알 보다 더 크고 코는 정말 뭉툭한 주먹코다. 참으로 어질어빠진 한국의 할아버지 상(像)이다. 인자하게 생긴 얼굴이지만 입만은 아랫입술을 두텁게 내밀고 있어, 어떻게 보면 무골 여인(無骨女人)처럼 보이고, 또 어떻게 보면 의지가 굳세어 보이는 할아버지 같다. 게다가 오른쪽 어깨는 쑥 아래로 쳐지고 왼쪽 어깬 위로 치켜 올라갔고 투박스런 두 주먹은 꽉 쥐고 있다. 얼굴과 몸통밖엔 없지만 그것조차도 오랫동안 풍우에 시달렸던 탓인지 곰보처럼 구멍이 뽀끔뽀끔 나 있다. 한국의 아버지의 아버지이며, 아들의 아들이며, 더군다나 제주도의 토속적인 할아버지가 바로 그 '돌하르방' 같은 사람이다. 뭉툭하고 투박스러운 것 같지만 그 속에 이미 관조의 세계가 있는 거다.

나는 또다시 나 자신에게 격려해야 할 당연한 일을 갖고 있다. 모든 사물들을 날카롭게 투시하고, 치밀하고도 세밀하게 나의 주위를 관찰해야 한다. 높은 경지에서 삶을 관조할 수 있는 그런 위치에 도달할 때가 미구에 닥쳐오리란 것을 마음속에서 기다리고 있어야 한다. 순결성을 잃어버림으로써 나 자신을 이끌어 나가야 한다. 아직까지도 나는 너무나 피상적으로밖에 삶을 관찰하지 못한다. 너무나 요원하다. 그곳에 오르기까진.

하지만 노력하는 도중에 무수한 약진이 있을 수 있다는 것을 실제 이상으로(논리적인 순서 이상으로) 비약하는 생명력이 우리의 불뚝거리는 혈관 속을 지나가는 한에는 우리가 추구하고 이상으로 삼는 그곳에 도달할 수가 있겠지.

희망을 갖고 살자. 우리의 미래를 창문을 열고 가만히 맞이하자. 창문 밖엔 돋아오는 태양을 받들기 위해 장밋빛 노을이 가만히 대기하고 있다. 우리 두 손을 앞으로 내밀자. 돋아오는 태양을 양손으로 기다리자. 꿈을 잃음으로써 미래를 잃고 미래를 잃어버림으로써 생기를 잃고, 생명력을 잃어버림으로써.

아! 흑갈색 낙엽이 되어버리듯
삶이란 끊임없이 흘러가는 것
삶이란 달빛 아래의 우거진 숲
바람이 불어 나오겠지
부엉이도 울겠지

고요함과 휴식도 그 속엔 있다. 내년의 새싹을 위해, 우리의 몸은 하늘을 돌아서 살포시 흙의 잠자리로 돌아가리라. 살아 있는 그 순간까지 세월을 세지 말고 살아가자. 오래도록 살아 또 더욱 오랫동안 죽어서 나는 나의 세계로 돌아가리라.

저녁을 먹고 난 후 뒷산 중턱에 올라가는 게 일과처럼 됐다. 오늘도 갔다. 내일도 갈 것이다. 내려오는 길에 한 어린애와 어머니를 보았다. 어린애에게 어머니가 물었다. "얘, 너 이 길을 혼자 찾아오겠니?" 어린애가 씽긋 웃었다. 바로 그 얼굴이었다. 내가 닮고자 했던 그 얼굴. 어린애들 얼굴이란 귀엽다. 잘생긴 얼굴이 아니라도 괜찮다. 그저 귀엽고, 사랑스럽다.

아비규환 같은 통근시간에 나는 숱한 어른들을 본다. 그 눈에서 무엇을 찾아내어 나의 마음에 갖다 붙이겠는가. 내 눈은 이미 씻기기 힘든 더러운 때가 끼었다. 어린애들이란 달콤한 사탕을 입에 가득 집어넣는 것처럼 우리의 혓바닥과 발바닥 끝까지 달짝지근하게 만드는 그 무엇을 갖고 있다.

용국이네 집에서 며칠 전 고양이 새끼를 한 마리 샀다. 그 녀석에게 오늘 저녁 용국이 여동생 은주가 밥을 줬다. 밥을 먹는데도 밥그릇의 이쪽 편에서 먹다가 다시 몸을 움직여서 반대편에 갔다가 이리저리 왔다 갔다 한다. 배가 부른지 그만 뒤로 슬슬 기어가더니만, 제 뒤에 있는 디딤돌 아래위로 오르락내리락하기 시작한다. 그것도 지겨운지 이젠 방의 한쪽 구석진 곳에서 쪼그리고 앉았다. 앞발을 들더니 자기 입과 코를 부비기 시작한다. 이따금 혓바닥으로 몸의 털을 문지르고, 들어 올린 앞발을 닦기도 한다. 가만히 보고 있자니, 행동거지 하나하나가 귀엽다. 아마도 새끼라서 어린애처럼 귀여운 게 아닐까? 짐승들이란 본능대로만 살기 때문에 주로 배고픔에서 기인한 게 일반적이지만 자기의 욕망이 성취되면 모든 일이 잘 되어가는 것처럼 보인다. 어린애와 고양이 새끼가 서로 닮았다. 서로가 세상이란 것을 잘 모르기 때문에.

어제부터 담배를 피우기 시작했다. 웬만하면 피우고 싶지 않지만, 하도 마음이 뒤숭숭해서 시작했다. 잠깐 동안의 여유를 얻기 위해서, 나의 마음에 위안을 주기 위해서. 그 전날 용국이와 언짢은 일이 있었다. 지나치게 신경질적인 행동에 그만 화가 나버렸다. 밤늦게야 서로 마음을 풀고 화해를 했지만, 그 뒤로 어제까지 기분이 썩 풀리지 않았다. 밥까지도 먹고 싶지 않았다. 그래서 담배 한 갑을 샀던 거다. 한 모금 빨아들여서 후 내뿜어본다. 내 입에서 나온 연기는 잠시 교전이 중단된 전쟁터의 포화가 멈춘 뒤의 자욱한 연기처럼 나의 시계(視界)를 가려준다. 바깥세상은 짙은 안개 속에 순간적으로 잠겼다가 다시 솟아오른다. 마치 물속의 고기가 입질해서 낚시 미끼가 물속에 들어갔다 나왔다 하는 것처럼.

밤늦게 용국이와 공부를 하고 있는데, 전화가 걸려왔다. 용국이의 고모가 병원에 입원해 있었는데, 병원에서 도저히 가망 없음을 알고 집에다 소식을 전해온 것이다. 얘기를 듣던 용국이가 울었다. 진정으로 슬퍼우는 건지는 모르겠다. 신문의 그 많은 참사에서의 사망자에겐 오히려 잘 죽었다고 핀잔을 주던 애가 자기 고모 한 사람이 죽으려니까 슬퍼서 눈물을 흘린다.

인간의 생명 각각은 모두 최고의 고귀성을 갖고 있다고 한다. '사람 위에 사람 없고, 사람 밑에 사람 없다.' 라는 말도 있다. 모두가 각각 가장 높고 귀한 생명을 갖고 있다면, 한 사람의 생명보다도 오히려 여러 수십, 수백 명의 죽음이 더 큰 애도의 의미를 갖고 있지 않은가? 그런데도 우리는 신문지상에서 수없이 죽어 없어지는 사실엔 아무렇지도 않게 생각하면서도, 우리에게 가까운 한 사람이 다치거나 죽음을 당하게 되면 어떻게 그렇게 슬플까? 사람에겐 관계란 것이 있다. 우리의 가까운 사람은 그만큼 더 가깝게 관계가 밀착돼 있는 거다.

관계란 무엇인가? 그것은 의미를 수반하는 우리가 서로를 묶어두는 쇠사슬이다. 하나의 관계가 성립되면 하나의 의미가 형성된다. 하지만 의미란 것이 항상 고정된 의미 그대로 붙박아 있는 게 아니라 수시로 변하는 것이고 보면 관계란 것도 풀려질 수 있는 쇠사슬이기도 하다. 요즈음은 예전 같으면 절대로 풀려질 수 없을 것 같은 가족관계도 쉽게 풀어지려 한다. 즉 관계란 우리를 구속하는 것이지만, 우리가 원치 않을 땐 쇠사슬 끊듯 끊어버릴 수도 있다는 얘기다. 오늘날같이 인위적인 사회제도와 집단에서 자기가 원하지 않는다면 어떤 곳에서도 벗어나올 수가 있다. 가까운 사람에겐 그만큼 꽉 조여진 사슬에서 벗어날 수가 없다는 것은 관계의 밀접성 때문이며, 우리에게서 저만큼 떨어져 있는 사람에겐 전혀 관심을 기울이지 않는 것은 관계가 엉성하여 구속력이 약하기 때문이다.

사람이 활동할 수 있는 범주가 적으면 적을수록 관계의 친소(親疎)에 더욱 신경을 쓴다. 관계에 있어서 경중을 잘 조절해야겠다. 우리에게 날마다 깨우치게 하는 것도 가까운 주위 사람보다도 바깥사람들에게서 보다 더 많이 얻고 느끼고 서로 돕는다.

우리는 세상 사람들을 정말 참된 의미에서 사랑할 수가 없다. 왜냐하면 독선적인 사랑이란 항상 상대편에게 너무나 무거운 부담감을 주게 되므로. 우리가 사랑할 수 있는 사람은 단 하나뿐이다. 우리 자신 외엔 그 누구도 사랑할 수가 없다. 그래서 나는 사랑하기를 두려워하고 있다. 그것이 얼마나 어려운 일인가 알기 때문에 또 한 번 절망하지 않을 수 없는 사실이기에…….

1974. 7. 11. 목요일.

「개화」

열나흘 쉼 없이 내리치던 비.
잠시 멈춰
밤과 낮 이마 맞대 기울이는
한낮.

움푹 들어간 눈매
모든 것을 잉태한 여인처럼
장미는
담벼락에 손 짚고 기대어 섰다.

하늘거리는 잎새
그 벼랑 끝에 달려
수없는 고통의 나락에서 방황하였던,
하나의 생명은
빨갛게 달아오른다.

입술이 잔잔히 떨려 나가듯.
더욱 더 높게

뻗어보고 싶은 욕망들이여
하늘을 향해,
어우르는
무수한 손들의 하늘거림.

바람은,
먼 바다를 휩쓸다가
그림자 하나
남기지 않고
여기까지 왔다.

이제는 모든 것을 알게 되리.
오직
있고 싶을 따름에
있어 왔고, 있고, 있을 것이라는 것을.
그러므로 내가 피어날 것이라는 것을.

시(詩) 같지 않은 말들을 끼적거리다 보니, 벌써 때가 지나버렸다.

주어진 삶에 충실할 수 없는 것들은 빼버리고, 의미로써 꽉 채워진 생활의 언덕에서 날과 날 사이를 날아다니는 나비와 같이 꿀을 찾아 방황한다. 하지만 언제까지나 방황의 넋이 될 수 있을까? 할미꽃처럼 딸 찾아 나서는 넋은 언젠가는 땅에 정착해야만 한다. 보다 낳은 원(願)을 갖고서 뿌리를 박아야 한다.

1974. 7. 12. 금요일.

아침에 길오네 집에 가는 길이었다. 송정 – 부산대학의 버스를 타고 있었다.

내가 앉은 자리 바로 앞 칸에 한 아주머니가 앉아 있었다. 아주머니 등에는 어린애가 너털거리며 몸을 흔들어대었다. 머리칼 빛은 금발에 가까운 고동색이었다. 한국인의 머리칼도 저런 금빛 나는 아이가 있던가 생각했다.

아이의 옷은 누덕누덕 헤져 있었다. 가난이 몸 구석구석까지 새까맣게 끼어 있었다. 엄마의 눈자취만 어린애의 몸을 보호해주고 덮어주고 빛나게 해주었다. 엄마의 얼굴도 생활에 찌든 얼굴이었지만, 그녀의 눈 하나만으로 모든 것을 안락의자 위에 놓이게 하는 것이다.

어린애와 같은 생각을 갖지 않으면, 언제까지나 나는 이 부조리와 모순 사이에 놓인 다리 위로만 방황하게 될 것이다. 단지 어머니가 있기 때문에 어린애에겐 모든 세계가 충족된 상태로 남아 있게 된다. 언젠가 한 줌의 흙으로 환원될 이 육신도 살아 있는 동안엔 살아보겠다고 무척이나 바동거리고 있다.

죽음과 참되게 대면하고 있지 않으면 언제나 더럽고 남에게 아부해야 하고, 더러운 손으로 더러운 재물을 끌어 모으고, 자기의 쾌락을 위해 정력을 탕진하고, 이윽고 버림받은 자가 되어서, 자기가 자기를 배반하고, 남을 배반하고, 그럼으로써 남에게 배반당하고, 모욕과 절망으로 무장된 채, 불과 몇 자 되지 않는 관(棺) 속에서 썩어 시커멓게 문드러질 운명의 테두리에서 벗어날 수가 없는 것이다.

며칠 전 기말 시험 도중이었다.

고등학교 축구부의 전적을 보고 잠깐 머리도 식힐 겸 도서관의 자유 열람실에 들어갔다. 한참 스포츠신문을 보다가 참고도서를 펴놓고 계시던 이석재 교수님을 보았다. 요즈음 진지한 학문의 세계와 씨름하고 계신 듯 얼굴이 무척이나 핼쑥하셨다.

비온 뒤 하얀 백목련이 연상될 정도로 창백한 이마, 아래로 치켜 내린 눈 꼬리는 바로 사색과 사색만의 생활을 보내고 계심을 느끼게 했다. 나는 이 교수님의 눈을 좋아하고, 존경한다. 깊고 심원한 길로 인도해줄 수 있으리란 기대를 갖고 계신 눈매이기 때문에.

1974. 7. 16. 화요일.

이 며칠 사이에 햇빛이 제대로 나온 날은 어제뿐이었다. 오늘 역시 찌뿌듯한 장마철의 날씨가 반복되고 있었다.

요즘은 친구네 집을 돌아다니느라고 제대로 공부, 사색, 작문 그 어느 것에도 손 댈 여유가 없었다. 오늘도 양열이네 집에 가기 위해 김해로 갔다. 버스에서 괜히 처음 보는 처녀에게 눈길을 주기도 하고……. 왜 그리 실없는 짓을 할까.

타락이 무엇인가? 윤리란 무엇인가? 이래서는 아무것도 얻지 못할 거다. 자중(自重)해서 나 혼자 남아 있어야 한다. 고독하지 않으면 아무것도 생활 주변에서 얻어내지 못한다. 고독을 통해서만이 생을 자각하고, 우리의 미약함을 느끼고, 행동성을 추구하고, 끊임없는 성찰의 언덕에서 배회하게 될 것이다. 아직도 한 편의 시를 쓰기엔 너무나 나 자신이 무력하다는 것을 느낀다.

시(詩)란 것은 영감(靈感)에 의해 탄생되는 것이지, 단순한 말의 배열이 되어서는 안 된다. 나의 시를 한 번 써 보니까 언어의 배열 이외의 어느 심각한 생의 단편 편모(片貌)를 들추어내는 것과는 거리가 먼, 생명이 없는 글이라 느꼈다. 나는 아직도 요원하다.

『말테의 수기』에 나오듯이 "시(詩)는 단순히 감정이 아닌 것이다. 시가 감정이라면 나도 감정은 갖고 있다." 오랫동안 대상을 쳐다보고, 가만히 기다리는 것이 중요하다. 생의 한 순간에 영감이, 우리의 저 아득하게 깊은 심연의 밑바닥에서부터 우연히 피어오르는 안개와 같은 것을 재빨리 잡아내어야 참된 한편의 시가 될 수 있을 것이다. 그러기 위해선 나는 좀 더 진실한 생활을 추구하고, 진리가 무엇인가를 탐구해봐야겠다. 먼저 나 자신의 수양이 없고서는 아무것도 되지 않는다. 한 사람의 평범한 시민으로서, 보다 비범한 그 무엇을 추구하기 위해서도 평범한 삶의 정수(精髓)를 모아서 집성해야만 한다. 사람이란 평범하게 살다 보면, 진정하게 평범하게 살다보면 뭔가 얻는 바가 있게 마련이다.

며칠 전에 청학서림에서 샀던 라 로슈푸코의 『잠언과 성찰』을 읽고 있다. 너무나 우리의 결점을 날카롭게 찌르고, 우리의 허위를 뒤엎고, 독설과 교훈으로 가득 차 있다. 물론 전부가 다 옳다고는 할 수는 없으나, 한번 읽고 있는 도중이지만 정말 나 자신을 부끄럽게 하는 문구가 꽤 있었다. 예전부터 알고는 있었지만 이렇게 날카롭고, 선명하고, 침에 콕콕 찔린 듯한 아픔을 줄 줄 몰랐다.

우리의 생활에 있어서 표리(表裏)가 다른 것이라든지, 지나친 자만심에서 연유한 세상에 대한 조소와 비난. 하나의 선행을 함에 있어서도 자기의 이기심을 충족시키기 위해서, 허영심을 만족시키기 위해서 우리의 몸을 움직인다는 것이라든지 등…… 정말 내가 반성하지 않을 수 없는 사실들이 너무나 강렬하게 나의 눈에 들어오는 것이다.

1974. 7. 17. 수요일.

이젠 날씨에 대한 얘기를 꺼내기조차 싫증이 나기 시작한다. 왜 이렇게 오랫동안 햇빛을 내려주지 않는지. 아무리 지구가 타락했을지라도 일단은 사람들을 살려놓고 봐야 않나.

M.

해가 하늘에서 운행을 계속하고 있다면, 지금쯤 서산마루에 걸릴 때가 되었겠지요. 오랫동안 애길 나누질 못했군요. 글쎄, 당신이 무엇이든, 일단 한 번 의미를 준 당신이라면 적어도 나에겐 큰 의무가 있다고 생각지 않으세요?

이렇게 며칠 동안이나 당신을 망각하고, 제 멋대로 굴었던 일이 새삼 부끄럽게 느껴집니다.

아직까지도 나 자신이 참된 의미에서 자아와 의지가 빈약하다는 걸 부인할 형편이 못 되군요. 산 위에서 저희들끼리만 오붓하게 자라나는 잡초들처럼 우리도 우리만의 삶을 오붓하게 꾸며보도록 합시다. 온갖 비바람과 번갯불까지도 침범할 수 없는 생의 영역 속에서, 성역(聖域)처럼 그 아무도 넘겨다 볼 수 없게, 세월을 헤아리지 말고 살아갑시다.

M.

하지만 모든 게 쉽게 내 뜻대로는 되질 않는 게 우리의 주위 환경이 아닙니까. 아니 그것보다도 오히려 나 자신의 불찰로 돌리는 게 타당할 것 같습니다.

사람들은 한 가지 약속을 하고, 언질을 주고 하지만, 잠시 후엔 자기 스스로 잊어버리고, 그러고 나선 주위를 탓하기 일쑤이지요. 무엇보다 나쁜 것은 이렇게 하여 끊임없이 자기 기만(自己欺瞞)을 하고 있다는 점입니다.

「흐린 날의 정오」

태양조차도 고갤 내밀지 않고,
험상궂은
한 낮 악마들의 신나는 행진곡이
울려 퍼지고,
즐거움이 빙글빙글 돌아갈 때,
머릿속엔
텅 빈 선실(船室)의 공허.
바람이, 즐거이 휘파람 불며
잎사귀의 귀여운
눈웃음에 마음 졸이고, 유혹의 입술을 쫑긋거린다.
나의 귀엔
해운대 일렁이는 파도 소리가
시끄럽게 어려오다가,
이윽고
실낱같게 길게 끌리다
바람과 더불어 망각의 동굴 속으로 사라진다.
텅 빈 오후
시끄럽게 울어대던 고양이마저
꿈속에서 엄마 고양이의 혓바닥으로 쓰다듬을 받으며

포근히 달콤함에 잠겨있다.
멍하게 눈을 껌뻑거리며.
나태의 짐을 잔뜩 지게에 올려놓고
무덤덤한 땀이 질퍽거리게
나의 잔등허리에 뿌리며,
아스팔트를 걷노라면,
피우는 한 개비의 담배조차도
더운 세월의 무거움에 혀를 내두른다.
입천장 속 위에
쩝쩝 적시는 타액을,
일 없이
탁 뱉어내고는 나는 나침반조차 없는,
표류중인 유령선(幽靈船).

사막 바닥에서,
더운 태양의 열기(熱氣) 아래에서,
마지막 가쁜 숨을 내쉬는
쪼그려 앉아 있는 낙타 혹의
말라붙은 물 자루처럼
많은 어두침침한 발걸음도
죽음.
이 하나에 귀의하나니.

1974. 7. 18.

어제 저녁때 날씨에 대한 푸념을 한 탓인지, 뭇 새들이 밝아오는 아침에 취한 듯 정신없이 지저귀는 아침입니다. 유리알이 세상에 온통 박혀 있는지 빛과 빛 사이엔 투명한 아침 공기가 헤엄쳐 다니고, 일찍 일어난 사람들의 마당 쓰는 빗자루 소리가 마음속에 파고들어 오네요. 하늘에는 은빛 구름이 간간이 떠 있어, 우리의 행복이 바로 저 곳에서 날고 있구나 싶고요.

M,

이렇게 곱게 한 번씩 자연이 은혜를 베풀어준다면 우리들은 항상 자연을 찬양하겠지요. 하지만 보기 좋은 꽃도 여러 번 보면 싫어진다고 하듯 언제나 태양이 얼굴을 내밀어 뜨거운 정열을 발산시키고 있다면 인간은 즉시 실망할 겁니다.

그럼에도 불구하고 내가 얼마나 오랫동안 정열을 그리워했는지 당신은 아십니까?

M,

어제도 진종일 양열이를 기다리고 있었는데도 오지 않더군요. 아마도 진해에서 무슨 일이 있나 봐요. 왔더라면 기분도 울적한 김에 술잔이나 기울이려고 했었는데……. 할 수 없이 21일까지 기다려야겠군요. 괜히 오지 못하는 사람보고 원망해 봐야 쓸데없는 짓이겠죠.

M,

어쩌면 나 자신은 많은 결점으로 인해 꿈속에서조차 헤매고 방황하고 있는지 모릅니다. 그나마 글을 씀으로 해서, 나 자신이 한 곳에 집중할 수 있는 모습을 볼 수 있기 때문에 더욱 더 글을 쓰고 있는지도 모르겠습니다.

M,

시계 바늘의 진동소리가 밤이 깊을수록 허적(虛寂)의 심연(深淵)으로 떨어져 나갑니다. 지난 시절은 기억의 창가에만 빙빙 겉돌고 황금 같은 현재는 나 자신의 존재마저 의심스러운 불신과 무력감 기타 등등의 부조화, 그리고 미구에 닥쳐올 거대한 바다 속에 비장(秘藏)된 보물과 아울러 그 시절이 되면 또 다시 후회하게 될 걱정들이 한 아름 기다리고 있습니다.

인간이란 자기가 아무리 완벽하게 계산하고, 행동해도 반드시 부족한 감을 느끼게 마련입니다. 차라리 완전히 무지한 자거나 정신적 불구자를 제외하고는 모두가 불안해하고 공포 속에 사로잡히게 됩니다. 그러나 우리가 이렇게 고통의 나락으로 급강하한다손 치더라도 무지나 정신적 불구의 그들보다는 낫다는 생각이 드는 걸요. 알고서 부끄러워하고 괴로워하는 것은 오직 아는 자(者)만이 누릴 수 있는 특권이죠. 수많은 존경을 받는 사람들일수록 그들은 괴로워하고 슬퍼하고 그리고 참된 의미에서 절망하였던 것입니다.

M,

현대가 아무리 외면을 중시하고, 겉으로 드러나는 행동을 중요하게 생각한다고 해도, 내면의 성장을 전근대적이라고 다수의 사람들이 생각한다 할지라도, 각자는 각자대로의 길이 있는 겁니다. 당신의 길을 당신만이 걸어가듯 나도 나만의 길을 걷겠죠. 나의 길은 좁은 길인지 넓은 바다와 같은 길인지 모릅니다. 그 길이 밝고 명랑하고 온기로 따스한 길인지 어둡고 우울하고 싸늘한 쇳조각 같은 길인지는 모르겠습니다.

단지 좀 더 확실하게 알고 있는 것은, 말이 도매시장에서의 매매처럼 거래가 되고, 도떼기시장처럼 외관상 분주하고 활기에 넘친 생활 속에선 출세의 길을 달리고 유쾌하고 즐겁게 삶을 탕진시킬지 모르지만, 그런 길이란 항상 즐겁기만 하고 지나치게 현세에만 집착하기 때문에 인간 속에 내재하고 있는 근원적 불안감에 의해 끊임없는 위협을 받고 있습니다.

반대의 경우를 살펴보면, 우리가 끊임없이 불안해하고, 슬퍼하고, 불만족스러울 경우라면, 미구에는 즐거움이 찾아올 수 있고, 바람직스런 결과를 얻을 수 있다는 기대로 인해 실제 보통 사람들이 생각하는 것만큼 그렇게 두려워할 만한 것은 아니지요. 그러니 보다 더욱 철저하게 우리가 절망의 낭떠러지에 봉착하지 않고서는 참된 행복을 누릴 수 없지 않을까요?

1974. 7. 22. 월요일.

어제 정호네 집에서 문조를 만났다. 몇 개월 만에 만나기에 반갑기도 하려니와 마침 적적하던 김에 마침 잘됐다 싶었다. 오늘 성지곡 수원지 수영장에서 9시에 만나기로 했었는데 10시가 되어도 오지를 않아서 기분이 언짢았다. 그래도 별수 없지 않은가?

돌아와서 길오한테 전화를 걸었지만 전화는 불통이었다. 다시 승래한테 걸어보니, 아파서 고랑고랑거리는 목소리가 전화선을 타고 내 귀를 파고든다. 다시 경호네 집에 가봤더니 학교에 갔다고 하지 않겠나?

또 아침에 가봤던 승관이네 집에 전화 수화기를 들었다. 하지만 역시 있긴 하지만, 만나자던 장소에서 기다리니 오지 않았다. 종일(終日)토록 성사되는 일이 없었다. 할 수 없이 일찍 집에 돌아가서 『파우스트』를 읽다.

1974. 7. 23. 화요일.

아침밥을 먹은 후 10시쯤 되어서 『파우스트』 1부를 마저 읽었다. 이제야 겨우 1부를 읽고 제2부를 읽고 있는 도중이다. "태초에 행동이 있었다."란 구절이 여기에 나오는 것인 줄을 비로소 알았다. 행동성을 강조하시던 이석재 교수님의 얼굴이 떠올랐다. 가만히 생각을 해 보니 흥미가 솟는 시구(詩句)였다. 언젠가 보수동 헌 책방에서 앙드레 모루아 교수의 글에서 '태초에 행동이 있었다.' 란 제목을 본 적이 있었다. 나의 삶의 의무를 나의 뇌리에 부단히 주입함으로써 강력한 생의 추진력을 가동시켜야겠다.

「병든 인생이 바람에 나부낄 때」

하나의 오랜 고통
정숙의 언덕엔
이름 모르는
하여 더욱 청초한
히이얀 꽃은
푸른 바람에 생명이 나부낄 때
어떻게 하여 갔습니까?

목소리에 엉켜 붙은

인고와 침묵의 음성은
오늘처럼 흐린 먹구름이
하늘로 부풀어 올라갈 때
어떻게 떨려 왔습니까?

한 생명이
두 사람의 생명으로 번져갈 때,
잉크 방울이 시험지 속으로 스며들 듯이
칠월의 무화과 열매 속이
빨갛게 익어
붉은 눈시울이 더욱 붉게
슬픈 날은
비로소 닥쳐왔습니까?

삼단 같은 머리칼은 바람에 갈가리 흩어지고.
당신은 이제
한 칸의 묘소에서 잠자야만 할 땝니다.

잠시 후엔
당신을 덮을 면사포는
하늘을 덮어 버릴게고
우리의 눈을 가리게 만들 겁니다.
임종을 맞이한 당신과
함께 할 우리들은
대리석 같은 통곡이
병실 창문 틈 사이에 들어오는 실바람같이 흘러내릴 겁니다.

하나의 죽음이 경건하지 않다면, 하나의 삶이
어찌해서 경건할 겁니까?

바람에
가벼이 떨려서 우리의 한숨이 되어
숲이 건너다보이는 언덕
그 위에서
구름처럼 이리저리 불려 다닐 겁니다.

1974년 7월 25일. 목요일.

맑다.

비로소 장마철이 자기 가버릴 곳으로 가버린 모양이다.

생(生)의 무질서가 나의 강물에 범람할 때, 나의 육체는 곤혹할 수밖에 없다. 타락이란 탐닉에서 연유한다. 육체적 쾌락의 탐닉이 육체의 쇠잔을 가져오듯, 정신적 탐닉은 악덕을 키운다.

우리가 생활하는 곳은 현실이다. 때때로 우리가 상상의 세계에서 어떤 행동을 할라치면 우리의 실제 몸뚱이도 정말 행동을 하는 것처럼 느껴진다. 밤에 꿈속에서 심한 몽정을 하고 깨어나면 아랫도리가 축축하게 젖어 있다. 나는 나의 정신세계를 비판하고 자기학대까지도 마다하지 않는다.

나는 화려하고 지나치게 활동적이고 방자스런 것은 좋아하지 않는다. 나의 이성과 감성이 서로 균형을 취해 공존하는 동안에는 나는 우미하고 건전하고 약간의 가벼운 농담까지는 좋아한다. 여하튼 진지하지 않고 우리의 행동을 부끄러워하지 않고 끊임없는 성찰이 없음을 혐오하고 자기비판을 할 줄 모르는 사람을 싫어한다. 물론 세상엔 이미 절대적인 것은 존재하지 않는다.

그렇다면 진리란 것도 상대적인 진리 외엔 다른 아무것도 아니란 말인가? 가상적으로 진리가 현존하고 있다고 하면, 우리의 생활 주변엔 항상 진리의 여러 가지 변형된 형태로서 자기 모습을 드러내게 마련이다. 현실과 밀접한 관련성이 결핍되어 있다면 그건 참된 진리라고 말할 수 없기 때문이다.

그럼 현실 사회와 밀접한 관련이 있다고 보는 상대성이론에는 모순이 하나도 없다는 것인가? 아마 내 생각으로는, 모순이 없는 게 아니라 모순이 없는 것처럼 보인다는 게 옳다. 왜냐하면 역사적 사실로서, 불과 몇 세기 전만 해도 뉴턴의 역학이 당시에는 모순 없이 수용된 것과 마찬가지로 우리의 눈으로서는 상대성이론에 아무런 모순을 발견할 수 없다는 점이다. 가만히 주의해보면 참된 진리란 것은 모든 역사적 사실에서 추출하는 역사법칙이 모든 사람에게 완벽한 이론으로 통일된다면 그게 바로 참된 진리가 되지 않을까 싶다.

인간사가 시작한 이래로 역사처럼 우리의 생활과 밀접한 연과관계를 유지해온 것은 드물다.

우리가 미래 생활을 이끌어 갈 수 있는 현재의 상황도 어제라는 보다 이전에 있었던 사실의 결과가 존속하기 때문이다. 그런 점에서 과거 – 현재 – 미래의 이 세 가지 시간적 차이를 통일해줄 수 있는 객관적이고 완벽한 어떤 이론이 하나의 결정체로서 모범이 이루어지면, 그것이야말로 올바른 진리의 표본이 될 수 있을 것이다. 우리가 잘 통찰하고, 과거와 현재를 똑바로 직시한다면 과거와 현재의 연관 관계와 상황을 판단할 수 있을 것이다.

이렇게 해서 얻은 사실을 기초로 해서 미래를 추측해내어야 하는데, 비록 과거와 현재의 완벽한 법칙으로 결합할 수 있다고 해도, 현재와 미래를 연결할 또 다른 어떤 방향을 설정해야만 할지 말아야 할지는 여전히 의문으로 남게 된다. 그도 그럴 것이 과거의 모든 사실이 현재에 와서 너무나 크게 변모해버리게 되므로, 현재와 미래의 격차 또한 이제와는 전혀 다른 방식으로 전개될지도 모르기 때문이다.

앞으로 다시 돌아가서 얘기하면, 나 역시 깨끗하고 참된 삶을 추구하고 싶은 '욕망' 을 느낀다. 실제로 인간 생활을 이끌고 가는 것은 끊임없는 욕망의 추구에 있다. 물론 현대가 아무리 욕망이라는 생존의지로 살아간다고 해도, 거기엔 생활 속의 지나친 권태와 사고의 기피로 인해 숱한 욕망을 포기함으로써 생긴 허탈감의 상반된 세계도 공존하는 것이다. 하나는 끊임없는 진보적이거나 창조적인 기상으로 나아가려는 세계요, 다른 하나의 세계는 퇴영적이고, 소위 카뮈의 『이방인』의 '뫼르소' 들의 집단 세계이다. 욕망이란 것은 일단 가지기만 하면 욕망을 충족시키려는 의지를 갖게 된다. 다시 말하면 욕망과 의지는 불가분의 관계를 가진다. 욕망을 가짐으로써 의지를 갖게 되고, 의지를 가짐으로써 생의 추진력을 갖게 된다.

그런데 육욕적 욕망만을 추구하고자 할 때도 과연 의지를 갖게 되고 또 그것으로 생의 추진력도 배가시킬 수 있을까? 사실 육욕적 욕망이라 할지라도 그 욕망이 이루어질 수 있는 성질의 것이라면, 가령 우리가 주위에 있는 어떤 사람을 사랑하고 그의 육체를 갖고자 기도한다고 하면, 그 욕망을 충족시키려고 하는 한에는 생의 어떤 의지가 작용하고 그 목적을 향한 삶의 추진력을 갖게 될 수 있는 것이다. 반면, 상상력의 결과로써 나타난 어떤 영혼에 대한 사모와 어떤 여성과의 결합은 꿈을 깬 후에는 그 상상력이 힘을 잃게 되고, 또 우리를 현실로 내동댕이침으로써 정작 욕망을 충족시킬 일이 막연하게 된 경우도 있다. 꿈속에서 우연히 본 공주를 사랑하다가 시름시름 말라죽은 청년이라든가 지상에서 이루지 못하는 꿈을 죽어서야 이루는 그런 사랑의 특수한 형태를 우리는 익히 많이 알고 있다.

그러나 우리의 청춘이 아무리 아름답다 해도 일단 우리가 꿈속에서 만난 알 수 없는 여인을 사모하여 지상의 모든 여인들이 소용없이 될 경우엔 절망과 좌절, 현실에서의 도피 등으로 우리의 삶을 좀 먹게 만들 것이다. 물론 현대라는 시대, 기계 뭉치와 벽돌이 거리에 즐비하게 깔려 있는 시대에도 꿈과 상상의 세계란 어쩔 수 없이 필요한 세계임에 틀림

없다. 인간은 자연 속에서 생겨났기 때문에 누구나 그 태고의 향훈을 그리워하고 소망하게 마련이다. 그런 측면에서 본다면 인간 세계란 플라톤의 생각과 마찬가지로 이데아의 세계와 현실의 세계로 양분되어 있어서 보다 더 진실된 세계란 바로 이데아의 세계를 나타내고 있다는 것을 부인할 수 없을 수도 있다. 여태까지의 역사는 너무나 감각적이고, 실제적인 물질계에만 관심을 기울여왔다. 이젠 그것이 거의 한계점에 도달했기 때문에, 우리들은 안식할 수 있는 또 다른 세계가 필요하다. 그 말인즉 고도화한 시대가 도래하면 할수록 그만큼 더 상상의 세계가 필요하게 된다.

우리가 밤만 되면 찾아나서는 꿈의 세계 속에서 벌어지는 모든 행동은, 잃었던 원형의 전설 속에서, 우리 내부 속에 존재해 있는 참된 나 자신을 회생시키기 위해서 자기 멋대로 되어가게끔 방치해둔다. 하지만 꿈속에서 방종한 생활을 하더라도, 그것이 경험과 복습이 계속될 때는 우리 뇌 속에서 저절로 필름이 되어 우리의 일상생활에 반영되는 것이다. 즉 내부의 경험이 외부의 경험을 유도하게 되는 것이며, 그럼으로써 우리는 무한한 악마에의 가능성을 갖게 되는 것이다. 어쩌면 악마의 본성이 우리의 원형인지도 모르겠다.

우리는 쉴 사이 없이 자기의 충동대로 놀려는 정신을 갖고 있다. 참된 미를 추구하고 진실을 소망하는 일이란 실상 어느 정도의 지식이나 교육에 의해서 자각하는 일이지 인간 본능은 아닌 것이다. 인간은 본디 욕망덩어리였다. 지금도 역시 욕망덩어리이긴 하지만 옛날보다는 절제할 줄 알고 공동의 이이도 잘 알고 있다. 인간들은 공룡의 날카로운 이빨이나 발톱을 피해 굴 속으로 피난가기 바빴던 시절에는 인간관계란 것도 남성 대 여성이라는 관계보다 인간이란 생활 공동체에 있었다. 즉 인간이란 집단이 과연 다른 생물체에게 먹히느냐 살아남느냐가 더욱 중요했던 것이다.

원시 시대에 있어서 가정이란 사회의 기초 단위가 아니라 군거생활의 기초 단위라는 편이 오히려 합당하다. 따라서 남성 대 여성도 일대일의 대응관계가 아니라 다수 대 다수의 관계거나 다수의 남자 대 소수의 여자 관계였던 것이다. 일대일의 관계란 한 번의 불협화음으로 모든 관계가 일시에 파괴되기도 한다. 남성 대 여성이라는 관계 역시 한 번의 실수나 모순으로 파괴될 성질을 내포하고 있다. 단순한 관계로 연결되어 있기 때문에 그만큼 더 단순한 관계로서 파괴될 공산이 큰 것이다. 깨끗하고 깔끔한 학자가 되어 천지만물의 이치를 통달하기보다 '인간적인 너무나 인간적' 인 순수한 욕망덩어리로 방랑생활을 했던 '골드문트' 와 학문의 영역 속에서 오로지 자기의 완성을 추구하려는 '나르치스' 를 비교해서 어느 쪽을 택할지를 나는 결정해야만 할 것이다.

1974. 7. 28. 일요일. 흐리다.

김해에서 양열이와 어제 오전을 보내고 오후 9시 18분께 구포역을 출발하여 오늘 오전 4시 30분쯤 조치원역에 도착했다. 청주 병무청 가까운 곳에 숙소를 정하고, 목욕을 하고 잠을 9시경부터 잤다. 깨어나니 오후 3시 30분. 일없이 거리를 맴돌다 점심 겸 저녁을 먹고 샘터를 사서 돌돌 말아 넣고 일찍 숙소로 들어갔다. 내일은 군 입대를 위해 신체검사하는 날이다. 하지만 주민등록증과 도장을 갖고 있지 않아서 어떻게 될지 알 수가 없다. 내가 하는 모든 일이 바람직하지 못하다.

나는 사랑과 연애에 대해선 무지하다. 결혼에 대해서도 무지할지 모르겠다. 사실 참된 사랑을 해보지도 않고 사랑을 얘기하기란 불가능하다. 사랑이란 건 하나의 체험인데 그게 어찌 논리로써 풀어질까? 누구를 사랑한다고 고백하는 사람이 있다면 나는 그 사람을 바로 보지 않는다. 진정으로 사랑한다면 남에게 말하기에 앞서 마음으로 사랑하여야만 할 것이다. 물론 아무렇게 살아도 하나뿐인 생활을 갖기는 마찬가지다. 하지만 그래도 좋고, 또 그것만으로 충분한가?

나의 머리의 무게는 20g인가? 아니 200g일 거다, 2000g, 20000g, 200,000g은 될 거야. 2,000,000g은 충분히 될 거다. 아하! 나의 머리는 20,000,000g이었구나!

나는 나의 머리를 그만 앞으로 꽝 처박았다. 그리고 아무 생각이 안 났다.

다시 처음과 같은 혼돈의 세계가 된 것이었다. 무엇일까 나는.

1974. 7. 29. 월요일.

저녁을 먹는 것조차 고통스럽다. 눈이 피로함을 막을 길이 없다. 요즈음 며칠 동안 몸이 상쾌하다고 느껴본 적이 없다.

사람은 마치 탐욕만을 위해 태어난 것 같다. 모두가 자기의 탐욕을 위해서 노력하여 가는 게 아닐까? 오직, 탐욕을 포기하고 사는 사람은 책 속에서만 찾아볼 수 있을 뿐이다. 나는 무엇을 위해 살 것인가? 어떻게 살 것인가?

참다운 생의 한 그루 나무를 키우기 위해서 이 모든 아름답고, 슬프고, 보잘것없는 쾌락과 추함을 나는 얼마나 진지하게 받아들여야만 하는가? 저 거리의 수많은 사람들은 저마다의 쾌락과 비통의 주머니를 꿰차고서 여전히 죽음의 예언을 눈치 채지 못한 채 지나다니고 있다. 다른 세계엔 전혀 관심이 없다.

나는 취해서 밤길을 걷고 있었다. 정신은 여전히 몽롱했다. 밤은 항상 가냘픈 여인이었다. 어김없이 나의 몸을 감싸오는 슬픈 눈을 갖고 있는 여인이었다. 그날 그때에 내가 시내의 중심 거리에서 언뜻 보았던 그 이름 모를 중년 여인의 눈매와 같이 포용력 있고 생각에 빠진 여인이었다. 밤의 여인은 모락모락 일어나는 연기 속에 나타나서 우리의 대기를 아우른다. 그 연기 속에 잊어가던 친구의 모습이 나타나고 우리의 생로병사의 모습이 하나씩 나타나다가 사라져버린다.

아이를 밴 여인의 얼굴엔 무한한 성스러움과 더불어서 일종의 비애감이 담겨 있다. 그 여인은 항상 무언가를 외경하는 눈초리로 자기의 몸을 보호하는 것이다. 마치 과일의 새까만 씨를 보호하기 위해서 달콤하게 익어가는 열매인 양 오로지 그것을 위해 모든 것을 바칠 수 있다는 듯이. 그럼으로써 그 여인의 몸엔 새로운 생명의 광휘와, 또 탄생과 동시에 맞이해야 하는 세상의 슬픔, 즉 온갖 고통의 기운이 휘둘러져 있는 것이다.

나는 하늘을 나는 기분으로 세상에 나가고 싶었다. 그래서 나의 신발은 항상 하얀 고무신이었다. 하늘을 나는 신선의 구름처럼 나의 발이 공간을 잽싸게 정복해버리려고 나는 얼마나 노력했던가? 별 하나에 눈을 커다랗게 치켜뜨고, 동녘에 동그랗게 쏟아지는 햇발을 담은 태양의 괴멸되어감도 감지하려고 얼마나 노력했던가? 그러나 아직 나는 어린 한두 잎밖에 갖지 못한, 잔가지밖엔 갖지 못한 나무이다.

인생이란 흐릿한 안개 속에 잠겨 있는 것 같다. 바로 옆에 있는 것은 잘 보이지만 저 만치 떨어져 있는 것은 어렴풋하게 보이고, 그보다 좀 더 먼 곳에 있는 것은 거의 알 수가 없다. 그럴진대 산다는 것 자체를 어찌 철저하게 해부할 수가 있을까? 설사 그것이 가능하다고 해도 해부되어 쪼개진 것으로 어찌 전체를 추정할 수가 있을까? 이 세계란 일부로 전체를 추정할 수는 없지 않은가 말이다.

삶이란 총체적인 입장에 서 있어야 하는 게 아닐까? 삶이란 보다 더 초월적인 그 무엇이 아닐까? 삶이란 게 그토록 신비스러울 수가 있을까? 아니, 그토록 무의미할 수가 있을까? 혹 삶이란 중도적인 입장 하에서만 참된 그 무엇을 갖고 있는 것일까?

나 역시 해부하는 것을 별로 좋아하지 않는다. 어린 시절에 우리 집에 인체해부도가 있었다. 그 인체해부도에는 일본에서 만들어진 건지 한자와 일본어가 혼합되어 있었다. 특히 빨간색으로 인체의 신경조직과 혈관의 분포와 힘줄을 그려져 있는 것이 나에겐 얼마나 큰 공포였는지 모른다. 나는 어려서부터 왠지 빨간색은 모두 다 싫어했던 것 같다.

그 해부도 뒷면엔 짙은 파란색으로 인체 부위가 그려져 있었다. 그것 역시 나에겐 냉혈의 동물을 보는 것 같은 착각을 불러일으켰다. 더군다나 머리와 팔다리를 뚝뚝 잘라서 그려놓은 것이 너무 무서워 정말 달아나고 싶을 정도였다. 그때부터 나는 붉은색과 파란색은 좋아하지 않았다. 그 이후부터는 절단된 신체나 물체도 더욱 싫어졌다.

나는 나의 손을 한 번씩 쳐다보는 버릇이 있다. 내 손은 정말이지 게으른 손이었다. 아직 일다운 일을 한 번도 해보지 못한 손이었다. 내 손은 너무 부드럽게 생겼다. 우락부락한 사나이의 멋이 없다. 어린 시절의 고운 손 그대로였다.

문득 독일로 가버린 이영일 선생님이 생각난다. 고등학교 2학년 때 독일어 시간이던가, 그분은 교실에 들어와서 수업할 생각은 않고는 시를 외워 들려주었다. 윤동주의 그 시는 「소년」이었다. 그 시 중에 이런 구절이 있었다. "손금 사이에는 맑은 강물이 흐르고, 맑은 강물이 흐르고." 나는 내 손의 손금을 볼 적마다 나의 내부로 흘러가는 맑은 강물을 쳐다보려 노력했다. 안타깝게도 내 손은 언제나 때 묻은 손이었다. 영원히 깨끗해질 수 없는 나의 손이여. 그러나 여전히 나는 내 손에 깨끗한 강물이 흐르게 해야 한다는 소망을 가슴속 깊이 품고 있다.

정말이지, 나는 피아노를 배우고 싶었다. 소질 여부와는 상관없이 정말 피아노를 배우고 싶었다. 또 나의 손도 그것을 바라고나 있듯이 늘 뭔가 부족한 듯 나를 쳐다보았다. 마치 언덕 위에서 멀리 바다를 쳐다보며 그리운 사람의 소식을 기다리는 마담 버터플라이처럼. 그러나 그럴 처지가 안 되었기에 나의 손바닥 위에 그저 맹꽁이처럼 눈만 멀뚱히 박아 놓은 것이었다.

피아노를 치고 있는 소리를 들을 땐 발걸음이 가벼워졌다. 가벼운 걸음걸이로 그 박자를 맞추노라면 나의 손도 가만히 있지 못하고 거대한 심포니의 지휘자라도 된듯 허공에서 춤을 추는 것이었다. 그러나 피아노곡이 끝나버릴 땐 나의 발은 돌부리에 걸리기라도 한듯 기우뚱거리고 들고 있던 가방도 땅바닥에 내동댕이치고 마는 것이었다.

나는 여전히 시 한 구절을 옮기지 못하고 있다. 그건 나에겐 너무 벅찬 문제이기에. 아직도 너무나 나 자신에 절망하지 못하기 때문에. 절망이 계속되는 그 순간이야 말로 내가 가장 기다리는 순간이며, 내가 가장 서글픈 미소를 띠는 시간이다. 아울러 마음은 풍부해지고 나는 신화 속의 옛 사람이 되는 것이다.

1974. 7. 30. 화요일. 흐림.

「우는 사람」

어머니.
저는 당신의 애정의 결핍으로 우는 게 아니랍니다.
어디선가 나를 향해
끊임없는 피리의 실낱같은
유혹의 소리에
한 움큼의 내 마음은
파문 져 일렁거리기 때문입니다.

어머니.
당신의 가슴은 왜 그렇게 뜨겁게 달아오르는지요.
너무나 세차게
이글거리며 타오르는 용광로처럼
당신 가슴은 벌겋게 달아있습니다.
나는 견디질 못합니다,
당신의 그 가슴에는.

어머니.
나의 가슴은

너무도 부드러운 오뉴월 햇발처럼 눈부신
당신의 가슴팍에 눈이 부셔
가벼운 현기증으로 떨려옵니다.

어머니.
저는 일렁거리는 뱀의 혓바닥에 우는 게 아니랍니다.
시궁창 그 위에서 여름밤에
무수히 난무하는 하루살이의 울음에 덩달아서 우는 게 아니랍니다.
당신이 있기에 울음이 있고,
나의 울음이 있기에 당신은 더욱 높게 날아갈 수가 있다는 것을.
이제 빨강, 파랑, 녹색,
오렌지 빛 환한 얼굴이 하늘에서
하나, 둘, 셋,
머리 내미는 밤이 오면
나의 조그만 가슴에는
하염없이 복받쳐 오르는 슬픔으로
당신의 가슴 위로
강물을 잇대는 것입니다.

신체검사를 마치고 일찌감치 시내버스를 타고 중봉리까지 달렸다. 중봉리에 내리니 태양은 머리 위에 얼굴이 화끈거리게 내리쬐고 있었다. 중봉리를 지나면 다리가 길게 걸려 있다. 이 다리를 경계로 충남과 충북이 마주보고 있다. 다리를 건너 20분가량 걸어 들어가니 조치원에 나의 발이 멈춘다. 서둘러 급행차표를 끊어 플랫폼에 나서니 이내 서울발 열차가 정거하였기에 즐겁게 차를 탔다.

대전은 살기에 적합한 장소 같았다. 우선 아담하고 붉게 빛나는 벽돌

집이 보기에도 소담스럽거니와 조촐하게 거미줄처럼 깔려 있는 거리마다 호감이 갔다. 알맞게 자기 자리에 들어박혀 있는 산들도 그렇거니와 변화하지 않고 깔끔한 주택들은 왠지 모르게 고향집 같은 느낌이 난다. 모든 것이 다 자기 위치에 돌아간 듯싶다.

차창을 건너다보면 달려가는 산들이 왜 그렇게나 빠른지 알 수가 없다. 지나가는 산을 쳐다보니 산에도 여러 가지가 있는 듯하다. 운무에 눈이 흐려져서 회백색 봉우리를 가진 산이 있고, 앙칼진 여인들을 닮은 칼날같이 날카롭고 뾰족한 산이 있기도 하고 갓 봉오리 맺기 시작한 숫처녀의 젖가슴처럼 몽톡하게 솟아나온 산들도 있다. 솥뚜껑을 뒤집어 세운 듯 비스듬히 경사진 산이 있고 덩치가 큰 이웃들을 갑갑한 듯 비집고 나온 귀여운 산도 있다. 기차가 터널 속을 지날 때 나의 귀는 그 쨍쨍 울리는 굴속의 반향에 깜짝깜짝 놀라는 것이다. 이런 순간들이 계속되면 나의 고막은 무서운 장면을 본 사람같이 기가 질려 요지부동을 못한다. 기차란 요상한 괴물이다. 인간을 이리저리 데려오고 데려가기도 하고, 심통 사납게 이따금 멀리 황천으로 보내버리기도 한다.

걷던 걸음을 멈추고 쪼그리고 앉아서 고막을 꽉 막아 트는 소녀들이 눈에 들어왔다. 마치 저승사자의 무서운 얼굴이라도 본 듯이 일그러진 얼굴을 하고……. 기차는 허연 연기를 입에 물고는 남으로 남으로 달려간다. 종착역조차 잊어버린 듯 내빼기만 한다.

멀리 초가집 옹기종기 모인 곳에는 저녁 밥 짓는 연기가 몽롱하게 초가집 지붕을 덮고, 비온 뒤의 시내엔 시뻘건 황톳물이 즐거운 듯 콸콸거리는 것이 보였다. 이따금 가랑비와 함께 불어오는 살랑바람에 벼가 가볍게 우쭐거리며 어깨를 들먹인다. 내 향토를 사랑하고, 내 고향을 사랑하고, 내 가족을 사랑하여야지.

이제 밤이 장막을 치고 우리의 언덕 위로 살포시 덮어온다. 아름다운 한반도의 한 모퉁이를 내가 점유하고 있는 것이다.

1974. 7. 31. 수요일. 흐린 후 한때 비.

모든 게 솜처럼 부풀어 오르는 희망의 아침이다. 밤은 지겨운 듯 하품을 하며 기지개를 켜고, 아침은 이 순간을 마치 천년이나 기다린 듯 허겁지겁 언덕 위로 달려오는 것이다. 이런 날 아침엔 밤새도록 못 다 이룬 소망들을 품고 정원에 내리는 빗방울 사이로 걸어 보는 게 좋다. 꿈속에 나타났던 숱한 사람들의 얼굴을 풀끝에 매달려 있는 물방울에 비춰보는 것도 좋다.

모든 것이 영그는 아침의 열매와 대화는 소리 하나 없이 우리의 귀를 간지럽게 한다. 극과 극을 분주히 오고가는 나의 정신은 때로는 무섭도록 심술궂고, 때로는 양처럼 순하다. '지킬 박사와 하이드 씨' 처럼 양면성을 갖고 있는 게 인간이라고 생각하니, 절대적 행동규범도 없고 절대적 선과 악의 경계 또한 쉽게 구분할 수 없다. 그러고 보니 모든 것은 '이것이냐, 저것이냐' 가 아니라 '이것도, 저것도' 일리가 있다고 생각된다. 하지만 우리의 사고가 어떤 결론을 내린다면, 그것이 세인들의 눈에 옳게 비치든지, 그르든지 그것은 문제가 되지 않는다.

어떤 방향으로 진로를 미리 정해놓고 사고하지 않도록 해야 한다. 자기 멋대로 뻗어 나갈 수 있게 내버려두는 것이 좋다. 그런데 가만히 생각해 보니 한 달이건 두 달이건 나는 아무 발전과 진보가 없다는 생각이 든다. 내면세계의 진전이 없다는 말인가. 내내 회의만 했다가 어떤 결론도 이끌어 내지도 못했단 말인가.

하지만 가만히 생각해 보면 너무 서두를 것도 아니다. 내가 과연 훌륭한 성과가 날 정도로 그렇게 열심히 노력했던가. 잠자코 기다려 봐야겠다. 내 손에 모래알이 쥐어지는지 황금이 쥐어지는지, 하늘의 별이 떨어지는지를, 그렇잖으면 영원히 빈손만 움켜쥐고 있을 것인지를.

1974. 8. 1. 목요일. 구름 꼈다가 햇빛 나다.

오늘은 한 달의 시작을 알리는 듯 이른 새벽의 종소리와 함께 한여름이 우리 바로 옆에서 시원한 밀짚모자를 쓰고 있는 날이었다. 거리에는 남녀 쌍쌍이 배낭을 둘러메고 등산복차림으로 분주히 움직이는 게 많이 보였다.

연일 벌어지는 야구시합은 나의 두서없는 생활을 쓰레기장 같은 골짜기로 한없이 끌고 간다.

많은 사건들이 일어나긴 하지만 가장 중요한 일들이 나타나지 않아 안타깝다. 방학 중에 독서도 많이 해야겠고, 나의 마음을 나날이 소나기에 목욕시켜야할 텐데.

우리의 내재하는 심연의 깊이란 끝없이 깊어 우리가 아무리 깊게 내려간다 할지라도 도착할 수 없는 우물과 같다. 깊은 우물 속의 수면에 영상이 비치는 정도라고 생각된다. 어쩌면 우리 인간들의 모든 행동거지가 수면에 항상 비쳐져 있지 않을까? 우리는 이 사실을 잊고 있기 때문에 자기의 주위를 살피고, 자기 자신에게 참된 노력을 기울이지 못하는 게 아닐까?

밤이었다.

저쪽 먼 곳에서 야경꾼들의 삐리릭 하는 호각 소리만 우리의 귀를 날카롭게 울렸다. 모두가 잠든 사이에 방안을 분주하게 움직이던 개미들의 행렬만은 시간을 잠재워 놓은 듯이 착실한 전진을 한다. 입에는 자기

몸보다 더 큰 짐을 물고 벽을 타올라간다.

시계초침 소리가 왜 이렇게 진땀을 흘리게 하는지 모르겠다. 고독에 견디지 못해 시계는 우리 주위의 두런두런 익어가는 얘기들을 방안의 모든 정물들에게 전하고 있는 것이다.

연애를 하고 있지도 않거니와 해본 적도 없기에 나는 우리의 내재력, 즉 신에 대한 찬미를 마음껏 할 수 없는 것 같다. 나의 영혼을 이끌어줄 여인이 있다면 얼마나 감사할까? 생의 필연성에 의한 연애란 정말 힘든 일이 아닐까?

자꾸 실패와 좌절의 의미를 모아서 하나의 세계에 근사치를 찾아야 되지 않을까?

에리히 프롬의 『사랑의 기술』이란 책을 꼭 구입해야만 하는데, 형편이 좋지 않다.

1974. 8. 2. 금요일. 날씨는 맑다.

학교 시합이 있어 운동장에 갔다 오다.

우연히 용국이네 집에서 『영원과 사랑의 대화』를 다시 보게 되었다. 그 책의 맨 마지막 부분에 「고독과 사랑의 장」이란 제목이 있었다.

친구 N씨의 죽음에서 비롯된 영원에의 탐구에 몰두하던 S씨가 우연히 집회에서 지도하였던 K양을 사랑하게 되었다. 순수한 감정의 인도에 이끌리어, 자신도 모르는 사이에 사랑하는 사이가 된다. 하지만 K에의 사랑과 영원에의 그리움 사이에서 S씨는 선택의 기로에 선다. K양도 이것을 알아챈다. K양이 스스로 사랑하는 사람의 뜻을 꺾지 않기 위해, 다른 사람과 결혼을 한다. K양의 결심을 들은 S씨는 아득한 마음으로 K양의 집을 나선다. S씨가 웅얼거린다. "영원에의 그리움이 없었던들 그 누가 나의 발걸음을 일보라도 움직일 수 있었겠는가?"

그의 일기를 중학생 때부터 벌써 너댓 번은 읽는 셈인데도, 읽을 때마다 눈물이 나온다. 자기의 행복보다는 남의 행복을 축원하는 마음에 가슴이 뒤흔들린다. 한 여성을 사랑하고자 하는 마음과 보다 큰 인생의 탐구를 위해 결혼까지도 포기하는 마음의 갈등. S씨를 사랑하기에 자신의 사랑을 포기하는 K양의 마음씨는 얼마나 아름다운가! 서로가 상대방의 마음을 알고 있기 때문에 갖는 마음의 고통. 내가 S씨라면 그와 같이 초지대로 나갈 수 있는가?

노르웨이의 국민적 소설가 비외르손은 말한다.

내가 그녀를 만나기 전에는, 나는 산 건너 저편으로 가고자 했네. 하지만 내가 그녀를 안 뒤에는 내 고장이 얼마나 좋은 고장이라는 걸 알았다. 이젠, 내가 산 너머 저편으로 가지 않았다고, 세상 사람들이 나무란다고 해도, 내 그녀 있으므로 아무렇지 않다네.……

하지만 S씨는 미국으로 학문 연구를 위해 떠나고 말았다. 그가 떠난 것이 사실은 K양의 마음에 부담을 주지 않기 위함이기도 하지만. K양으로부터 약혼했다는 말을 듣고 난 후 거리에 나섰을 때 그는 마치 사막의 모래밭에 오직 혼자만이 걷고 있다고 말하지 않았던가. 실제로 나는 괴테의 『젊은 베르테르의 슬픔』을 읽을 때도 이런 감동을 받지는 않았다.

K양의 동양적 온화함과 헌신이 조화된 여인상도 좋지만, 절친한 친구의 죽음과 그 고통에서 비롯된 영원에 대한 철학적 추구에서도 참된 인간상을 느낀다. K를 사랑하기 이전에 했던 맹세를 지키기 위해 K와의 사랑을 포기하는 S씨의 인격과 영원에 대한 정열을 사랑하지 않을 수 없다.

나는 정말이지 상학(商學)보다는 철학이나 신학의 연구를 하고 싶다. 나의 인생의 진로를 바꿀 수는 없을까?

1974. 8. 3. 토요일. 날씨 맑다.

아침저녁으로 약간 서늘한 바람이 불기는 하나 그래도 낮엔 사람을 삶아대는 듯한 여름의 태양에는 견딜 수 없다. 화단의 장미만이 가녀린 바람에 흔들린다.

어제 읽었던『영원과 사랑의 대화』의 맨 끝 부분의 얘기가 아직도 생각난다. 파도처럼 출렁거리는 마음의 해변엔 오직 S씨와 K양의 영상만이 가득하다. 나는 그 뒤의 일기를 마저 읽어봤기 때문에 미국에서 있었던 K씨의 따뜻하고 슬픈 얘기를 훤히 알고 있다. 그는 비록 죽었지만 그가 그토록 고결하고도 인간적인 고뇌를 느꼈다는 점에서 나는 재삼재사 그에게 감사를 올리지 않을 수 없다. 한 사람의 구도자이기에 앞서 인간이었기에 가슴쓰린 슬픔을 안고 그는 그의 나라인 하늘나라로 가고 말았다. '여기 인간이 있다!' 고 외쳐댈 수 있는 진정한 휴머니티가 아직도 우리 한국의 한 모퉁이에 남아 있는 것이다.

아직도 밤은 목적지까지로 오려면 까마득한 한낮이다.

김정운 선생님을 찾아가보려고 벼르고 있지만 그렇게 잘 되지 않는다. 언제나 수학시간에 가만히 내 옆에 서서 수업을 하셨던 분이다. 지나치게 내 옆에 계셨기에 다른 학생들의 눈이 자꾸 의식되었다. 그래서 고의로 3학년 2학기엔 거의 언제나 수업시간에 딴전을 피워댔다. 선생님께서 나를 너무 편애하시는 것 같았기 때문이다. 사실 나는 특별히 착하거나 밉살스런 일을 한 적이 없다. 남에게 지나친 사랑을 받게 되면 그것은 무언의 간섭을 의미하기 때문에 심히 부담스럽다. 상대방의 기대에 어긋나지 않기 위한 정신적 부담이 너무 무겁기 때문이다.

지나간 모든 것을 일단 회상해보면 아름다웠던 것, 슬펐던 것, 기뻤던 것, 괴로웠던 것, 어리석었던 모든 것을 한꺼번에 포용할 수 있는 도량을 갖게 되는 모양이다. 이젠 선생님도 만나고 싶고 정겨운 충고와 격려를 받고 싶다. 이번 방학 중엔 어떤 일이 있어도 선생님 댁을 찾아가 뵈어야겠다.

키에르케고르는 『죽음에 이르는 병』에서 말하길 사람이란 지금 당장 죽을 수 있는 존재가 아니라 자꾸자꾸 죽어가고 있다는 데에 절망을 느낀다고 했다. 우리의 삶은 한계성을 갖고 있다. 언젠간 죽어야 할 몸 비록 그것이 지금부터 한 시간 후 이건 또는 몇 십 년 후의 일이건 인간이란 죽을 존재란 부정 못 할 사실이다. 지금 당장 이 자리에서 죽는다고 가정하자. 죽는다는 사실자체가 피할 수 없는 기정사실이 되어버릴 때 인간은 오히려 체념하고 자기의 무덤을 조용히 마련하고 싶어할 것이다. 하지만 우리는 지금 당장 죽는 것이 아니고 미래에 죽을 존재인 것이다.

키에르케고르의 실존은 절망을 자각함으로써 신과 자기 자신의 존재를 자각하는 것이다. 신은 도시로부터 멀리 떨어진 주위의 산들로 도망쳐 달아나버린 것 같다. 도시가 크면 클수록 더욱 먼 곳에 있는 산으로 도망쳐버리는 것 같다. 도시엔 이미 신이 존재 할 수 없다. 신은 분주하고 시끄러운 도시의 소란스러움에 도망쳐버리고 말았다.

신은 언제나 환하고 화려한 얼굴을 내민 적이 없었다. 어스름한 해질녘이나 깜깜한 한밤중에 사람이 만든 모든 것들이 잠자코 자고 있을 때 우리는 오히려 뚜렷이 신을 볼 수 있다. 베짱이, 쓰르라미, 낄끼리 등이 노래를 불러 우리를 유혹한다. 온갖 풀벌레의 합창이 내게는 흡사 바이올린 독주회라도 참석한 기분을 자아낸다. 잠시 동안 아득한 기분이 들다가 제정신으로 돌아온다.

발밑에 분주히 반짝거리는 자동차의 헤드라이트의 길게 끄는 빛줄기를 바라보면 도시의 공기마저 자연의 감추어진 치부를 드러내고 이를 보이며 비웃는 듯하다. 자연은 여전히 신의 한 단면이다. 신은 자연과 도시의 모든 인공적인 사물들을 소유한다. 하지만 모든 인공적인 것을 사랑하지는 않는다.

웬 어린아이가 두 손과 두 눈을 땅에 똑바로 내리깐 채 오고 있다. 괜히 반가운 듯 손짓하며 불렀을 때 그 애는 듣지 않고 나를 지나친다. 달을 소유하는 마음. 아마 그 애는 달을 잡으러 가는지도 모르겠다. 달을 소유하는 마음을 갖기까지의 슬픔과 아픔을 갖지 못해서야 어디 인간이라 할 수가 있겠는가?

올해는 아직 한 번도 개구리 소리를 듣지 못했다. 지금쯤 집에서 지낸다면, 저녁을 먹고 도로변에 나서면 주위의 논에서 나는 개구리 소리를 즐거이 들을 수 있을 텐데……. 개골거리는 자연의 합창을 들을 수 있으련만…….

1974. 8. 4. 일요일. 쾌청.

국어과 박지홍 교수께서 언젠가 수업 시간에 "나는 나의 인생 설계를 백년으로 하고 있습니다. 그렇게 살아야 내가 해보고 싶은 최소한의 소원을 풀 수 있을 것 같아요." 하셨다. 일제시대 때 동래고보를 나와서 독립 운동을 하시다가 여러 번 감옥도 드나드셨고 한글 맞춤법의 권위자 중의 한 분이시다. "이제껏 50살까지는 민족독립에 힘을 썼고, 앞으로 50년간은 심령학을 연구해보고 싶습니다."는 선생님 말씀엔 은연중에 "너희들도 보다 일찍 인생 설계를 하여라."는 전언을 실어 보내는 것 같다.

하지만 내게 인생 설계도를 그리라 한다면, 나는 서슴지 않고 50년을 상한선으로 잡겠다. 나는 건강이나 여러 가지 여건으로 봐서 50살까지만 살 수 있을 것 같다. 100살까지 산다는 이룰 수 없는 소망을 품었다가 일찍 죽으면 가슴 깊은 실망을 안고 죽어야 하지 않겠는가? 차라리 50살까지 산다고 하면 50살 이후로 오래 오래 살 수 있다고 해도 제2의 인생설계도를 다시 꾸미면 되지 않겠는가?

시간은 짧으면 짧을수록 가치 효용성은 커진다. 우리는 더욱 더 시간을 쪼개어 보람 있게 인생을 지낼 수 있다. 40살까지는 돈을 벌고, 나머지 10년간은 남을 위해 일해보고 싶다. 50년 이후까지 산다 하더라도 계속 남을 위해서 일 하고 싶다.

먼저 대학 시절엔 철학을 하고 독서도 많이 하고 여행도 자주 하고 싶다. 독서를 하여야만 마음이 녹슬지 않을 것이다. 무엇보다도 마음이 녹슬어서야 아무 일도 할 수 없음은 명백한 일이다.

화랑대기 쟁탈 야구시합 구경을 갔다 왔다. 무난히 결승까지 진출했다. 오랜 만에 또 모교의 저력이 드러난 셈이다.

1974. 8. 5. 월요일. 쾌청.

종일 무더위에 몸과 마음에 땀이 줄줄 흘러내린다. 아침에 용국이가 고등학교에 등교를 하여서 오전 11시쯤 되어서 집으로 갔다.

조카 하선이와 같이 둑에 갔다. 석대천의 강둑 아름드리 아카시아나무 그림자 속에 누워서 노래를 불렀다. 조그마한 꼬마 하선이는 연방 나를 흔들며 "저게 뭐고?" 하며 공장들을 가리켰다.

잠시 후 집으로 돌아와서 잠깐 동안의 낮잠을 즐기다 오후 2시경 어머님께 돈을 받아서 야구장에 갔다. 가는 도중에 오늘이 바로 정호와 약속했던 날이라는 생각이 떠올랐다. 정호의 아르바이트를 대신 해주기로 한 것이다. 잠시 고민하다가 그냥 야구장으로 직행하였다. 마음 한 구석이 꺼림칙했다. 운동장에 도착하니 시합이 열리려면 아직 시간이 많이 남았는데도 이미 사람들로 꽉 차 있었다.

대광고와 결승전에서 처음으로 화랑대기에 우승하였다. 여태 관전 시합 중에 가장 뜻 깊은 날이었다. 26년간의 시도 끝에 기어코 승리하고야 말았다. 이것으로 5번의 준우승에 대한 징크스도 깬 것이다.

저녁 늦게 돌아왔다.

1974. 8. 6. 화요일. 맑다가 흐려짐.

아침 6시 반쯤 되어 일어났다. 세수하러 나가서도 잠에서 완전히 깨어나지 못해 졸고 있는 모습을 아주머니께서 보시더니, “좀 더 자거라. 아침도 좀 늦을 테니.” 하셨다.

방에 들어오니, 잠이 오지 않아서 그저께 산 에리히 프롬의 『사랑의 기술』을 읽으려 펼쳤다. 막상 책을 보려니까 다시 곤한 잠이 들고 말았다. 깨고 보니 8시 반가량이었다. 아침식사를 하고 어제 신문을 보았다.

낮에는 작은 아버지 집에 갔다. 정호의 아르바이트를 봐주러 전포동에 갔다가 5시 반경에 양정에 돌아왔다.

『사랑의 기술』에 나오는 인상적인 구절을 적어본다.

> 대부분의 사람들은 사랑의 문제를 다룰 때, 우선 ‘사랑하는’ 문제로 다루기보다는 ‘사랑을 받는다.’ 는 문제로써 생각한다.

> 사랑에 대한 일반적인 착각
>
> 사랑에 대해 깊은 열망은 있으면서도 다른 모든 것을 사랑보다 더 중요한 것으로 여긴다.

1974. 8. 8. 목요일. 구름 낌.

일어나니 12시였다.

서둘러 케네스 보울딩의 『과학으로서의 경제학』 한 단원을 읽고, 어제와 마찬가지로 전포동에 갔다가 양정에 돌아와서 아침에 읽던 책의 또 다른 한 단원을 읽었다.

저녁이 벌써 대문 밖에서 서성거리고 있다. 웬 하루가 이렇게 빨리 지나간담. 요즘은 하루를 거의 책을 읽으면서 보낸다. 그래도 별로 지겹다는 느낌이 들지 않는 것을 보니, 나도 이미 어지간하구나 싶다.

하루의 독서 계획을 이렇게 정해 보았다.

아침 – 경제 서적(보울딩).

점심 – 사랑의 기술(프롬), 아인슈타인의 인생론.

저녁 – 릴케 시집

밤 – 철학적 사고의 소학교(야스퍼스), 잠언과 성찰(라 로슈푸코).

계획이란 하나의 전형을 내세우긴 했지만 절대적으로 거기에 따라 행동한다는 건 아니다.

일기장의 여백에다 오늘은 릴케 시집 중의 한 구절을 옮겨놓아 봤다. 각자에게 각자의 죽음을 달라고 릴케는 말한다. 그의 소설 『말테의 수기』를 읽어 보면, 서두에 '브리게'의 죽음에 대한 묘사가 있다. '말테'란 바로 릴케 자신을 말하며, 브리게란 바로 그의 할아버지를 말한다. 평생 그의 머리를 점령하고 있었던 것은 브리게의 죽음에 대한 회상이었다.

실제 근대사회란 게 기계론적인 평등사상 때문에 모든 생활에 있어서 독특한 개성을 찾아보기 힘들거니와, 심지어 오락에 대해서 까지도 천편일률적인 수단을 사용한다. 일상 생활품이나 생활 습성에서부터 심지어 죽음을 맞이하는 마당에서조차 그들은 제대로 자기대로의 임종을 자기 스스로 지켜보지 못한다. 인생을 총결산하는 마당에서조차 말이다.

이런 생활 태도를 가져오게 된 요인 중의 하나는 에리히 프롬이 지적한 바와 같이 사회생활 속의 지나친 표준화의 영향이라고 하겠다. 아무리 현대 세계가 대량 생산체계이며 개방된 사회라 할지라도, 인간마저 기계 부속품처럼 전락 할 수는 없지 않는가? 잊어버리고 있던 고향을 찾아야만 한다. 그것이 안 된다면 고향에 대한 향수만이라도 가져야 한다. 푸른 이끼 끼고, 이름 모르는 새가 지저귀고, 들판엔 염소가 물을 찾고, 누런 들엔 고추잠자리 쉬어갈 수 있는 벼가 금물결 치는 고향. 가을의 추수와 농부와 그리고 안식이 깃드는 고향을 동경해야만 한다.

저녁을 먹은 뒤 양정 시장 쪽으로 소화시킬 양으로 거리로 나섰다. 이미 어두컴컴해진 도로엔 귀가하는 시민들의 발걸음조차 드물다. 시장 안에 들어서니 벌써 문을 닫은 상가가 몇 군데 있었다. 좀 전에 만났던 앞집 아주머니와 다시 만나게 되었다. 갑자기 부딪히게 되어 얼떨결에 모른 체 지나갔다.

다시 도로로 빠져 나와 거리를 가로 질러 가려하니, 가로등의 불빛이 보이지 않는다. 시내로 들어가는 고속버스가 신호등을 기다리는지 가만히 서 있었다. 고속버스. 서 안쪽의 푹신한 의자엔 먼 곳에서 와서 이젠 내릴 준비를 할 사람들이 타고 있겠지. 그들이 출발할 때 생각해 뒀던 도착지에 내리게 되겠지. 하지만 그들은 내린다고 해도 또 다른 출발을 시도해야만 한다. 그냥 정거장에 서서 바보처럼 서 있을 수도 없을 테니 말이다. 도착과 동시에 출발을 그들은 어쩔 수 없이 가져야만 한다.

내가 대학에 입학하고자 했다면 이미 입학하였으니 하나의 도착은 성취된 셈이지만, 보다 더 나은 내가 되어야 하는 너무나 큰 문제들이 나를 기다리고 있으며, 그 보다도 작게 우선 졸업 할 수 있어야만 한다는 또 하나의 도착이 나를 기다리고 있다. 대학을 졸업하고도 또 다른 과제가 나를 기다리고 있으리란 것도 명약관화하다. 물론 출발을 웃으면서 시작하는 사람이 있을 거고, 또 이전의 도착을 뼈저리게 후회하면서 출발하는 사람도 있을 것이다. 출발하여 도착하는 도중에 길을 이탈하여 엉뚱한 도착지에 정착하는 이도 있겠지만, 초지일관하여 그가 원래 바라고 있었던 목표 지점에 안착하는 이도 있으리라.

비록 출발 시에는 많은 오류와 방랑과 고뇌가 있었다 할지라도 최종 기착지가 선하고 보람 있을 경우에는 목표지를 훌륭하게 차지 할 수 있다. 물론 도덕적인 측면에서 볼 때에는 "신은 동기가 순수한 사람을 언제나 구원하시고야만다"는 말이 있기는 하다. 허나 동기가 아무리 순수하다 할지라도 그들의 목표를 충실히 달성하고, 그 결과가 동기에 부합될 때에만 그 말이 성립될 수 있다.

우리의 인생에는 출발은 명료한데 도착이 명료하지 않는 문제가 몇 가지 있다. 우리의 죽음이 그렇고, 삶의 실제와 이상이 그렇고, 우리의 지식과 인격의 수양이 그렇다. 이런 모든 문제는 인간의 유한성에서 기인된다. 유한성이란 문제가 일단 제기되면 인간은 주춤거리게 된다.

여기에서 야스퍼스의 '초월이론', 종교적인 '내세(來世)설', 니체의 '초인사상', 키에르케고르의 '죽음에 이르는 병 - 절망' 같은 이론이 나오게 된 게 분명하다. 인간이 유한성을 자각한다는 것은 그 자체가 불행이기는 하지만 그것으로 인해 만물의 영장이란 지위를 차지하게 되지 않았을까?

동물에게 유한성을 자각한다는 인식 따위는 있을 수 없다. 당연히 죽음이란 것 또한 인식할 수 없다. 하지만 동물 중 코끼리는 유일하게 자기 죽음을 알고 있다고 한다. 단 일상적인 문제로서, 즉 사고의 일부분으로서 죽음을 인식하지는 못하지만. 내 생각엔 이 시간의 유한성이야말로 바로 모든 가치를 창조하는 원동력이지 않은가 싶다. 그 말인즉 우리의 삶이 한정적이기에 그 운명의 여신이 준 시간 속에서 보다 뜻 깊은 일을 해낼 수 있다는 뜻이다.

나는 비실거리면서 도로를 건넜다. 마침 어둠 속에서 한 아주머니가 한 손에 장바구니를 들고 또 다른 한 손에 수박을 들고 가는 게 보였다. 그녀의 가족은 저 커다란 수박을 베어 먹을 때마다, 그들의 입에 수박의 단 맛이 스며들 때마다, 그들의 부부애와 모성애와 형제애를 느낄 것이다. 그 수박 한 덩어리가 바로 가족 서로간의 사랑이며 우애이다. 그렇다. 우리는 그 수박을 나눠 먹음으로써 우리의 피를 나누어 가지는 것이다. 비록 우리가 이 세상에 오래오래 살 수까지는 없다고 하더라도, 우리가 살아 있는 동안만이라도 서로가 애착을 갖고 살아야 하지 않겠나. 왜? 우리는 서로가 너무나 약한 존재라는 것을 너무도 잘 알고 있으니까. 때때로 스스로 심한 욕정과 물욕과 소유욕으로 들끓을 때 언제나 이 수박을 떠올려보자.

나는 깜깜해진 골목길을 어두운 내 눈으로 더듬으며 들어갔다. 하늘을 한 번 치켜다본다. 오늘따라 별 하나 보이지 않는 하늘조차 어둠 속에서 몸을 감추었다. 나는 지표(指標) 없이 방황하는 나그네처럼 골목길을 돌아섰다. 하긴 나는 영원한 나그네임에는 틀림없었다.

「어둠 속의 나무」

별 하나 얼굴 내밀지 않는 오늘처럼
사방은

영혼 깊은 곳에 방황하며
생각에 잠긴 너의 입술처럼 굳게 다물고 있고.

때때로 살랑거리는 바람.
한 생명이 가벼우므로 훨씬 더 멀리 날 수 있다는 것을.

내 마음은
우람한 너의 가지 위에 올라앉고파
허나, 내 가까이 갈수록 너는 저만치에 있고
하여 나 쓰린 가슴 안고 여기에서만 바라보리니.

끝없이, 나의 생명을 일깨우지 않을 수 없는 너의 침묵.
지친 밤이 너에게 몸 기대고,
너는 너의 육신 위를 빙빙 맴돌기만 한다.

발밑에선 쉼 없이 생명수를 끌어 올리고
줄기를 가득 채우고, 앞에선 넘쳐흐른다.
너의 그 한 방울
나의 목을 축일 수 있다면……
허나 너는 흘리기만 할 뿐.

단 한 번의 노래를 부르기 위해 지겨운 잠자던 매미
너의 가지에 나래를 접고
오랜 인고를 호소하는 언어 처절하였고,
이젠 잠드는 시간.

푸른 하늘에 쓰인 말들
인생이란
덧없이 노력하고 죽어가는 것 일러라.
하지만 죽음이란 귀의하는 것
우리를 포용하는 신(神) 있으므로
그것은 영원한 일락(逸樂) 깃든
한여름 밤의 안식.
죽음이 있으므로 나는 네게 있노라.
비록 가까이 갈 순 없을지라도…….

1974. 8. 9. 금요일.

용모에게 방학 중에 나가기로 한 약속을 지키지 못해 미안하다고 얘길 하러 가야겠는데도 실상 그렇게 잘 되지 않는다. 자신 없는 약속일랑 아예 하지를 말아야지. 때맞추어 차비가 바닥이 나버린 지 며칠 째나 된다. 안 될 일은 이래 저래 안 된다니까.

이슬람의 위대한 시인인 동시에 신비가(神秘家)였던 루미가 지은 시.

사랑하는 자가 사랑 받을 자를 구하는 것은 그야말로 사랑을 받을 자에 의해서
구해지고 있을 때뿐.
이 영혼에 사랑의 불이 댕겨질 때.
그 영혼에도 사랑의 불이 켜져 있는 것을 알게 되리라.
하나님을 향한 사랑이 그대 마음에 성장할 때
온갖 의심을 초월해서 하나님은 그대에 대한 사랑을 간직하고 있다.
손이 하나뿐으로 또 하나의 손이 없다고 한다면,
그 손은 울리지 않는 법.
성스러운 지혜는 우리가 서로 사랑하는 것으로 정했으며 명령했다.
세계의 온갖 부분이 그 대응하는 것과 짝지어지게 되는 것은
이미 정해진 규칙이로다.
현자의 눈에는 하늘은 남성, 땅은 여성이니
하늘이 내리는 것을 땅이 받으며

땅이 추울 때 하늘은 햇볕을 보내고
습기와 젊음이 시들 때
하늘은 그것을 다시 준다.
생명의 양식을 아내한테 나르는 남자처럼.

하늘은 땅을 순회하고
땅은 집안을 위해 부지런히 일하며,
그리하여 생명을 낳고 젖을 주어 키운다.
지혜 있는 자처럼 일하기 때문에
하늘과 땅은 지혜 있는 자로서 보아야 할 것이다.
하늘과 땅이 서로 기쁨을 나누는 것이 아니라면
어째서 이 둘은
연인들처럼 끌어안고 있을까.
땅이 없다면 풀과 나무가 그 어찌 꽃을 피울 수가 있을까.
그런 것이라면 하늘은 물과 빛을 주지는 않을 것이다.
하나님은 남성과 여성에게 그네들의
합일로 세계가 유지되도록 하는 욕망을 갖도록 했으니
하나님은 실존의 온갖 부분에
그 절반의 몸을 서로 구하도록 생명을 주었다.
낮과 밤은 서로 적처럼 보일지도 모르건만
그러나 양자는 하나의 일을 하고 있는 것이다.
히니의 일을 다 하기 위해
서로 사랑하고 힘을 모아 일하고 있다.
밤이 없으면 인간은
아무 것도 받아들일 것이 주어지지 않으며
낮에 소용되는 무엇 하나

얻을 수 없다.

케네스 보울딩의 『과학으로서의 경제학』이 이젠 마지막 한 단원만 남았다. 사실 이해가 잘 안 되는 부분이 적지 않고, 처음 보는 용어도 자주 나오는 것은 물론이고, 게다가 이런 책 읽는 것 또한 익숙지 않아서 진도가 통 나가지 않았다. 근 한 달이나 허비해버렸다. 그래도 2학기에 한 번 더 읽어 보리라 작정한다.

낮에 더위를 피해 앞산에 올랐다. 짙은 녹음 아래엔 풀벌레들의 분주한 움직임이 있는가 하면, 낮잠을 즐기는 사람도 있었다. 생의 환희를 주제로 내세우긴 나의 정신이 허용하지 않는다. 어쩔 수 없는 응달의 인간일 수밖에 없다. 인간이란 아무리 갈고 닦은 마음을 가진다 해도 모자람과 부족함을 메우지는 못하는 것이다. 사람이란 내내 언덕을 헉헉거리며 기어오르기만 할 뿐 한 번도 정상에 도착해 보지를 못하는 것이다. 우리는 이것을 인식함으로써 만족해야만 하는가? 이 난관을 극복하는 방법이 어디에 없을까? 가톨릭으로 개종을 할까 보다.

지난 주일 읽었던 「고독과 사랑의 장」을 읽은 탓일까? 나는 지금 막다른 골목길에 다다른 느낌이다. 옴짝달싹조차 못하고 갇혀 있는 것이다. 이 난관을 어떻게 벗어나야 한단 말인가? 맑은 날 들판 길에 누워 하늘을 무심결에 쳐다보면 하얀 구름에 내 마음이 담겨 둥실 떠가버리는 것 같다. 뭔가 허탈하고, 손에 잡히는 게 있는 것 같기도 하지만 손을 치켜 올려 보면 아무것도 쥐고 있는 게 없다. 쓸데없이 돌멩이를 쥐고는 멀리 저편 언덕으로 던져본다. 무엇을 쥐었다는 촉감이 당장은 사라지지 않는다. 영원히 뭔가를 쥐고 있어야 할 텐데……. 밤과 낮이 한데 뒤섞여 혼돈을 계속하고, 나의 정신 또한 그 속에서 갈피를 잡지 못하는 것이다.

「내 마음은 하나의 나무」라는 고티에의 시가 떠오른다. 차라리 시를 읽고 있노라면 다소 마음이 가라앉는다. 불멸의 시구를 남긴 시인 또한 훌륭한 선택을 받은 사람들임에는 틀림없다. 무엇인가가 나의 내부에 들어올 때까지 언제까지라도 망부석처럼 무덤을 지키고 있어야만 될까? 염천 아래에서 불에 달군 강철처럼 벌겋게 달아서, 모든 바위돌덩이가 산산조각 나서 흩어질 때까지 나는 쪼그리고 앉아 있어야만 하는가? 인생이란 활동을 하면서 살아가는 것이다. 행동성이 결여된 인생이란 있을 수가 없다. 기다리는 게 행동이라는 것인가? 정중동(靜中動)이라지만, 참을성이 점점 없어진다. 어떤 날은 내가 생각해도 대견스러울 정도로 진지하고 어떤 날은 갈피를 못 잡아 거리와 거리를 방황한다.

사랑의 활동성. 생산적인 성격을 갖는 사람에게 있어서 준다는 것은 전연 다른 의미로 등장하게 된다. 그들은 준다는 행위를 통해서 자기의 강한 점, 그리고 부와 힘을 경험할 수 있게 한다. 이렇듯 고양된 생명력과 자기가 숨겨 간직하고 있는 능력 또는 힘을 줌으로써 그는 크나큰 기쁨을 맛보게 되는 것이며, 참다운 자기 자신으로 충만해지는 것이다. 즉 소비하면서 살아 있고, 그 때문에 즐겁다는 것을 경험하게 된다. 여기서 준다는 것은 빼앗기기 때문에 즐거운 것이 아니다. 주는 행위를 통해 자기의 참된 삶이 실현되기 때문에 받는 것 보다 주는 것이 훨씬 즐거운 것이다.

1974. 8. 10. 토요일.

온종일 태양은 무한정 열을 발산해 냈다. 한여름엔 도로 바닥에 깔린 아스팔트조차 찐득거린다.

집에서 책이나 읽고 무료하게 보냈다. 요즈음엔 거의 매일 같은 생활의 반복이다. 나날이 새로워져야 할 텐데. 생활에 변화가 없으니 밥맛조차 뚝뚝 떨어진다. 비상구라도 찾아야겠다.

S.

방학도 이젠 종반기에 접어가고 있는 이때 보람 있게 보내고 있는지 궁금하다. 팔월 염천에 땀이나 몹시 흘리지 않았나? 방구석에 틀어박혀 책이나 읽으려 시도해보지만 뜻대로 되지를 않는구먼. 성숙의 계절도 이젠 문턱에서 기웃거리고, 가을하늘이 벌써 우리의 머리 위에서 선을 보인다.

사실 말이지, 편질 써 부치려는 마음은 항상 갖고 있지만 모든 게 그렇게 쉽게 뜻만큼 되지를 않는다. 몇 번 썼다가 찢어버리기도 하였다. 네 눈에는 내 행동이 참 어린애 장난처럼 보일는지 모르겠다. 너와 나와의 관계란 것부터가 참 아이러니컬하다고나 할까. 네가 언제 봤느냐고 일축해버리면 그만일 일을 가지고 이쪽에서 무엇을 띄어 보내겠다는 게 모순이 아니겠는가. 사람이란 때때로 이성으로만 해결되지 않는 문제가 있는가 싶다. 한쪽으로만 가자고 우리의 사고가 아무리 강요해도, 또 다른 방향성을 갖고 우리를 더욱 강렬하게 이끌어 나가는 힘이 존재하기도 하니까. 운명이 이끈다고나 할까.

젊은 시절엔 될 수 있는 대로 많은 꿈과 의미를 모으지 않으면 안 된다고 한 릴케의 말이 생각난다. 하나의 행동과 발걸음 하나까지 어떠한 의미를 부여해야 한다는 말이다. 어떻게 보면 지나친 신경과민증에 걸리지 않겠나 생각이 들겠지만, 적어도 조물주가 우리를 한 번 태어나게 했다면 우리에게 그만한 의미를 찾아내도록 은연중에 강요하고 있음에 틀림없다는 생각이 든다. "자. 이젠 너를 이 지구라는 세상에, 그것도 한국의 한 모퉁이에 너를 데려다 줄 테니 네 힘 자라는 대로의 의미와 보람을 가꾸어 보아라." 하고 말이야.

우리가 단순히 이 세상에 태어난 것은 아무런 뜻과 의미가 없이 태어난 게 아니다. 한 인간이 한 인격을 구비하고 생의 온갖 것을 추구해 나갈 자유를 부여받은 이상에 그는 자기대로 이행해 나가야 할 당연한 의무가 있는 것이다. 오늘날 도처에서 볼 수 있는 바와 같이, 특히 상아탑이라고 일컫는 우리 대학 사회에서까지 자주 들리는 말에 이런 것이 있다. "인생이란 그런 것이다. 돈을 어서 벌어서 실컷 향락이나 취하자. 인생이란 원래 무의미하고 뜻이 없는 꿈과 같은 것이니." 하는 말이다.

나는 불과 두어 달 전에 이 말을 우리와 가까운 친구중의 하나에게서 직접 들었다. 게다가 술좌석 바로 옆에 있던 우리 동기 중의 하나 역시 여기에 맞장구치는 게 아닌가. 역시 농담으로 시작된 일이라면 묵과해 줄 수도 있는 문제지만 한 참 토론 중에 나온 말이 이런데 대해서 나는 일종의 분노와 역겨움까지 느꼈다. 감히 이런 말을 해 대면서도 그래도 학교 밖을 나가면 자칭 시성인입네 하고 놀아다닐 게 아닌가.

우리는 아직 젊다. 젊음이 있기에 아직 썩은 탁류에 휩쓸리기를 원치 않는다. 썩어 문드러진 피부가 보이면 날카로운 메스를 들지는 못해도, 나와 같은 의지박약자라 하더라도 적어도 머큐롬을 발라 더 이상 번지는 것을 막아야 하지 않겠나.

우리는 학생이다. 배우는 도상에서 허우적거리는 학생임에는 틀림없다. 때때로 우리의 이상에 일치가 되지 않는 행동을 하는 경우도 있을 수 있다. 이럴 경우엔 부끄럼이라도 느낄 줄 알아야 한다. 아리스토텔레스는 말했다. 청년에게 가르칠 가장 중요한 것은 염치를 가르치는 일이라고. 현 세대에 태어난 우리에게도 어느 정도 사회적 책임이 있겠지. 그것은 우리가 대다수의 남과 다르게 '선택된 소수' 라는 점에서도 그런 점이 있겠지.

실제 사명감을 느낀다는 것은 참 어려운 일이다. 그렇지만 오늘날 우리가 처해진 상황 아래서는 부단한 결단이 필요하다고 생각한다. 그것은 올바르고 무엇에 기여하는 것이 되지 않으면 안 될 결단이요, 사명감이다. 비록 그런 사명감이란 '선택된 소수' 의 의무라 할지라도 실제 역사의 거대한 수레바퀴를 이끌고 온 사람들은 바로 그들이었다고 말하지 않는가.

아직은 우리가 좀 이른지는 모르겠다. 하지만 그렇기 때문에 꿈과 의미를 될 수 있는 대로 많이 모아야하지 않겠나 싶다. 비록 우리가 이상으로 추구하는 일들이 꼭 실현된다고는 장담 할 수 없을지는 모른다. 하지만 그런 시도가 많으면 많을수록, 크면 클수록 우리의 사회가 발전할 것이다.

S.

밤이 제법 깊었구나. 이렇게 시계의 초침 소리가 가슴 깊이 울릴 때 우리의 가슴을 가만히 열어보자. 그 가슴속에 얽매어 있는 많은 물음에 한 번씩 대답을 찾아보고, 또 가슴에게 되물어보자. 우리의 입으로 우리의 꼬리를 물고 빙빙 한 번 돌아보기도 하자. 아름다운 윤무는 아닐지라도 가벼운 흥미는 이끌 수 있다.

오늘 저녁 식사 후에 양정 사거리를 쏘다녔다. 돌아오는 골목길에서 나는 섬뜩 놀랐다. 나의 그림자를 보았던 것이다. 동시에 나는 나의 그림자를 사랑하기 시작했다. 그 수많은 모양을 하고 있는 그림자들 속에서 나의 하나의 편모를 알아보기 위해서 그 그림자들을 사랑하기 시작한 것이다. 나의 본질을 알아내기 위해서 그 수없는 나의 변형된 형태들 모두를 사랑한 것이다. 희랍 신화에서 나르시스는 맑은 우물의 수면에 비친 자기의 얼굴을 보고 자기 자신을 연모하게 되었다고 하지만, 나는 나의 그림자를 불빛에 비쳐 보곤 사랑하기 시작한 것이다.

1974. 8. 11.

5시 반에 일어나다.

오늘 아침에는 하늘에 구름이 깔리기 시작했다. 여름날 하루 종일 찌뿌듯하게 만드는 구름이란 온통 하늘을 침침하게 만들기 때문에 구름다운 맛이 없다.

국어과 박지홍 교수는 당신께선 흐린 날이 가장 즐거운 날이라 하였다. 일제시대 때 독립운동을 하다 보니 언제나 형사가 따라다니며 감시를 하였는데, 조금이라도 이상한 눈치만 보이면 지서에 잡혀가서 고문을 받으셨단다. 그런데 비 오는 날이 되면 형사들도 귀찮은지 잡으러 오지 않았다고 한다. 그런 경험이 있어선지 비만 오면 당신께선 언제나 마음이 안심되고 즐겁다는 것이다.

우리 같은 사람들에게 비 오는 게 어떨까? 평범한 우리들에겐 성가시게 내리는 비가 좋을 리 없다. 특히 오늘 같은 일요일이고 보면 일주일 내내 공약해놓았던 약속들이 헌신짝처럼 내팽개쳐지기 쉬운 까닭에 더더욱.

그러나 우리 모두가 언제나 비를 싫어 할 까닭은 없다. 봄에 보슬 보슬 내리는 가랑비는 정말 나무와 풀이 발 돋음 하는 활력소가 될 것이며, 여름에 시원하게 내리 퍼붓는 소나기는 우리의 마음에 꽉 달라붙어 있는 더위를 일시적이나마 깨끗이 씻어버릴 것이며, 가을에 구성지게 내리는 비는 모든 성숙하는 것들을 알찬 알맹이가 되게 만들고, 겨울에 눈과 함께 내려오는 진눈깨비는 우리의 두터운 외투의 깃에 달라붙어

다가올 봄의 기운을 일깨우기라도 하듯이 차가운 겨울바람의 위세를 약화시킨다.

1974. 8. 20. 화요일. 날씨 맑음.

어느 먼 곳의 그리운 소식이 아니라도 좋다. 청명한 달과 별들의 고운 속삭임이면 만족하리라.

용국이와 잠시 입씨름 한 후에 나 혼자의 고적한 상념의 굵은 선율 위에서 곡예를 하고 있다.

시간은 한 순간이라도 머물러 있지 않고 흘러가고 있겠지만, 나의 침묵은 이 순간의 정적 속에 잠겨버린 듯 육중한 압력이 나의 머리를 압박해 온다.

억지로 피워 문 담배 연기에 머리가 욱신욱신하다. 몽롱해진 눈빛으로 아직 채 꺼지지 않고 있는 담배 불빛을 쳐다본다. 조용한 어둠 속에서 오직 그것만이 주위에 한 가닥의 가느다란 빛줄기를 주어서, 안개 낀 밤에 항해 중인 선박이 등대의 불빛에 의지하듯 나의 눈은 그곳에서 고정된다.

어둠 속의 한 가닥 불빛. 그래서 더욱 귀한 것이 아닌지는 모르겠다. 밤은 모든 것들이 휴식을 취하는 시간인 듯하면서도 실상은 밝아 오는 새벽을 향해 기도하는 소녀처럼 경건한 자세로 무릎 꿇어 앉아 있다. 혹시 오늘은 환한 달이 돋아 얼굴 내밀지 않을까 싶어 시공을 초월한 하늘을 본다. 하지만 사방에 좁게 들어선 담벼락과 가옥들 때문에 달은 얼굴이 가려진 모양이다.

도시 속의 자동인형들. 그들과 같은 사람이 되고자 너는 노력한단 말인가? 현대가 상품 생산 위주의 일사 분란한 경제체제를 갖고서 쓸데없는 영혼과 자아의 진보에 아무런 도움도 주지 않는 권력을 남용하는 시대라 할지라도 너는 자발적 도리를 결행하여야만 한다.

차라리 뜨거운 햇볕에 미쳐버려 하얀 웃음을 토해버리자. 생명의 심지는 불타오른다. 마지막 심지의 끝까지 다 타버린 후에 주섬주섬 옷을 주워 입고 서늘한 바람이 이는 밤하늘 언덕을 기어 올라보자. 어이없을 정도로 역설적인 너무나 역설적인 인간이 되어버리자. 사람이 산다는 게 이처럼 외곬으로 흘러 들어가야만 하고 새까만 너의 머리가 하얗게 늙어 갈 때 모든 성숙한 잎들이 언젠가는 한 줌의 자양분으로 변해 나무 밑거름이 되듯이 잠자코 시간을 기다리자. 언젠가 우리의 후대의 사람들이 우리가 있었으므로 저들이 있게 되었노라고 말할 그때를 참고 기다리자.

1974. 8. 22.

카를 야스퍼스의 『철학적 사고의 소학교』에서 "우주 속의 이 무(無)와 같은 우리가 본래적인 것이며, 말을 바꾸면 세계를 보는 눈이 아닐까?" 역설적 생각이다. "이 무한은 우리를 압도하지 않는다. 이 무한은 우리를 맞아준다. 우리의 이해를 좀 더 거대한 것의 곁으로 데려간다." 상대적인 생각이며 절망하지 않고 오히려 희망적인 추구욕을 일깨운다.

우리의 견딜 수 없는 욕망을 정화시킬 수 없을까? 아직도 사물을 보는 눈이 너무나 얕고 천박하다. 게다가 내내 한 곳에서만 맴돌고 있는 것은 아닌지. 어떤 한계 상황아래서 더 나아갈 수도 없고, 또 뒤로 물러설 수도 없는, 그물에 걸린 것처럼.

사람은 온갖 이념과 이데올로기에서 벗어날 수 있을 때라야만 참된 자기 주관을 끄집어 낼 수 있다. 완전히 성숙하지 않은 단계에서 낡고 케케묵은 이념과 이데올로기의 바퀴 위에서만 재주 부린다는 것은 많은 우행을 저지를 전조에 불과하다. 다시 말해서 소위 선각자들이라 불리는 사람들의 모든 사상을 고스란히 비판이나 여과장치를 통하지 않고 받아들인다는 것은 위험하고 지나치게 맹목적인 행동이다.

이젠 모든 이념과 이데올로기에서 해방될 수 있으리라는 가능성 때문에 홀가분한 기분이 든다. 모든 지식은 실제 인간사에서 행동을 유발하지 않으면 필요 없게 된다. 즉 무력한 지식이나 지성이란 필요 없는 사상의 남용이다. 이제부터 참된 나로 다시 태어나야겠다.

1974. 8. 23. 금요일.

오늘은 처서이다. 가을이 한 걸음씩 다가오고 하늘은 나날이 푸르러만 간다. 모든 게 익어가는 계절, 방황하는 계절이 다가오고 있는 것이다.

괴테 평전을 읽고 있다. 모든 비범한 천재들이 다 그렇듯이 그 역시 우리 평범한 사람들이 보기엔 이해할 수 없는 점들이 많다. 특히 숱하게 구애를 하면서도 정작 결혼까지 이르지 못하는 여성과의 관계는 더욱 그렇다. 흥미롭게도 그에게 있어서 여성과의 연애는 그 자체가 하나의 생산적인 성격을 띠고 있다. 아마도 그가 만났던 여인들 중 그의 작품 속에 등장하지 않은 여인은 거의 없는 것 같다.

괴테는 대학을 갓 졸업한 뒤 배심재판소에서 변호사 노릇을 하며 슈투름운트드랑(Sturm und Drang) 운동에 참여하였다. 그 운동의 목표는 새로운 모든 것을 포괄하는 주제어로 '자연' 을 모토로 삼았다. 단순한 선과 악의 이원론적 개념을 지양하고 신의 계시와 구제 약속을 포기하며, 몰락과 죽음을 통해 표현되는 인간의 운명을 통찰할 것 등을 주장했다. 말하자면 18세기의 지나친 계몽주의, 합리주의에 대항해서 독일 청년 문단의 방향을 민족적이고 감성 지향으로 이끌었던 것이다. 그는 실러와 함께 그 운동의 주동적인 인물이 되었다.

괴테가 말년에 완성한 『파우스트』에서 진리 추구에 한평생을 바쳐온 파우스트 박사가 결국에는 자기 일에 만족을 구하지 못하고 악마의 유혹에 넘어갔지만, 그레트헨과의 사랑을 통해서 구원 받음은 그의 초기의 문학관에 힘입은 바 크리라 생각된다.

우리에게 중요하고 필요한 것은 인간과 인간에 대한 관심이지 결코 기계를 위한 인간의 노력은 아니다. 그래서 우리는 산을 찾고 바닷가의 바윗돌에 올라 앉아 감상에 잠기는 것이고 문학 작품에 눈을 돌리는 게 아닐까.

어제 저녁엔 명택 씨와 함께 에덴공원에 갔다. 그는 '자기가 무슨 성인군자라고……', 또는 '자기가 무슨 도학자라고……' 하는 식의 말을 자주 쓴다. 그의 상냥하고 친절함에는 항상 마음이 끌리지만 그런 식의 말투는 참 못마땅하다. 그런 식의 말투가 역설적으로 그가 높은 이상을 갖고 있는 사람은 아니라는 걸 반증하기 때문이다. 사실 그가 그렇게 말하는 이면에는 평소에 자신이 미처 그런 생각을 품고 있지 못하는 데에서 생기는 감정의 반발이 있는 게 아닐까. 그렇다고 내가 그의 잘못된 부분을 꼬집어 말하고 싶지는 않다. 나와 생각이 다르더라도 포용하고 수용할 수 있어야 하는 것이다. 하지만 나는 아무리 남이 무엇이라 해도 명백히 나 자신에 뿌리박고 있어야 하겠다. 그렇게 하여야만 하나의 일관된 행동을 할 수 있기 때문이다.

집으로 돌아오는 길에 갑자기 뭔가를 쓰고 싶다는 강한 욕망이 솟았다. 초등학교 6학년 때와 중학교 1학년 때에도 희곡을 쓴답시고 끼적거리다 만 일이 있었다. 물론 그때야 한참 세상 모르고 까불던 때이기도 하거니와, 순수하게 한 번 글을 써보면 좋겠다 싶은 마음이 일어서였다. 하지만 지금은 어떤 필연성에 의해서 그 가능성이 충만해 있을 때이다. 사실 인생을 올바르게 유도하는 분야 중 문학만 한 것이 있겠는가?

인간의 자연으로의 귀소성에 있어서 실상과의 커다란 간격을 발견하게 된다. 이상과 실재의 합치가 잘 안 된다. 신비적인 힘, 운명을 예기하지 못하는 데서 오는 경이와 우리 인간들의 신체구조에서 볼 수 있는 그 조화의 무궁함, 이 앞에서 놀람을 지우지 못하는 인간의 사고 활동에 대한 신기함이 우리를 한층 더 신비주의적 경향으로 이끌고 간다.

역시 산다는 것은 논리적인 귀납법적 규칙에만 매달리는 것은 아닌 것 같다. 인생은 신이 내려준 단 한 번의 기회인 것이다. 가치의 효율성을 극대화시켜야 하는 두 번 다시 없는 인생이다.

모든 행위를 경험적인 사유로 행하지 말고 연역적인 도출로써 살아 다가가야만 한다. 연역적이고 선험적인 생활을 하자면 신비적이고 상징적인 행위를 하지 않으면 안 된다. 감정을 너무 억제하여서도 참된 생활을 영위한다고 할 수 없다. 웃고, 울고, 슬픔에 잠긴 침울함과 더불어 성내고 그리워하고 즐기는 감정을 표출시켜야 살아가는 인간이 될 수 있다.

억제된 기분 아래서는 우리의 재능이 결코 발굴된다거나 소질이 일어나지 않는다. 개방된 감정의 소유자, 웃음, 울음, 성냄을 나타낼 수 있는 사람이야만 진정한 사람이 되지 않겠는가. 내 자신에게 한없는 성을 내어야만 하겠다. 성을 내어야만 힘을 얻어 낼 수 있기 때문이다.

「환상 예찬」

(Ⅰ)

무수한 밤들이 알알이 영글어 올 때
새파란 한 잎의 포도를 입에 물고
멀고 먼
하얀 꿈속에서나 피워 올랐던 비둘기가 날아
하늘에 직선을 그어
두 하늘이 되면
두 하늘 틈 사이에서
꺼먼 밤의 휘장이 사르르 갈라져
또 다른 하늘이 얼굴 내밀고
뽀얀 연기 속에 태어나는

너.
아름다움이여!
순간을 놓치지 않는
슬픔 밤이 울며 돌아가고
가슴속 응어리에 눌린 나도 예서 움직이지 못한다.

(Ⅱ)
나침반 꼬리를 그림자가 뱀처럼 물고 누웠고
그 위에서 모든 것을 포용하는 짐스런 하늘이
끙끙거리며 가슴 아파 할 때에도
나는
네 얼굴이 미소 띠면
그것으로 내 짐은 하늘의 구름이니
가볍게 시름을 풀어놓으려니.

1974. 8. 24. 토요일.

비가 부슬부슬 내린다. 늦여름의 비란 그렇게 세차게 쏟아지는 것은 아니다. 전등불 불빛처럼, 아른아른하게 아려오는 그런 비다. 이런 빗물이 머리칼 속에 스며들면 마음이 눅눅해져 술 마신 듯 취한 기분이 된다.

참다운 감정의 자유만큼 우리의 생의 돌파구가 될 수 있는 게 있을까? 모든 여유와 인간 본성 안에 들어있는 미에 대한 잠재능력을 일깨워서 오로지 진리에 나아가는 방법론적인 감정의 자유를 우리의 체내에 배양시켜야 되지 않겠는가? 원래부터 진리란 불가지적(不可知的) 입장에 서 있는 게 아닐까? 그저 막연한 진리에의 동경만으로 인간은 한계점에 도달한 것일까?

그러면 인간은 왜 진리란 것에 대한 추구를 일삼는 것일까? 막연한 지식욕 때문일까? 아니면 태어날 때부터 우리 몸의 일부가 진리를 향한 정열을 소지하고 있고, 또 몇몇 사람들에게는 특별히 강한 충동을 주기 때문일까? 아니면 사상적 유희를 즐기고 만물의 영장임을 과시하기 위해서일까?

모든 것을 잊어버리고 눈앞의 생에만 집착하는 것이 올바른 일일까? 바보가 진정으로 현명한 처신을 하는 걸까? 자기의 감정을 한 오라기의 절제로도 억제하지 않고 웃고, 울고, 부대끼는 게 올바른 삶이 될까?

순순한 사고 작용만으로 진리에 임하려고 하는 자는 어리석다. 사고와 오성이란 것은 반드시 한계점에 도달하게 되면 아무런 조화를 가져다 주지 못한다. 미에 대한 올바른 능력 없이는 궁극적인 테제에 나아갈 수 없다. 미적인 화환(火環)을 뚫고 나가는 저쪽 편이 진리의 언덕이다. 차안(此岸)에서 강을 사이에 두고 피안이 있다면, 그 강은 미적 세계가 될 것이다. 사고라는 배는 미적 세계인 강을 무사히 횡단하여야만 옳게 피안에 당도 할 수 있다. 우리의 능력이 강을 건너기 충분하다면 차라리 벌거벗은 몸으로 헤엄을 쳐서 강을 건너도 될 것이다. 무척 어려운 일임에는 틀림없으나 그걸 건널 수 있는 사람이 위대한 사람이다. 도중에 익사를 하는 한이 있더라도 시도 할 가치가 있다.

아직도 나의 생각과 현실 사이엔 좁혀지지 않는 간격이 그대로 있음을 안다. 정신적으로 활발한 활동을 하고자하는 의욕이 넘침에도 신체적인 허약함 때문인지 실행에는 무기력하다. 우리의 정신이 다소 방약무인하게 자라더라도 자기 방식대로 실천하고 행동할 수 있는 여건을 갖추어야 한다.

1974. 8. 26. 월요일.

이제 날씨가 완연히 가을 티가 난다. 새파란 하늘에 이따금 흘러가는 새털구름이 있어 하늘은 한결 새파랗다. 먼 산 위로 불그레한 저녁노을이 끼기 시작한다. 이젠 곧 밤이 되고 저녁은 비켜서리라.

아침 8시경 작은아버지 댁에 갔다가 사촌 동생 지형이를 만나 같이 전포동까지 갔다. 오늘이 개학 첫날이란다. 작은아버지 댁 소식을 이모저모 띄엄띄엄 묻고 나니 어느덧 항도중학교 앞을 지나게 되었다. 작별 인사를 한 뒤 나는 정호네 집을 향해 걸었다.

정호는 여태껏 자고 있었다. 서로 얘기를 좀 나누다가 나도 그의 방에 누워 잠이 들었다. 한참 자다가 깨어나니 오후 1시 반 가량 되었다. 아침 10시경에 잤으니까 그럭저럭 3시간은 잔 셈이다. 자고 나니 기분이 좀 좋았다. 잠시 후 포도를 갖고 왔기에 같이 먹고 점심식사까지 하고 나서 나는 정호에게 차비 20원을 빌려 집으로 갔다.

집에는 어머님과 막내 옥형이가 있었다. 형님도 내려오셨지만 예비군 훈련을 받으러 나간 모양이었다. 서울에서 시험을 본다고 하기에 올라가지도 않으셨다는 얘길 들었다.

어머님께 호박 한 덩어리를 남겨 두라고 부탁하고 차비를 얻어 양정으로 돌아왔다. 김정운 선생님께 갖다드리고 싶어서 호박을 골라봤더니 만만한 게 없었다. 이번 방학이 끝나기 전에 선생님께 찾아가 봐야만 하는데……. 그분은 항상 뭔가를 남겨 주려고 무척이나 애쓰셨는데, 학교를 졸업하고 난 지금도 더욱 머릿속에 남아 있는 분이시다.

가을은 가슴을 넓게 펴주는 계절이다. 파란 하늘을 가슴에 담아보고 싶고, 흩날리는 낙엽의 의미를 가슴에 넣고 싶고, 싸늘한 바람에 머리를 식혀 밝은 생각을 갖게 하는 계절이 가을이다. 우리의 몸은 나날이 자극을 받아 더욱 꿈틀거리고 귀는 애수에 젖은 귀뚜라미의 울음을 들을 수 있을까 쫑긋거리는 계절이다. 감정을 잘 다스려야 하겠다.

먼저 감정이 메말라서는 아무것도 쓰지를 못한다는 것. 하지만 뭔가 훌륭한 생각이 솟아났으면서도 펜만 잡으면 정말 기적과 같이 사라져버린 게 너무나 많다. 메모하는 습관을 기르자.

미학과 한국 예술에 대한 탐구를 계속하여야겠다. 괴테는 말했다. "먼저 전체의 개괄을 파악하고 개개의 부분에 그 영향을 미쳐야 한다." 그러나 나의 생각은 다르다. 먼저 부분을, 말하자면 세계성보다 먼저 한국적인 미와 사상을 이해하고 나면 저절로 세계성이 이루어질 것이다. 하지만 저급한 단계의 민족성을 벗어나야 한다.

1974. 8. 28. 수요일.

또다시 모든 것이 진흙 수렁 아래로 빠져 들어가기 시작한다.

궁극적으로 파탄할 수밖에 없는 인간들의 본질은 무엇일까? 이상을 가슴속에 품고서 미래를 향해 가는 사람들이 종국에 얻는 것은 무엇인가? 특히 죽음의 순간을 맞이하여 과연 무엇을 자인하게 될까? 가슴속에 품은 이상적인 목표가 현실에 부합되지 않기에 서서히 땅으로 내려오게 되고, 또 땅에 내려온 그 목표마저도 만족시킬 수 없기에 쓰라린 죄책감을 느끼게 될까?

모든 것은 감각의 세계 아래에서 출발을 해야 할까? 그렇잖으면 허구의 이상주의의 기치 아래에서 현실을 재구성해야만 할까? 무수하게 많은 사상이 범람하는 이 시대에 올바르고 참된 '그 무엇' 을 추구하려는 정열은 어떻게 해야 할까?

검은 밤을 향해 내뿜는 나무들의 입김이 우리의 원죄를 부드럽게 어루만져준다고 하나 영원히 벗어 던질 수 없는 인간의 모순성이여. 파우스트적 인간상만이 우리의 현실을 가장 싱싱하고 새파란 조화를 불러일으켜 영혼에 올바른 자극을 줄 수 있는가? 우리는 우리의 영감으로, 우리의 유일한 수단인 상상력으로 밝아오는 미래를 맞이할 수 있는가?

만약 세상에 진정한 문학이 존재한다면 오직 그것에 의해서 우리는 깨우칠 수 있는 것인가? 이제 나는 시도해 보겠다. 비록 내가 어떤 불가항력적 상황으로, 곧 소질이나 운명 같은 어떤 예측할 수 없는 일로 내 일을 그만 두게 되더라도 나는 달게 받아들여야만 한다.

단군 신화의 재구성! 이 얼마나 가슴 부푸는 일인가. 과연 괴테의 『파우스트』와 같은 그런 극적인 구성을 할 수 있을까? 한국인이 한국의 사상을 완전하게 성취할 수 있다면 하나의 세계 사상과 통할 수가 있을 것이다. 동양인이라면 동양 사상부터 익혀야 하며, 이것을 토대로 세계 사상으로 나가야 할 것이다. 앞으로의 사상사적 특색은 동양 탐구에 집중될 것이라는 것은 명약관화한 일이다. 동양의 정신세계는 콜럼버스에 의해 신대륙이 발견되었다는 정보에 접한 유럽인이 신대륙에 대해 거는 기대와 비견할 만한 일이다.

오래 전부터 서양철학 사조에 동양의 영향이 있어왔지만 아직도 동양 정신세계에는 금빛 찬란한 뭇 보석들이 기다리고 있다. 동양사상은 연구하면 할수록 그 종국적 연구 과제가 해결되지 않는 데 있고, 이러한 사실 하나만으로도 영원히 채워질 길 없는 지식욕을 끝없이 자극시켜 줄 것이다.

어저께 용국이네 집에서 과외 수업에 대한 보수를 받아 어머님께 가져다주었다. 그러다 승관이네 집에 갔다가 등록일이 어제가 마감이라는 걸 알고 학과 등록을 하러 갔다. 예상보다 시간이 많이 걸려 좀 늦게 학교에서 친구들과 나왔는데, 모두 어울려 술집으로 직행했다. 말하자면 술로 신학기를 맞이하는 개학식을 한 격이랄까. 서로 한참 마시고 있을 때 영규가 김명혁 선생님께 다녀왔노라고 얘길 했다. 평소 함께 가자고 할 땐 선뜻 나서지 않은 그가 몇몇 친구들과 함께 다녀왔다는 걸 들었을 때 까닭 모를 패배감이 들었다. 영득이에게 살짝 얘기를 하고 술자리에서 빠져나왔다. 서면 학교 앞 다방으로 와서 전화 를 걸어 김정운 선생님과 통화를 했다. 어쨌든 패배감이란 불쾌한 것이었다. 이번 일요일 날 선생님 댁에 찾아가기로 작정하였다.

1974. 9. 10.

학교 도서관에서 『문학사상』 9월호에 게재된 이어령 씨와 마르셀과의 대화를 읽었다. 20세기 실존철학자이자 극작가, 음악 평론가인 마르셀은 최근(작년)에 죽은 모양이었다.

"인간은 언제나 문턱에 있는 것처럼 살아야 한다. 문 바깥쪽은 육체와 욕망, 문 안쪽은 정신과 인식이기 때문에 어느 한 곳에 치우쳐서는 안 된다는 거다. 자기는 섬(희곡 세계)에서 대륙(철학 세계)으로 건너가기 위해 바다(가장 정직하게 정서와 인식을 동시에 전달해주는 음악 세계)를 건너가는 게 자기 인생의 편력이라고 한다."

철학하는 사람에겐 철학하는 태도와 방법이 가장 중요한 문제이며 나머지는 거기에 수반되는 문제에 불과하다. 남이 적은 철학 서적은 하나의 예와 보기로서 참고할 따름이지 궁극적으로 자기 철학은 자기 스스로 창조해내야만 하는 것이다.

천재란 것은 창조성의 기발함에 있는 것이다, 창조성은 끝없는 인내와 노력의 결정이겠지. 또한 창조성은 기존 질서를 부정하는 용기가 있어야 하며 이것을 쟁취할 수 있는 자만이 그 용기에 대한 보상을 가질 수 있다.

1974. 9. 12. 맑다.

웃지 마라. 웃고 싶지도 않으면서 시궁창에 빠진 쥐새끼 모양의 얼굴로 웃지 마라. 모든 일은 밖과 안이 같아야 하나니. 절망을 느끼지 않는 데에서 오는 절망을 어떻게 메워 나갈 것인가? 조소, 조소 그리고 또 조소하라. 나 자신에 대해서와 마찬가지 온 세상을 조소하라. 웃고 히히덕거리고, 핵심 없는 대화만 난무하고, 죽음이 무엇인지, 삶이 무엇인지, 바람이 무엇인지 알지 못하고, 오로지 존재하는 게 무엇인지도 알지 못할 뿐만 아니라 알려고 노력조차 시도조차 해보지 않는 세상을 조소하라.

대중이 항상 옳은 것일까? 대중이란 밑에 뿌리박지 못한 부평초와 같은, 짐승에 다를 바 없는 인간들. 숫자의 위력만을 믿고 까부는 낡은 기계 부속품들. 허위의 웃음을 강요하는 대중들. 그들에게 허위의 웃음을 흘리지 않음으로 진정 흘리고 싶지 않은 웃음으로 인해서 그네들은 나를 비웃을 것이다.

참을성이 점점 없어지는 것 같다. 하지만 참으려고 노력하지도 마라. 대담한 도전을 감행하라. 말은 하지 마라. 이제 막 돋아나는 새싹은 말을 말아야 하는 법이다. 진정 명백히 나 자신이 매달릴 수 있는 줏대에 몸을 의지하라. 그 깃대 아래 부분을 움켜쥐지 않으면 나 자신 존재할 수 없음을 알고. 오로지 그 깃대만을 위해서 존재하라.

한 번도 다가서 보지 못한 너이기에
너는 나의

본초 자오선.

쉼 직도 하다 싶은
태양은 어제 오늘
내일도 일렁거릴 것이지만,
밤낮없이 아스팔트길만 냅다 지르는 나는
직선 코스.

좁혀지지 않는 너와 그리고 나의
사이 길은
서로 기대어 보는 평행선.

그리고 나는
동경 백팔십도.

조용히
수면 그 위에
유성의 그림자
잠깐 비치면
살랑이는 미소들.

빙울 띨링이는 능신 사이
사르르 감겨보는
너의 눈썹
깜빡
까암빡.

1974. 11. 17. 일요일. 흐림.

어제 저녁 길오, 진성이와 더불어 산성(山城)에 올랐다. 향기로운 술 냄새에 취해 기분은 괜찮았다. 진성이를 보내고 나는 길오네 집에서 잤다. 기독교 집안이라 다소 미안한 감이 없지 않았지만, 기분을 누르고 그의 누나 방을 차지하여 길오와 같이 잤다.

며칠째 온통 쏘다니느라 정신이 약간 흐트러진 것 같다. 자형이 치료차 부산의 한 병원에 입원하는 바람에 부득이 좌천에 심부름을 가야 했고, 그 전날엔 작은 누나가 급성위경련을 일으켜 대동병원에 입원시킨답시고 바빴던 것이다.

저녁때 삼촌 집에 갔다 오는 버스 속에서 『파우스트』에 대해 생각했다. 진리 추구를 위한 몸부림 속에서 괴로워하는 파우스트. 진리를 위해서는 악의 화신인 메피스토펠레스와의 결탁조차도 사양하지 않는 그. 하지만 방탕한 그의 마음도 순진무구한 처녀 그레트헨을 통해 정화되고 구원을 받게 된다. 그처럼 진리에 대한 목마름은 인간을 소위 타락의 길까지도 인도할 수 있는 것인가? 또 남성은 언제나 구원의 여성인 그레트헨과 같은 여자를 사랑하고자 하는 것인가?

만약 그럴 수만 있다면 나 자신은 쾌히 그 길에 몸을 던질 수 있겠는가? 그것은 너무나 어렵고 도달하기 힘든 일이 아니겠는가? 자기의 생을 바칠 용기를 갖지 않고는 참된 그 아무것도 이루어질 수 없다면 나도 그렇게 하여야 되지 않을까?

피. 철철 흘러내리는 피를 보지 않고서, 피를 흘리는 아픔 없이는 여태까지처럼 무지의 악순환만 되풀이 할 따름이다. 입 다물고 나 자신과 똑바로 대치하자. 그러면 도달할 수 없는 그곳에서 흘러내리는 지푸라기도 내 눈앞에 나타나지 않을까? 자기 자신에 물어 부끄럽지 않을 성실한 자세로 산재되어 있는 막중한 문제에 대해 노력하자.

어쩌면 괴테가 말년에 어린 소녀에게 구혼했다는 심정을 이해할 수 있을 것도 같다. 『파우스트』에서처럼 작품 속에 그 자신의 평소의 이상과 경험이 깃들어 있지 않을 수 없기에, 그는 고령의 나이임에도 불구하고 사랑을 통해 자신을 더욱 고양시키려고 했는지도 모른다. 모름지기 사람들이란 사람들 틈에서 완벽하게 벗어나 존재할 수는 없다. 다니엘 디포우가 쓴 『로빈슨 크루소』에서처럼 마치 주인공이 혼자 살 수 있을 것도 같지만, 과연 그것이 사람으로서의 생활이라 할 수 있겠는가?

솔직히 사람이 무언가를 찾고 구한다는 것은 분명 자기 자신의 단독자로서의 자각 없이는 불가능하다. 어떤 대상을 보고 판단하는 주체는 각자의 자아에게 달린 문제이기 때문이다. 그런 점에서 실로 개인과 복수인과의 융합이 어려운 문제 중의 하나다.

1974. 11. 18. 월요일. 맑다.

종일토록 누나와 함께 동상동에 있는 이성호 병원에서 보내다 저녁 무렵에 집으로 돌아왔다. 그러다 심부름하러 밖에 나온 김에 경호네 집에 들렀다.

학교가 어떻게 되어 가는지 걱정스럽다. 2학년, 3학년은 오늘부터 또 휴강에 들어간 상태이다. 이렇게 무기한 휴강이다 보니 법정 수업일수 문제로 학교 당국에선 고심을 하고 있는 모양이다. 우리들 학업 문제 또한 매우 심각하다.

S.

'영원' 에 대한 그리움으로 날마다 나는 지쳐가고 있어.

S.

이렇게 나의 마음을 괴롭히다간 종내 죽고 말 것이 아닐까 스스로 걱정되기도 해. 나 자신이 환자인데 내가 치유해줄 수 사람이 누구겠는가? 환자이자 치유자가 되어야 한다는 이 동시적 모순을 나는 어떻게 해야 할지? 심중의 한복판을 가로지르며 들려오는 소리들이 마구 나를 굴복시켜 더 이상 버티기도 힘든 지경이네.

S.

내 머릿속의 숱한 문제들이 나 자신의 이지에 의해서 해결할 수 있다면 좀 어떻게도 해보련마는……. 실은 그 문제들은 나 자신의 아집에 얽혀 있는 감정상의 문제라는 데 어려운 점이 있어. 그저 그렇게 생각하여야 한다는 마음의 소리 때문이지. 수많은 내용이, 그리고 정의가 한꺼번에 맴돌고 있네.

하지만 S.

그 어느 것도 진정 내 것이 되어서는 안 되는 것이지. 내가 태어날 때부터 그렇게 생각은 하면서도 한편으론 이렇게 생각하도록 지금까지 교육을 받아왔네. 하여 내가 생각하는 방식이란 게 바로 우리 앞에 있었던 사람들의 생각이지 완전한 내 것이 아니지 않느냐는 말일세.

S.

아마 지금쯤 너는 손을 호호 불어가며 공부를 하고 있지나 않는지 모르겠군. 나는 분명히 말하지만 자네가 남들보다 더 잘되길 바라고 있네. 인간은 평등하다는 말이 있지. 하지만 그 말이 모든 사람을 똑같이 대우하고 사랑하라는 의민 아니야. 실제 내가 다른 사람을 대우하고 사랑하는 문제는 아무래도 이성보다는 감정의 문제가 아닐까. 어떤 아름다운 사람들이 둘 있다고 할 때, 굳이 어느 쪽이 아름다운지 묻는다면, 결국 어느 한쪽을 선택해야 하지. 그렇다면 그 판단의 기준은 무엇일까? 솔직히 그건 먼저 자신과 가깝고 보다 강한 친화력을 가진 사람을 우선시하지 않을까 싶네. 이를테면 어떤 선생님더러 두 학생을 앞에 세워 놓고 그중 보다 나은 학생을 선택하라고 하면, 틀림없이 자기 제자 물론 그중에서도 보다 자신과 밀접한 학생을 선택하지 않겠나? 이와 같은 심정으로 난 자네가 잘 선택받을 사람이 되어주길 바라는 심정이야.

S.

현재 나는 무척 고민 중이야. 앞에서 얘기 했던 삶의 문제에 관한 것과는 좀 질이 다른 문제야. 무엇보다도 너에 관한 문제이기 때문에 더 그래. 내가 이전 학기에 너에게 보낸 편지에 아직 답장이 없었네. 그래서인가? 지금 이 글을 쓰고 있는 동안에도 나 자신이 애처롭다는 생각뿐이야. 사실 지금 너를 납득시키려고 이 글을 쓰고 있는 것은 아니야.

단지 내 가슴이 꽉 막혀 너에게 이렇게 쓰지 않을 수 없는 상황 때문이야. 어쩌면 나는 너와 만날 가능성 때문에 감정이 두렵기까지 해. 그것은 너에 대한 나 자신의 환상이 산산이 부서질까 싶어 그러는 게 아니야. 차라리 너를 봄으로써 내 가슴에 간직한 모든 것들이, 그나마 이렇게라도 적고 있는 자유마저 빼앗기지나 않을까 하는 우려스런 마음이 앞서서……. 내가 너를 만났다손 치더라도 대체 무슨 얘길 할 수 있을 것인가? 오히려 서먹서먹하거나 혹은 냉랭한 기운만이 우리들 사이를 흐르지 않을까 걱정스럽다네.

S.

지금 내 눈엔 모든 게 대량화되어 가는 추세고, 그 대량화에 의해서 많은 사람들이 자기 자신이 누구인지도 모르면서 사회의 철쇄(鐵鎖) 같은 조직 속의 한 조각으로 죽어가는 것같이 보여. 빈곤이 눈앞에 떡 버티고 서 있고 무지막지한 권력이 다수를 보호한다는 미명 아래 정작 소수의 이익을 위해서 다수를 탄압하고 있네. 과연 이래도 되는 것인가? 오랜 역사를 통해서 개인의 자유는 절대적으로 존중해야 한다는 게 민주주의 원칙이 아니었던가? 물론 민주주의도 때때로 다수의 어리석은 판단으로 큰 실수를 저지른 예가 몇 번은 있었지. 하지만 그래도 별 탈 없이 현대에 이르기까지 계속 존속되어 온 것을 보면 과보다는 공이 더 큰 모양이야. 내 생각엔 어떤 환경 아래에서도 개인이란 항상 존중되어야 하네.

S.

밤은 아스라하게 먼 곳에서 짖고 있는 개가 아니네. 지금은 바로 너와 나의 발 앞에서 이리저리 눈치를 보고 있는 것이네. 너와 내가 떨어져 있다고 해봐야 직선거리로는 15km 이내이네. 똑같은 밤이 너와 나를 묶고서 혼자서 도취해 있다네. 밤이 주는 침묵을 너는 듣고 있는지. 릴케는 말했지. 삶의 가장 슬픈 때를 골라 얘기하지 않고 마음속 깊은 곳에 묻어두고, 그 슬픔을 간직하여 승화시켜야 한다고. 아리스토텔레스도 말했지. 연극엔 희극과 비극이 있으며, 그 가운데 인간은 희극을 즐기려는 마음을 간직하고 있는데, 그거야말로 좋지 못한 천품이라고. 오히려 우리가 비극을 보고 슬픈 감정을 정화시키는 것이야말로 정말 좋은 일이라고.

S.

간혹 일부 친구들은 현대인이 어떤 자질구레한 소극(笑劇)이나 기타 이런 부류의 놀이를 함으로써 정신상의 스트레스를 해소시켜야 한다고들 하지. 하지만 나는 예나 지금이나 이 생각을 받아들일 수 없어. 무엇보다도 현대는 자기 상실의 시대이고, 그 시대를 살아가는 현대인은 이미 자동인형화(自動人形化)되었네. 현대라는 거대한 수레바퀴 장치가 쉴 사이 없이 돌아가는 속에서 인간은 참된 자아를 구한다거나 참된 자아와 얘길 한다거나 하는 생각마저도 잊어버렸네. 인간은 그 수레바퀴 속에서 끝없이 소비함으로써 만족을 찾고 또 웃으려고 할 뿐이지. 그 소비를 위해선 화폐가 필요할 것이 당연하네. 결국 현대인은 허영심 많은 존재에 다름 아니네. 마치 그들은 재화를 끌어 모아 영원히 살 수 있는 존재처럼 생활에 지나치게 탐닉을 하고 있어. 모든 사회악이 바로 그런 데에서 비롯되는 건 아닐까? 소비는 해야겠는데, 정당한 방법으론 그 욕구가 충족되지 않는다면, 결국 사회적 부조리가 판을 칠 수밖에 없는 상황이 아닌가.

S.

신은 방관만 하고 있을 뿐이네. 신은 진정으로 당신을 갈구하는 자에게만 동정을 보여준다고나 할까.

S.

그럼 다음에.

1974. 11. 20. 수요일. 맑다.

오랜 만에 날씨가 맑았고 대기는 따스하게 땅위에서 가벼운 바람에 일렁거렸다.

하루하루를 살아간다는 것, 이 평범한 사실이 그 얼마나 즐거운 것인지. 반드시 나의 욕구대로 이루어지지 않는다고 할지라도, 항상 나를 내려다봐주는 신이 있고, 소박한 내게 잘 모르는 여인이 있어 나를 감싸주고 따뜻이 안아주고 있으니까. 영원에 대한 멋쩍은 미소를 띠우기도 하고, 또 나의 주위를 부드럽게 하게 감정의 윤활유가 잘 뿌려져 있으니까. 슬픔이 이따금씩 나의 뇌리에 떠오르기도 하고, 순수한 마음으로 아름다운 사람에 놀라기도 하니…….

아침엔 진성이와 같이 철제, 신홍이를 만나려고 중앙극장 앞에서 기다리다가 할 수 없이 진성이네 집에서 있었다. 점심을 잘 얻어먹고 어머님 심부름으로 구포에 있는 양봉원에 갔다가 다시 철제네 집을 들렀다. 안 먹으려는 저녁을 철제네 어머님께서 하도 권하셔서 배가 이미 불러 있었지만 억지로 먹다가 나왔다.

나는 항상 나 이외의 그 아무것도 아니니까 고독하다. 이것은 영원에 대한 고독이자 영원한 고독이다. 채워질 수 없는 이 간격! 빛이 한 가닥 나의 마음속에 비춰진다. 그 한 가닥의 빛 속에, 초점을 향해 나아갈 수밖에 없는 빛 속에 나는 무한한 가능성의 즐거움을 느낀다.

영원히 무지할 수밖에 없는 존재. 하지만 무지 속에서도 진지에의 갈망이 용솟음침을 어이하랴. 모든 것을 아는 절대자는 정열이 없다. 절대

자는 단지 사랑과 진지 그 자체이지, 사랑과 진지에 대한 욕구이거나 정열은 아니다. 하지만 시한부 인생은 항상 정열이 있다. 왜냐하면 시한부이기에 우리의 정신은 집중을 요구하는 것이다. 집중한다는 것. 정신적 긴장을 한다는 것. 정신적 무한궤도성에서 반대 방향으로 나아가려는 불꽃. 생명력. 이 우연성에 탄생한 존재에게 그 얼마나 숭고하고 힘찬 생명력이 아닐까.

오, 오, 죽어간다는 것. 이 얼마나 광휘에 덮여 마음을 영원히 식히는 게 아닐까. 그 죽음 속에서까지 우리는 분명히 느낀다. 삶의 허무가 아니라 근본이 분명한 실재임을 어이 간과하랴.

소크라테스적인 엄숙함. 농촌에서 흙의 아들로 다시 환원될 늙은 농부의 죽음 또한 엄숙하지 아니하랴. 이런 죽음의 엄숙함은 무거운 추처럼 우리의 머리를 진동시킬지는 모른다. 하지만 그 죽음 속에 괴롭긴 하지만 쾌락이 깃들여 있는 것을 모른단 말인가? 운명이라는 배. 그 쉴 사이 없는 동력의 추진력으로 끝없는 여로를 항해함이여. 거친 파도에서 선원들은 굳건해간다. 성난 바람과 바다의 용트림이 없다면 얼마나 유약한 선원이 될 것인가. 거친 바다 물결 속에서 잔뼈가 굵어짐을. 격렬한 투쟁의 바다 언덕이 있다면 순조로운 항해의 대양이 너를 기다리고 있으려니.

휴식은 투쟁을 위한 하나의 여과기. 순수한 생은 이 여과기를 통해서 나오리니, 내가 전혀 본 적도 없고, 또 나를 본 적도 없는 그러면서도 먼 옛날부터 사랑을 느껴온 여인이여, 그대에게 귀의하리라. 먼 후일 그 어느 날, 산도화 피고 남은 가지 그 끝 아래 샘물 가에 앉아 발을 내저으며, 같이 앉아 있으며, 또 같이 앉아 있으며, 항상 같이 앉아 있을 것이리라. 모든 잎마저 다 시들고, 굵고 잔가지들이 하얀 산에서 싸늘하게 부는 바람에 흐느적거리며 흔들거릴 때, 그때엔 한 줌의 하얀 눈송이가 되어 잿빛 하늘에 흐르는 구름처럼 외진 산골짜기로 흩날릴 것이리.

세월이 주춤거리면서 망설이고 있다.
나를 두려워함이랴?
세월과 대치하면서 나는 여기에 있다.
'있다'는 것.
그래 그것은 거기에 '있다'.
그리고 나도 여기에 '있다'.
이 얼마나 존엄한 것이냐.
나는 너를 사랑하고 '있다'.
그리고 너는 이렇게 나를 사랑하고 '있다'.
우리는 아주 먼 태곳적부터 사랑하고 '있었다'.
그리고 지금 비로소 서로 사랑하고 '있다'
하여 멀고 먼 내일까지도 사랑할 수 '있을 것이다'.

사랑이라고 불리는 것. 마치 폭발할 잠재력을 지닌 폭약이 사방을 향해서 수많은 분신이 퍼져 나가듯이 하나의 사랑 앞뒤 좌우상하에 그 얼마나 많은 열매를 맺게 하는지. 그래서 나는 그것을 격렬하게 갈구한다. 오아시스를 찾아 헤매는 목마른 대상처럼 갈구한다. 알라신을 구하는 산속의 마호메트처럼 갈구한다.

오! 그것이 없다면 무엇이랴. 살아 있다는 것이 무엇이랴. 하나의 죽음도 의미 하나 남기지 못하리. 하기에 나는 갈구한다. 미칠 듯이 갈구한다. 생명이 더 이상 궁핍에 찬 일그러진 얼굴을 하기 전에 바로 눈앞에 있는 것을, 또한 저 머나먼 곳에 있는 것을, 나는 갈구한다. 암굴 속에서 기어 나와 비로소 태양빛을 듬뿍 쬔 자처럼 나는 희구한다. 생명의 심지가 다 타버리기 전까지.

1974. 11. 23. 토요일. 흐림.

날씨가 제법 차가워졌다.

뭔가 찝찝한 기분이 들어서 환경을 바꿔볼까 싶어 철제, 길오, 수호와 더불어 대구로 떠나보았다. 이곳 대구는 아무래도 부산보다는 좀 더 추운 느낌이었는데, 그래도 수호네 하숙집에서 이불을 덮고 누우니 별 추운 줄 모르겠다.

아무리 머리를 싸매고 얘길 해도 돌아보면 내 자신이 아무것도 모른다는 것 이외는 생각할 수 없다. 이런 무지를 갖고서도 그럭저럭 달력을 채울 수 있다는 사실이 씁쓰레한 무력감을 충동질하기에 충분하다.

하지만 우리는 정작 모르기에 살아갈 수 있는 게 아니냐고 반문해본다. 모른다고 해서 미리부터 포기할 수는 없는 노릇 아닌가. 그것은 나 자신이 그만큼 많은 노력을 기울일 필요가 있다는 말이니까. 다른 한편 인간의 인식에는 분명 한계점이 있다. 인간이란 존재가 인식을 아무리 잘 한다 해도, 비록 자기 이성의 가르침대로 살아가는 게 최선의 생활태도라고 소크라테스는 주장했다지만, 그게 말처럼 쉬운 일일까?

알다시피 인간의 이성이란 절대적이고 완벽한 것이 아니다. 그런 만큼 보다 더 초월적이고 근본이 확실한 나든 그 어떤 것을 강구해야 한다. 우주는 영영 입을 다물고 있다. 그렇다고 인식하는 주체인 내가 입을 다물 필요는 없다.

살아 있다는 것은 분명 하나의 경이적 사실이다. 이토록 많은 무지와 무력을 가지고 있으면서도 이렇게 살아 있다는 것은 분명 하나의 경이다. 어쩌면 인간이란 존재는 말로 표현될 수 없는 내재력을 갖추고 있는 유력한 존재가 아닐까?

실존(實存). 실재(實在). 인간적 충동과 욕망. 거대한 천체, 우주. 역사, 끊임없이 변화되는 물줄기. 이 모든 것의 원동력은 무엇인가?

나날을 충실하게 보낸다는 것. 가슴속에 날마다 경이를 느껴가며 경건하게 하루를 받아 넘긴다는 데 대한 엄숙함. 오오 흙의 아들로서 다시 환원되는 그날까지 세월을 헤아리는 따윌랑 하지 말며 굳건히 살아가리라. 의미 있는 죽음. 의미 있는 삶. 그런 나날을 맞이하기 위해 나는 얼마나 노력해야만 한단 말인가?

그 아득한 때부터 우리는 끊임없이 행동하고 생각하고 살아오지 않았을까? 밤이 주는 쾌락은 벌써부터 우리 입술 언저리에서 빙빙 돌고 있지 않았는가? 소리는 없는데 들려오는 내부의 울림. 그 고요한 정적. 살아서 움직이는 존재들은 모두 밤의 침묵 속에서 내일을 위한 활동을 계속한다. 사실 그들은 내일이 어떻게 되리라는 것을 확실히는 모른다. 그저 오늘 이렇게 살아왔고, 아직도 생명이 붙어 있고 내일도 살아 있다면 오늘처럼 또 내일도 살아 있을 게 아닐 것인가, 라고 유추할 수밖에.

내일도 태양은 쉴 사이 없는 운동을 계속할 것이고 또 다행히 별 일 없다면 나는 태양 빛을 쪼이면서 대구의 한 모퉁이를 경이에 찬 눈으로 그 심각한 순간들을 보낼 것이 아니겠는가?

그러니 가야지. 구태여 산 너머의 행복을 찾기보다는 오늘의 현실에 충실하게 살아감이 옳지 않을까.

아무렇게나 당신은 그를 내버려두었다.
그 어느 때였는가?
그는 이렇게 내 버려져 있게 되었다.
강물이 다 흘러가고.

그 바닥이 밋밋하게 둑까지 올라왔을 때는
이미 밤이 되었다.
검은 시체는 덩그러니 강바닥에 누워 있고.
허나 그 가슴속엔 잠드는 의미들이
황금빛 상아로 장식되어 있는 것을
그 누가 보기라도 했었던가?
먼 하늘의 소리에 귀 기울이고
이미 날아가 버린 산새의 옛 보금자리에서
폐허 속의 일꾼처럼 강열한 의욕을 안고서
그가 일하여 왔음을 그 누가 귀 기울이기라도 했었던가?
하여 그의 가슴엔 한 낮의 태양빛 가득 쬐여서
이제 누런 황금이 되어 그의 심장 가득히 빛내고 있는
그 정적.
그리고 긴 침묵이 있다.

그도 언젠가 한번 이렇게 되뇌었다.
나도 한번 거대한 호수를 팔 수 있으리라고.
그리고 그는 열심히 일했다.
하마나 태양이 쉬지나 않을까하고
그는 열심히 일했다.
밤이 되면 달그림자가 그의 눈을 살포시 덮어주며
그를 열심히 격려해주는 것 같았다.
태양과 달이 그 끝없는 숨바꼭질을 하면서 돌아가기 오래 되자
그의 기력도 점차 쇠퇴해져
마침내 그 어느 날.
머리 위로 치켜든 괭이는 손아귀를 벗어나고

그의 손은 경련을 일으키기 시작했다.
그는 쓰러졌다.
그러자 산속의 토끼들과 바다 속의 거북이가
하늘에서 내려와 그를 내려다보았다.
그리곤 말없는 미소와 더불어 손을 내밀고
그를 곱게 그가 판 장소에 묻었다.
그 뒤 하늘에서
바람이 휩쓸려오고, 구름이 일더니 비가 뿌렸다.
그가 팠고, 또 그가 죽은 그 곳엔 물이 찼다.
불은 물은 그 곳에서 땅으로 넘쳐 내려갔다.
그래서 그는 그 물에 씻겨 내려가
지금쯤엔 아마 지하 속속들이 그의 영혼을 운반하고 있으리라.

1974. 11. 27. 수요일. 맑음.

하나의 의미가 불현듯 가슴속에서 표류하고 있다. 이것이야말로 죽음의 필수요건인 것이다.

C.

진정 이전의 나의 생활 전부가 참된 나의 이력서일까?

내부에서 남은 비참한 잔재물이 쓰레기처럼 차 있다.

뭔가 변화를 갈구하고 추구하고 싶은 것이다.

C라는 이름을 알기 전엔 내가 진정 참된 자아를 가진 적 있을까?

도대체 이 무슨 꼬락서니란 말인가?

C.

맑은 바다.

그렇지. 맑은 바다에 한 조각배가 그림자를 노 끝에 달고서 비걱거리며 앞으로 나간다.

현대에는 예전처럼 무엇을 위해 격렬하게 추구하는 기풍이 사라졌다고 누가 말했던가?

1974. 11. 29. 금요일. 맑음.

아직도 심장은 살아 있나 보다. 이 심장의 박동이 멈춰버리는 순간은 죄다 그때부터 환원되기 시작하게 되는 것이라니! 이 얼마나 가증스런 일이 아니랴.

C.
보는 즉시 죽음과 연관되는 이름이여.
이다지도 피치 못할 숙명을 안고 세상에 태어났더라면,
그렇지 만나는 게 삶의 움직일 수 없는 신의 언약이라면,
세상에서 이미 존재하고 있었던 모두는
이제부터의 생과는 전연 다른 존재로 변하게 되는 것이려니.
이렇게 달콤하고도 고통스런 의미가 있었다니.
동화 속에나 나오는 공주처럼 영원히 깨지 못하는 잠만 계속된다면,
이런 모순을 알 턱이 없을 것을.
눈물과 함께 떠오르는 얼굴이여.
이다지도 향기롭고 고운 꽃이라면 나비가 어이 날지 않으랴?
죽음의 그림자가 꽃송이마다에 서렸거늘 어이 내 애달파하지 않으랴?
꽃은 파르르 떨지도 않고,
바람은 흘끗거리며 일렁거리고,
밉살스런 내 얼굴은 이제 흙의 아들로 환원되고,
용기일랑 동천 강물에 깨끗이 씻어,

봄날 어느 때
돌아온 뻐꾹새가 나래 접어 앉을 때
할미꽃 늙수그레한
얼굴엔 멀지 않은 내일에 대한 회한의 눈물이 흘러
나는 너,
너는 나인데도,
갈라져야만 하는 분수처럼 우린 영원한 평행선이던가?

태초에
생명의 숨결은 흐릿한 술병 마개에서 나와
조그만 심장 가운데에서 멈춰
날마다
날마다
하나의 전설(前說)을 까먹고, 까먹고
드디어 쓰디쓴 회의가 되고
잿빛 하늘같은 마음은 고해이런가?

그때엔 하나의 세계만 있었다,
조그맣고 아담한.
복에 가득 찬 어린 시절의 방에서 나는 놀았다,
햇볕 마주 앉고
텅 빈 사과 궤짝 속에서 잠든 고양이처럼.
하나
뭔가 조용하다, 지금엔.
모든 게 무질서.
이리 저리 벗어나 흩어진

깨어진 주발과 한 짝뿐인 젓가락이
물 고인 해골과 어지러이 놓여 있다.
파멸의 나무로 만든 교수대 앞에서
징그러운 뱀 같은 올가미는
한 발짝 두 발짝 내려오고,
죽음을 재촉하는 그 끝없는 초침소린
어이 그런 초정력자(超精力者).
영겁을 씹어 삼키려던 죄수는 갈 바 없이
여기에 하나의 죽음만큼의
의미,
이 하나에 마지막 생명을 걸고,
천체의 유구함을 생각한다.
역시 그는
집 없는 들판의 늑대처럼
지나가는 들짐승의 목만 노렸을 뿐,
자기의 목을
스스로 내지 못했던 것이다.
아름다워라, 자기의 목을 바친다는 건.
신전에 바쳐진 제물처럼 나는 깨끗이 씻고,
그리고 칼이 내 뱃속을 갈라놓을 때
그 순수한 기쁨의 탄성이여!
온통 짓밟힌, 능욕당한 마음처럼
껍질뿐인 용기는 궤도를 벗어난 전차.
하나의 죽음만큼의
의미,
이 하나에 마지막 생명을 걸고,

나는 그대를 생각한다.
예전엔
그랬었다.
그 조그맣고 빨간
천진한 소년 시절엔.
겨울날
휘날리는 눈
그 언덕에서
발가벗고 달음질치던
예전엔
그랬었다.
하나 지금은
치장한 내 몸이 추하게 느껴짐은 웬일일까?
찢어진 누더기에 내 마음 걸터앉고
그리고 이때에 눈 내린다면
설마, 고의춤에 손 넣을까?
안 그렇다면,
내 마음은 이렇게 속삭일 거다.
"애,
엄마에게서 갓 나온 새끼염소를
잊었니?"
하여 아노니,
이미 지나간 시간은 시체일 수밖에.
영원히 돌아 설 수 없는
내 발자국들이여.

1974. 12. 1. 일요일. 흐림.

어제는 학교를 파하고 철제네 집에서 낮 시간을 보냈다. 요즘 통 식사를 못하였는데 점심때철제 어머님께서 차려주는 점심을 간만에 맛있게 먹었다. 하지만 그나마도 얼마 먹고 나니 또다시 근심이 차올라 더 먹기가 힘들었다.

저녁때엔 누나 회사에서 용돈을 받아서 모교 앞의 술집에 들어갔다. 마침 고1 시절의 동급생 명수를 만나서 미술반 3학년 학생 둘과 사회반 졸업생 한 명과 합석하였다. 술을 들이키려 하니 철제가 동래 갔다가 돌아왔다. 함께 술을 마시다가 동생 성형이에게 가봐야겠다 싶어 학교에 들어가니 다행히 성형이가 있었다. 막 학예전을 마친 모양이었다.

어제 저녁은 집에 들어가지 못한다고 미리 얘길 하고, 충무동에 갔다. 저녁 11시경이었다. 경호는 영길과 함께 외출하고 없었다. 별 수 없이 저녁을 사먹고 11시 40분경에 충무파출소에 밤을 새기 위해 자진 출두하였다. 순경들과 가벼운 농을 하고 있으려니, 통금 위반한 사람이 십 수 명에 이르게 되었다. 모두 술에 취해 엉망진창. 패 싸움꾼, 술주정꾼, 장사치 등등 별의별 직업의 사람이 별별 몸짓을 하고 욕설을 하니, 마치 내가 생지옥 속에 들어 있는 것 같았다. 새벽 한 시경에 호송차가 와서 구금된 사람 모두를 서부경찰서로 데리고 갔다.

충무파출소에 있는 경장 계급의 한 중년 경관이 나에겐 퍽 인상적이었다. 특히 그의 인자하고 도리에 맞는 행동이 처음으로 경관 같은 경관을 본 느낌이었다, 내 입장에선. 물론 정상적인 민주 경찰이라면 당연히 그래야 하는 거지만, 시쳇말로 요즘의 경우 정상적인 사람이 비정상인 사람처럼 보이는 세상 아닌가. 새벽 6시에 충무파출소에서 경호를 불러내어 확인한 뒤 방면하였다. 경호와 함께 경호네 집으로 직행하였다.

가벼운 식사를 하고 정신을 차리려고 노력하였다. 지난밤에 자지 못한 까닭으로 신체는 극도로 피로하였다. 게다가 요즘의 지나친 감정소모로 그야말로 심신은 악화일로를 걷고 있는 중이었다.

오전에 목욕하였다. 오랜 만에 상쾌한 기분이 들었으나, 이내 우울해져 혼자 있을 땐 노래를 부르니 목이 메고 눈물이 나오다. 경호의 신문 편집 구경을 하다가 오후 2시경 집으로 출발하였다. 지난밤의 피로 때문인지 차안에서 깜빡 졸았다. 눈을 뜨니 버스 종점인 반송이었다. 별 수 없이 종점에서 30분간 걸어서 내려왔다. 집에 와서 점심을 먹고 바로 잠에 곯아떨어졌다.

저녁식사 때쯤 일어나 겨우 펜을 들고 있다.

1974. 12. 2. 월요일.

나는 지금 분명 생활 속의 이단자다. 내 생활 속엔 개개인의 창조적 기능을 상실한 채 지속적인 타성이 있을 뿐이다. 아침에 문득 잠을 깨도 C 생각밖에 나지 않고 밤에도 C 생각에 일찍 잠들어본 적이 없다. 요즘은 무척이나 피곤하다. 아직 피곤하다는 걸 느끼는 것을 보니, 혹 나 자신에 덜 몰두해 있는 건 아닐까?

정말 한 번 더, 먼발치에서 C의 모습을 볼 수 있다면……. C와의 친화력이 너무나 강해 꼼짝달싹 못하겠다. 그물에 잡힌 새. 도망치려고 발버둥 칠수록 더욱 더 그물은 조여들고.

죽음. 일생의 가장 의미 깊은 순간에서의 죽음. 오스카 와일드보다 더한 쾌락주의자의 소원이 있을까? 그가 만년에 자신이 탐미주의자이면서도 불행한 까닭은 스스로 좀 더 철저한 탐미주의자가 되지 못했기 때문이라고 회고한 바 있다. 그러나 내 생각엔 그가 자신의 일생 중 가장 의미심장한 순간에 죽음에 임했다면 그의 일생도 그의 관점에서 보면 행복했다고 볼 수 있다.

오늘은 만 일주일이 되는 날이다. 하지만 어떻게 해서 이 일주일을 보냈는지 기억이 없다. 오직 그립다는 말밖에는……. 글씨가 내 마음처럼 어수선하다. 지난 일주일, 그리고 다음에 볼 때까지의 시간을 살면 나도 인생을 다 산 것같이 느낀다. 내 마음속에 포부도 하나 있었지만 그게 무슨 소용이람? 그 앞에선 모든 게 무의미한 것을. 이러한 기회를 마련해준 신에게 감사한 마음 가득하다. 그리고 이렇게 내 마음속엔 언제나 신이 깃들어 있음을 자각한다.

자기 자신 속에 명백하고 커다란 신이 존재한다는 것을 자각함은 분명 필연적인 우연성이다. 세상의 모든 일이 필연적인 우연성이 아닌 게 있을까? 그것은 분명 자유다. 나의 자유라는 절대적 명제도 타인의 자유라는 절대적 명제와 대립하여 둘 다 상대적 명제로 전환된다.

그를 생각한다는 것은 즐겁다. 하지만 그만큼 괴로운 것인 줄……. 이런 모순적인 이원성은 양열이 말로는, 자의식이 강한 사람에게 종종 있는 일이라고. 아니 세상에 진정 단 한 번의 경우라도 전적으로 기쁘거나 슬펐던 일이 있었던가.

겨울날 아침에 지붕 위를 뽀오얀 연기가 올라가 듯 나의 마음도 알 수 없는 연기에 휩싸인다. 균형이 파괴되고 새로운 균형이 절실히 요구된다.

내가 그의 이름을 불러준 것처럼
누구 나의 이름을 불러다오

우리는 모두 무엇이 되고 싶다.
나는 너에게 너는 나에게
잊히지 않는 의미를 남기고 싶다
– 김춘수의 「꽃」 가운데 일부

가슴속에 가득히 침묵하라.
철철 넘치게 침묵하라.
가슴 가득히 의미를 산적시킴이여.
젊은 시절엔 되도록 많은 의미를 벌이 꿀을 모으듯이
모아야 하는 것인 줄.

슬픔이 잔잔한 가슴속을 열며 들어 올 때 조용히 삭이도록 하자.
기쁨보다는 새로운 슬픔이 카타르시스 작용이 훨씬 강하다.
그러하니 될 수 있으면 깊고 많은 슬픔을 낚아 올리도록
마음의 가장 좋은 낚시터에 앉아 낚싯대를 드리우자.

이번 금요일엔 꼭 대구에 가야 한다. 마음의 필연적인 귀결이다. 신화 속의 인간상은 도달될 수 없는 우상에 불과한가.

1974. 12. 4. 수요일. 맑음.

날씨는 맑았으나 너무 차다.

C.

참으로 의미 넘치는 이름이다. 지난 일주일간 나는 줄곧 죽음의 한 발자국 거리에서 서성대었다. 죽는 것만이 나에겐 참된 진리인 것처럼 보였으니 죽으려고 했다. 두 달 정도를 시한부 기간으로 삼고서 그 기간 동안 모든 것을 정리하려고 했…….

내가 C를 너무 그리워한 탓이었을까? 나는 바깥 울타리에서 죽음 안으로 뛰어들 생각을 하고 있었다. 마치 죽음의 쳇바퀴 안으로 다람쥐가 뛰어드는 마냥……. 나 자신의 행동을 과대시하거나, 알량한 영웅심에서 비롯된 게 결코 아니다.

난 날마다 울었다. 숨어서 소리를 죽이고 울었다. 까닭 모를 슬픔에 잠겨 C의 얼굴을 생각하며 울었다. 어제 저녁 빌려온 이석재 교수의 『상황과 판단』을 읽었다. 책이라는 것. 나보다 훌륭한 먼저 태어난 사람이 있다고 하는 것, 의사를 글로 표시할 수 있는 능력. 나에게 자유를 흔쾌히 승낙해준 신에게 감사드린다. 아직도 나는 받아들이는 단계밖에, 즉 간간히 뜯어 맞추어서 나에게 합당한 형식으로 변형하는 단계밖에 도달 못 했다.

생의 비약. 이는 참된 자기 실존의 완성을 위해 절대적으로 필요한 요소이다. 소아(小我)에서 버둥거리던 자아가 대아(大我)로 헤엄치기 시작하는 순간이다. 마치 완전히 파손된 배가 수리되어 다시 먼 이역으로 항해를 계속해 나아가듯이. 생각하면 내 일생에서 1974년 11월 25은 결코 잊지 못할 이정표가 될 것이다.

나는 생각하고 사랑함으로써 나의 실존을 성취할 수 있다. 누구에 대해서? 바로 C. 사랑을 받고 못 받음엔 내가 관여할 바가 못 된다. 단지 나는 그를 사랑하고 아울러 세상 사람들을 사랑함으로써 살아갈 의미를 느낄 뿐이다. 자기의 모든 것을 바칠 수 있는 존재라는 것, 이 얼마나 광휘에 찬 인생이 아니겠는가? 시체처럼 흩어져 있는 허무에의 탐닉으로부터 영원히 결별을 선언한다.

자학. 이기적이며 소아적인 사고방식이다. 나는 살 것이다. 살겠다는 이 의지의 비약. 생의 충동. 보람 찬 생의 주인이 바로 나라는 것. 동기가 순수하다면 태도에 다소 미흡한 점이 있다고 한들 어떠리. 나에게 이것은 분명 진리이다. 믿자.

이제 나는 기어이 난파했다. '난파의 실존' 이라고 야스퍼스는 말한 적이 있다. 남을 위해 자기 자신을 던져줄 수 있는 소아(小我)의 난파. 나는 지금 희열로 가득 차 있다. 이렇게 인생이란 게 보람찰 수 있는가? 언젠가 나는 다시금 죽음과 악수를 하게 될지 모른다. 그럼에도 불구하고 인생에서 무한한 희열을 느낀다는 건 얼마나 보람 있는 일인가? 지금 이 순간부터 C를 생각하며 이 한정된 시간과 공간을 영원의 시간과 공간처럼 느끼며 살아가자. 설사 이루지 못한들 어때.

나는 단지 그를 사랑하는 것만으로, 또 그리워하는 것만으로 살 수 있다. 정말이지 한 번 더 얼굴을 마주 대해 바라보고 싶다. 순수해지고 깨끗하고 싶다. 그리고 세상 모든 고통당한 사람에게 연민의 정을 갖고서 도움을 주고 싶다.

진리. 사랑. 연민. 여기에다 나의 모든 걸 걸고 싶다. 그리고 나는 나대로의 독자적 인생을 창조하고 싶다. 지금 이 순간 오직 나 자신만의 죽음을 위해 이 깊은 마음의 소리에 귀 기울이고 싶다.

생각하면 나 자신의 변화가 신기하기도 하다. 어제까지 나의 내부에서 그토록 들끓었던 순간적인 자살의 충동을 생각하면 더욱 그렇다. 새삼 자신을 정결하게 하는 경건주의를 옳다 생각하자. 나로 하여금 삶이 이토록 진지한 것이고 모든 사물에는 나름대로의 의미가 부여되어 있으며 또 죽음에도 자연스럽게 익숙해질 수 있도록 자유를 준 신에게 나는 무한한 기쁨과 감사를 드린다. 어쩌면 나는 비로소 신을 사랑하기 시작한 것 아닌가? 물론 신이 나를 사랑하고 있는지 알 도리가 없다. 하지만 이제서야 나는 느낀다, 내가 이미 신을 사랑하고 있다는 것을.

생의 비약. 오로지 이것만이 나의 실존의 명백한 진면목이다. 생이 고통스러운들 어떠리. 행복하다면 더 이상 살 필요가 없는 것을. 죽음의 나락에 떨어질 수밖에 없다한들 어떠리. 영원히 살 수 있다면 역시 더 이상 살 필요가 없는 것을.

이석재 교수님께서 말씀하시지 않았던가, 절대자에겐 가치를 부여할 수 없다고? 왜냐하면 유한성을 자각한 인간이 필연적으로 가치란 것을 만들어내었다면 그건 분명 인간에게만 국한시킬 가치인 까닭에……. 따라서 선택이란 것도 오직 인간에게 국한시켜야 할 필요악 아닌가.

이후에도 나는 C를 그리워하며 사랑할 것이다. C는 나의 뇌리에서 결코 잊히지 않는 영원한 여성으로 남아 있을 것이다. C에겐 모든 것이 있다. 삶이 있고, 죽음이 있고, 영원이 있고, 순간이 있고, 태초의 모든 게 있으며, 앞으로 있을 모든 게 있다.

난 분명히 여기에 있다. 있어야 한다는 당위성이 목이 터져라 소리치며 나의 허파에서 내장에서 신체 모든 부분에서 쏟아져 나온다. 그러니 내가 따를 수밖에.

사실 C를 만났다는 게 참으로 우연한 일이 아닐 수 없다. 이 우연한 사실이 나 자신을 구원 받는 계기가 되다니. 우연성의 행복이다. 처음에 나는 C 만난 것을 후회하기도 했다. 이리도 나 자신을 산산이 파멸시킬 수가 있는가 분노에 차서 저주도 해봤다. 내게는 그가 너무나 완벽했던 것이다. 그 대수롭지 않은 낱낱의 움직임이 나에게 그토록 중요한 의미를 아로새겨 놓았다니.

그대를 생각할 적마다 그대가 흔들리듯 서글픔을 느끼노라.
–『말테의 수기』 가운데서

C로 인해 분명히 나는 서글펐다. 하여 울었다. 버스 안에서나, 학교에서나, 집에서나. 남 보지 않는 데서, 혹은 남이 보고 있는 데에서까지 난 울었던 것이다. 그렇게 울 수 있었던 나 자신이 대견스럽기까지 했다. 날마다가 달라지고 변화되던 나날이 아니었던가.

그러나 자학은 금물. 생의 울타리를 다시 얽어매야 한다. 한 단 두 단씩 묶어 놓은 싸릿대로 대문도 엮어내야 한다. 조촐한 마음의 양식도 준비해야 된다.

C는 나를 처음 만날 때 좀 가벼운 목적으로 양열이의 미팅 제의를 받아들인 건지 모른다. 어쩌면 나 역시도 그런 생각으로 임한 건지도 모르고. 하지만 만난 바로 그 순간부터 모든 것이 바뀌어버렸으니……. 이런 우연성이 그토록 큰 결과를 가지고 올 줄이야.

C.

아무리 불러 봐도 닳아지지 않는 이름이여. 내 생에 이토록 커다란 희열을 남겨주다니. 아! 이미 지나간 날을 세지 말며 앞으로 올 날도 헤아리지 말라. 그의 얼굴엔 수천수만의 얼굴이 포함되어 있다. 그를 생각한다는 것이란, 내심 두렵지만 달리 어쩔 도리 또한 없는 것이려니. 사실 내가 이 경우를 당하게 된 것도, 따지고 보면 나의 내면에서 그런 욕구를 강하게 느끼고 있었던 때문인지도 모른다. 공교롭게도 그런 욕구가 나름 최고조에 달하여, 더 이상 어찌 할 수 없는 순간에 C를 만난 것이 원인이라면 원인인 것이다.

자, 이제부터는 내가 연출하고 연기하는 1인 2역을 해야 하는 것이다. 혹시 난 독백만 읊을지도 모른다. 사실 그렇다고 한들 어떻겠는가? 인생이란 예술극은 어차피 독백으로 시작하여 독백으로 끝날 수도 있는 것 아닌가. 그 예술극의 내용인즉도 얼마든지 정당하게 사고하는 것이면, 응당 거기에 합당한 보상 또한 받게 마련이니. 다만 받아들이는 입장에 따라 상대적 주관주의를 따를 수밖에 없긴 하지만 동기가 선했다는 전제 아래서라면…….

1974. 12. 11. 수요일. 흐림.

비나 눈이 올 듯하다. 하지만 종내 하늘은 어느 하나 내려주는 것 없이 멀거니 사람들을 내려다보고 있다.

종일토록 나는 무엇을 생각하였던가. 오직 C를 마음속에 그렸을 따름이다. 내가 대구에서 C를 만나려고 시도했지만 불발로 끝났다는 사실이 정호의 입을 통해서 학교 내에 벌써 퍼진 모양이다.

지난 주 금요일 저녁 5시 40분 완행열차로 부산역을 출발하여 9시경 대구의 양열이네 하숙집에 도착하였다. 양열이가 토요일은 사범대 수업이 없는 날이니 일요일에 다른 여학생을 통해서 C를 만나게 해준다고 하였다. 전날 밤 한 숨도 못 잔 탓에 눈이 따갑고 쑤시던 터라 방에 누워 깜빡 잠이 들었는데, 얼마 후에 길오가 학교에서 돌아왔다. 길오 말이 자기들은 종강이고 시험만 남아서 오늘 16일에 부산에 내려간단다.

일요일 오후 4시가 넘었는데도 C는 오지 않고, 게다가 양열이와 정호도 나오지 않았다. 길오에게 하숙집에 가서 양열이를 좀 불러달라고 부탁하였더니 기꺼이 응하였다. 하지만 오후 6시가 되었는데도 아무도 나타나지 않아서 막 일어서려고 하였다. 그때 나보다 세 좌석 앞에 앉아 있던 여자도 일어서다 말고 나를 쳐다보았다. 혹시나 C인가 싶어 나도 다시 쳐다보았는데 확실치는 않지만 아마 아닌 것 같았다. 그 여자는 나를 보더니 도로 자리에 눌러 앉다가 다시 일어서려고 하기에 또다시 내가 쳐다보니 도로 자리에 주저앉았다. 한참 있다가 여자는 일어나 밖으로 나갔고, 나 역시 기분이 언짢아서 뒤따라 나왔으나 그 여자는 어디로 갔는지 알 수가 없었다.

양열이 하숙집에 실망만 가득 안고 들어서니, 정작 양열이가 길오가 오지 않았다고 말하는 게 아닌가? 순간 나는 먼저 길오에 대해서 화가 났고, 그 다음 양열이에 대해서 화가 났고, 그 다음엔 나 자신에 대해 화가 났다. 그래도 나는 아직 다음날인 월요일도 남아 있으니 하는 생각에 그날 밤에 비교적 일찍 잠자리에 들려고 했다. 양열이와 정호는 상업은행 다니는 친구와 술 한잔 하자고 약속했다면서 같이 가자고 했으나 나갈 마음이 손톱만치도 없었다. 그들이 나가자마자 진성이와 봉국이가 방에 들어왔는데, 봉국이의 말이 C에게 좋아하는 사람이 있다고 하는 것이었다. 깜짝 놀라서 봉국이에게 그 사람이 누구냐고 다그쳐 물으니, K대 법대 3학년생이라고 하였다. 그게 그날에 있어 가장 큰 충격적인 얘기였다.

만약 C가 진정 좋아하는 사람이 있다면 나는 물러나야 한다고 내 이성은 완고히 주장했다. 그럼에도 불구하고 나는 그 말이 거짓말이길 진정으로 빌었다. 밤늦게 양열이가 돌아왔을 때 그 사실에 대해 물어보니까, K대 법대 3학년생이 있긴 한데 그는 C의 오빠의 친구니 신경 쓸 일이 아니라고 하였다.

다음날 월요일 4교시 김춘수 교수 시간에 C를 보려고 강의실에 찾아갔으나 그는 보이지 않았다. 친구를 의심한다는 것은 옳지 않은 일이지만 분명 양열이가 나를 속이고 있다는 느낌이 들었다. 사실 양열이가 몇 가지 의심 살 만한 행동을 보인 경우가 여러 있었다. 제 딴에는 그게 나를 위해서겠지만 나를 속인다는 것 자체에 대해 나의 자존심이 허락하지 않았다.

양열이, 강영순, 정호와 나 이렇게 4명은 별 도리 없이 월요일 오후 6시 20분 기차로 부산에 내려왔다. 그날 밤 나는 정호네 집에서 묵고 화요일 오후께 학교에 가보았으나 내게 온 편지는 없었다. 이젠 모든 희망을 잃고 체념만이 남아 있다. 첫 번째 것은 거의가 비참하게 끝나는 것이라지만 그래도 나의 생명의 심지가 다 타버리기 전에는 최선을 다해 C를 생각하리란 것은 변함없다.

일어나니 자정이다. 시쉬포스의 신화, 가까우면서도 먼 대구. 나도 겨울처럼 꾹 참는다. 가을에만 유독 기분이 들뜬, 그리하여 쉽게 감상에 잠기는 나. 오랜 세월 안정을 찾았지만 나를 고착시킬 뿌리는 아직도 연약하다.

1974. 12. 12.

오, 주여 각자에게 스스로의 죽음을 주소서.
그 속에서 사랑과 의미와 고난을 지녔던
저 생에서 우러나오는 죽음을.
– R. M. 릴케

C 씨.

인생에 있어 하나의 순간도 놓치지 않고 음미해보고 싶긴 하지만, 어떤 큰 것들도 놓쳐야 할 때도 있는가 봅니다. 릴케도 말하였지요. 젊은 시절엔 될 수 있는 대로 많은 꿀과 의미를 모으라고.

우리는 가지고 있는 모든 감각기관을 통해 일단 자기 자신 속에 여과시켜 걸러내어야 한 줄기의 정수만을 끄집어낼 수 있습니다. 이런 정수들만 모여져서 이윽고는 하나의 신화를 남기게 되겠지요. 인생에 있어서의 신화를 창조하는 것, 이것보다 더 아름다운 창조가 있을까요? 우리의 생명은 원래부터 눈에 보이는 허상이 아니고 일종의 신화 속의 한 근인입니다. 강력한 생명력만이 진정한 신화를 창조할 수 있는 거대한 잠재력을 가지고 있습니다.

C 씨

어느덧 새벽 4시가 지났는지 차들 움직이는 소리가 들리길 시작합니다. 오늘 하루도 이제 막 시작되나 봅니다. 오늘 하루는 또 어떻게 그리움을 벗어 던지고 생에 임할 수 있을까, 어떻게 하면 한 방울의 눈물이라도 아껴둘 수 있을까하는 심정입니다.

지난 금요일 저녁차로 대구역에 도착했습니다. 하지만 토요일엔 수업이 없더군요. 일요일에도 만나지 못했던 터라 마지막 기대는 월요일이었는데, C 씨가 결석하는 바람에 결국 저의 대구의 꿈은 무산되고 말았지요.

양열이는 나더러 너무 자제할 줄 모른다고 합니다.

C 씨.

마치 내가 신전의 제단 위에 올려진 제물이 된 듯합니다. 내 자신이 신성하고 경건해야겠다는 생각이 나를 그런 느낌이 들게끔 몰아가는 것 같습니다.

그렇다고 해서 네가 그토록 편한 게 아닙니다. 죽음까지도 생각해본 일이 한두 번 아닙니다만 죽을 자유마저 박탈당한 비참한 상태에 빠져 있습니다. C 씨가 있는데 어이하여 내가 죽을 수 있겠습니까? 이상하게도 C 씨를 한번 보고 난 뒤에 며칠간은 그저 죽어야겠다는 생각밖엔 다른 생각을 하지 못했지요. 사랑과 자유의 변증법엔 사랑은 자유를 만들 수 있으나 자유는 반드시 사랑을 만들지는 못한다고 하였습니다. 상대방의 자유를 부정하는 사랑이란 있을 수 없다는 겁니다.

나도 더 이상 C 씨를 괴롭히고 싶지 않습니다. 나 자신도 더 이상 반쯤 죽어버린 나날을 보내기엔 의미 있는 다른 것들이 너무나 많습니다. 하지만 C 씨와의 관계보다도 더 의미 있는 것은 없습니다. 하나의 관계가 끝났다 해도 그 흔적을 남기는 역시 의미 있는 일 중 하나겠지요.

C 씨.

때를 기다리라고 하실지 모르겠습니다만 큐피드의 화살은 처음엔 심장을 이글거리는 화염 속으로 끌고 가나 마침내는 그 열기가 지나쳐서 하얗게 창백해지게 됩니다. 사람이란 이상한 존재이지요. 판도라의 상자처럼 뚜껑을 열면 재앙의 악마들이 나타나리란 것을 뻔히 알면서도 열어보고 싶은 충동을 느끼지요.

그간의 나의 행동이 파격적이고 절차를 밟은 일은 아니었다고는 생각하지만 진실된 행동이었다고는 확신합니다. 제가 진실된 행동으로 임했을 때, C 씨도 진실한 마음으로 답장을 써 주는 성의 정도는 보여주어야 하지 않을까요?

물론 C 씨가 지금 얼마나 당황해 할지는 짐작이 갑니다.

C 씨.

한번 흘러가면 돌아오지 않는 강물처럼 하루가 또다시 지나가버렸군요. 하지만 하루가 흘러가버린 게 저 자신의 기분으로 보면, 도대체 하루가 지나갔는지, 하루가 지나가고 있는지, 하루가 지나갈 것인지 도통 알 수가 없네요.

C 씨.

오늘 낮에 학교에서 교련시험을 치르느라고 땅 바닥을 무척이나 기어다녔더니 저녁을 먹고 나서 이내 잠에 곯아 떨어져버렸지요. 밤중에 누나 소리가 들리기에 깨어나 보니까 겨우 자정밖에 안 되었군요. 별 수 없이 이렇게 펜을 잡아 누구에게 나 자신을 노출시키면서 이 한 밤을 보내어야 될 것 같습니다.

1974. 12. 13. 새벽.

C 씨.

학교에 입학한 뒤로 오늘 처음, 우리 과에 있는 신교정이란 여학생과 말을 주고받았습니다. 이전에 C 씨를 만나서 어쭙잖은 실수를 한 게 아직까지도 뼛속 깊숙이 스며들어 있어 내내 부끄러울 따름이지요.

너무 폐쇄적인 사고방식은 좀 멀리에서 바라보면 속 답답하기 이를 데 없습니다. 이런 폐쇄적인 생각일랑 떨쳐 버리고 보다 개방적인 사고방식과 유연성을 잃지 말아야 할 것 같습니다.

C 씨.

이제는 아예 체념 상태입니다. 하루에도 몇 번씩 교양과정부 우편함에 습관적으로 찾아가보곤 하는데 여전히 답장은 없네요. 그저 벙어리 냉가슴 앓듯 이렇게 두 주일이 지나니 마침내 냉가슴을 데워줄 한 가닥의 빛마저 희미해졌나 봅니다. 지금 심정은 그저 잔잔한 호수의 수면과 같다고나 할 수 있을는지요.

이 잔잔한 수면에 돌을 던질 수 있는 용기가 있어요? 하나의 파동이 있은 뒤엔 또한 고요가 맴돌고 있을 것입니다. 어쨌거나 그건 나에게 의미있는 일이 아닐 수 없습니다. 인생은 의미를 축적시키는 행위의 연속이어야 합니다. 그러자면 벌써 이성과 합리주의만으론 부족합니다. 보다 높은 그 무엇에 의해서야 우리 자신은 구원받을 수 있으리라 생각됩니다.

C 씨.

날마다 하나의 전설을 까먹고 그 무의미한 나날을 시쉬포스의 신화에서처럼 되풀이할 수 밖에 없다고 보는지요. 물론 C 씨는 그렇게 생각하진 않겠지요. 하지만 시쉬포스의 신화도 자기 생활 속에서 가치 있는 무엇을 추구하지 못한 데에서 오는 일종의 허무주의일지도 모릅니다.

우리의 몸은 하나의 기계조직이 아닙니다. 우리의 몸은 하나의 생명체입니다. 이글거리는 생명력에 의해서만 아담은 노동을 이브는 사랑을 서로 줍니다. 서로 꿈으로 만족해야지요. 받는다는 것은 물론 좋겠지만 불가항력일 경우는 단념하는 게 훨씬 더 나아 보이고 여유 있어 보이지요. 노동의 의미와 사랑의 의미를 생각해보셨나요?

C 씨.

도대체 이렇게 잔잔하고 부드러운 기운이 어디에서 연유한 것인지 알 수 없군요. 먼 데 나뭇가지를 스쳐 산을 타고 내려오면서, 이윽고 호수의 수면 위 고요한 나래를 접고선 한 마리의 백조처럼 C 씨는 호수에 앉습니다. 저는 이 쪽 물가에 서서 말끄러미 응시하며 가까이 가지 못함에 안타까워할 수밖에 없지요.

저는 호수에 빠져 죽느니보다는 그래도 이렇게 바라볼 수 있는 게 훨씬 행복합니다. 만약 호수 위에 앉아 있는 C 씨의 환상이 완전히 파괴될 때에는 스스로 무덤을 파는 무리에 저도 속하겠지요.

C 씨.

어느 친구가 말했지요. 진정 아름다운 사람은 한번 봐도 얼굴이 기억에 떠오르지 않는다고요. 하지만 그건 틀렸습니다. 언제라도 마음만 먹는다면 C 씨의 얼굴과 행동 일일이 머리에 떠올릴 수 있습니다. 마음 한가운데에서 여리게 속삭이듯 얘기 합니다. 보고 싶다고.

C 씨.

이런 넋두리를 어쩌면 C 씨는 슬픈 자조적인 목소리라고 일축하실는지요. 그래도 괜찮아요. 나 자신만을 속이지 않으면 되니까요. 무수한 영겁을 포함하는 또 하나의 우주를 소유하기 위해 현실에서 오로지 아름다움을 통해서야 저 자신을 구할 수 있다고 보거든요. 아름다움이란 종국적으로 도덕성을 얻는다는 말이 있지 않아요?

이 밤도 이젠 제법 깊이 전진해 온 새벽이 고개를 갸웃거리며 문 앞에 와서 방안을 엿봅니다. 차가운 날씨에 몸조심하고 혹시라도 다음에 만날 때까지…….

안녕히.

1974년 12월 17일.

C 씨.

이젠 올해도 아무 거리낌 없이 기우는 마지막 달입니다. 멀리 대구에서 휘몰아 오는 찬바람에 부산에 있는 저로서는 별 감각도 못 느낍니다만 많은 사람들의 표정이 정말 추운 모양입니다.

몸은 깨끗이 완쾌되었는지요. 혹시 그날 찬바람을 맞아 감기가 덧나지나 않았을까 싶어 내내 걱정을 했답니다.

C 씨.

그날 정작 할 말이 많았습니다. 하지만 가슴에 간직한 하고 싶었던 말은 한마디도 들춰내 보일 수 없었습니다. 가장 그리운 사람에겐 그립다는 말을 못 하는 법입니다.

모든 것은 다시 가슴속에 넣어두고 서서히 침전시켜야겠습니다. 나의 심장에 황금빛 비둘기가 날아와 이 침전된 나의 넋을 물어 가겠지요. 그날이 있다고 확신하기에 이렇게라도 살아가는 것이지요.

C 씨.

세상에서 가장 불행한 사람을 본 적이 있습니까? 내가 보기엔 그 사람은 죽을 자유마저도 박탈당한 사람입니다. 어쨌든 인간이 살아가는 이유는 우리가 그만큼 불행하게 태어났기 때문에, 또 앞으로도 계속 불행하게 죽어갈 것이기 때문이 아닌가 생각합니다.

만약 모든 게 인간의 소망대로 충족되어 있다면 누가 과연 살아갈 보람을 느낄 것인지 의심스럽습니다. 진실로 우리가 참된 사랑과 의미를 얻는 길은 오로지 격심한 고난을 통해서만 가능 할 것이겠지요.

C 씨.

어제 아침엔 참으로 오랜만에 학교에 가보았습니다. 어찌하여 하늘은 그렇게 조용하고 푸른지. 동화 속의 붉은 푸른 지붕이 있는 가정집이 무척 산뜻하게 몇 채 아침이슬 속에 보이더군요. 그냥 가만히 서서 아침의 조용한 경치를 바라보다가 조금 떨어진 곳에 연기가 피어오르는 게 보였습니다. 가까이 다가가보니 학교의 소사가 가을 낙엽을 태우다가 어디 간 모양인지 연기만 났습니다. 무릎 꿇고 앉아 불더미 위에 낙엽송을 덧 얹혀 주니 꺼지려는 불이 다시 활기차게 붙기 시작하더군요. 조금씩 낙엽을 넣어주다가 갑자기 고대(古代) 애급의 전설 속의 불사조에 대한 생각이 떠올랐지요. 오랫동안 살다가 자기 자신을 불 속에 넣음으로써 갱생하는 신비스러운 새지요. 갑자기 내가 불사조라도 된 양 불속으로 뛰어 들어가고 싶은 충동이 일어났습니다.

그러나 마음을 차분히 가라앉혀 이렇게 생각해봤지요. 날이면 날마다 나의 생활은 피닉스의 갱생처럼 다시 태어나지 않으면 안 된다고. 날마다 새로움을 창조해 가는 생활. 날마다 자기의 마음의 껍질을 태우고 새 살갗으로 대체하고픈 마음. 이 얼마나 빛에 쌓인 나날이 아니겠습니까. 새로움이 없는 생활이란 마치 고여 있는 물과 같아서 언젠가는 썩어버립니다. 그리고 이러한 모든 것은 각자의 마음먹기에 달린 것이겠지요.

C 씨.

이젠 우리들도 강의가 종결되어 갑니다. 그곳도 곧 방학이라고 들었는데요. 항상 건강에 유념하시고 나날이 알찬 생활이 되길 빌며.

1974. 12. 21.

C 씨.

꽁꽁 언 얼음바닥을 지나가노라면 작은 나의 사지가 나의 큰마음을 이기지 못해 비틀거립니다. 그리운 것은 그립다, 라고 할 수밖에 없지요. 내 마음은 그리움만이 꽉 점령하고 있어서 자기 자릴 양보 안 하는군요.

오랫동안 내가 희구해오던 것이 지금이야말로 성취되느냐 그렇지 못하느냐는 기로에 있을 따름입니다.

C 씨.

나는 밤을 사랑합니다. 칠흑같이 어둡고 뭇별의 시선이 나의 서글픈 마음을 부드럽게 달래주는, 그리고 기나긴 침묵의 모든 얘길 전해주는 밤을 사랑합니다. 고독의 자물쇠로 자신을 동여매고는 생(生)에서 일어나는 모든 즙을 다 빨아내려고 기다리는 것입니다.

나의 이 어수선한 마음을 정원에 내려와서 쉬는 밝은 달은 알아줄까 생각합니다. 그리고 나의 하소연은 여기 잠 못 이루는 밤을 위해 기도하는 사람이 있다는 것을 알려주러 갈 것 같습니다.

C 씨.

어제는 학교 수업 받다가 괜히 수면제를 먹고 친구에 집에서 잤습니다. 근래엔 잠을 통 이루지 못하거든요. 덕분에 오늘 아침에 6시경까지 잠을 이룰 수 있었지요.

영원한 나의 고독 속에 있고자 하는 욕망과 또한 이곳에서 벗어나고

자 하는 다른 욕망이 두 개의 평행선을 이루는 화살들처럼 맞닿을 줄도 모르고 잘들 날아가고 있습니다.

C 씨.

혼자만의 고독을 벗 삼는다는 것은 참으로 좋은 일인 것 같아요. 더군다나 그게 자기 자신의 내면적인 성장에 얼마만한 성과를 주느냐에 대해서는 릴케에게서 누차 들어온 바입니다. 그의 그 모든 시가 좋아 보입니다.

이렇게 컴컴한 밤중에 홀로 이부자리에 들어가 그의 시 한 구절 읽을 적마다, 때로는 한 방울의 눈물과 더불어 읽고 있노라면 조용한 슬픔과 그리고 달콤한 기쁨이 어린애 가슴속에 들어오듯이 닻을 내리는 겁니다.

C 씨.

지금 창밖엔 뭇별들이 소리도 없이 가까이 다가와 문 안을 엿봅니다. 하지만 때가 지났습니다. 어린애처럼 가장 완전한 우주를 소유하던 시절은 덧없이 가고야 말았습니다. 자라오면서 내 마음은 너무 때가 묻은 겁니다. 이젠 아무리 순수해지려고 해도 에덴동산에서 쫓긴 인간들처럼 돌아갈 순 없습니다.

아니 영 못 들어가는 것은 아니지요. 다른 곳으로 들어갈 길을 찾아야 하는 거지요. 그 길이 무엇인지 C 씨는 알겠어요? 학문에 지나치게 몰두하면 순수한 어린이의 세계로 돌아갈 수가 있고, 한 가지 예술에 지나치게 몰두해도 어린애로 돌아갈 수 있고, 그리고 또 한 가지……

밤에 피는 꽃들은 언제나 공중에 떠다니지요. 바깥에도 있고 방안에도 있고 지붕에서도 피어 있습니다. 그 꽃들은 모두 죽음의 깊은 표정을 담고 있습니다.

죽음이란 것을 싫어하지요? 하지만 나의 이상스러운 생각은 죽음의 냄새를 가진 사물들에게서야 생의 보람과 충심을 느낀답니다. 이상하게 생각하지 않아도 괜찮아요. 나는 평범한 정상인이니까요. 한 번씩 그렇게 느껴본다는 거지요.

세상을 진지하게 살고 싶다고 해서 언제나 긴장할 수는 없지 않을까요. 때때로 맥 빠진 웃음도 흩날려야 하고 서럽게 울어도 봐야하는 게지요. 왜냐하면 그렇게 하지 않으면 당장 죽어버리게 되기 때문이지요.

C 씨.

하루 내내 누구를 생각하면서도 폿대 없이 펄럭이는 깃발처럼 바람에 흩날리며 돌아다녔지요. 정신적 고아.

이미 죽을 자유마저 박탈당한 인간이란 것을 잘 알면서도 죽음의 그림자와 언제나 친하고 싶은 욕망 때문에 자주 괴로워합니다. 누군가를 끔찍이 생각하면서도 자기 자신이 너무나 보잘것없는 인간이기에 슬퍼하는 겁니다. 내가 사랑하는 사람들을 위해 무언가 빌어주고 도움을 줄 수 있으면 하는 마음 가득합니다만 내가 그런 사람들을 위해 무엇을 할 수 있을까 생각하니 역시 나는 아무것도 아니구나 싶습니다.

너무 일찍 체념을 배운 친구 하나가 나를 보고 이런 말을 했습니다. 그럴 경우엔 세 살배기 어린애와 종일 장난이나 치다 해질녘에 길거리에 나가 사금파리 한 조각이나 조약돌 하나라도 주워보라고. 그런 식으로 살다가, 그래도 안 되면 죽어가라고 말하더군요.

하지만 아직도 나는 젊다는. 아직은 너무나 젊다는 것을 놓치고 싶지 않아요. 아직은 너무 젊기 때문에 좌절은 합니다만 체념하기엔 나의 피가 용서치 않습니다. 나의 핏줄기 속엔 체온 보다 더 뜨거운 피가 맴돌며 살아 있기 때문입니다. 이따금 피가 혈관을 벗어나 거리 한복판으로 달음질치고 싶은 듯이 부글부글 끓습니다만 그게 지금은 아무 소용이 없다는 걸 알고는 이내 잠잠해집니다.

C 씨.

오늘 낮엔 친구네 집과 학교에 간다고 너무 걸었는지 오후에 집에 오니 온몸이 욱신대기 시작했지요. 방에 한참 누워 있었으나 생각난 것은

C 씨의 모습이었습니다. 저녁때에야 일어나 밥을 먹고는 어머님께 돈을 얼마 타서는 아랫마을에 가 탁주를 한 잔 먹고 담배 한 개비를 물고는 하늘을 쳐다보니 검푸른 밤하늘에 뭇별이 소리도 없이 떠 있더군요. 나 같이 마음이 가난한 사람은 별이나 달을 벗 삼으며 살아갈 수밖에 없나 보지요.

C 씨는 이런 나를 나무라겠지요. 욕심 많게도 별과 달을 소유하려든다고요. 많은 사람이 나눠가져야만 되는 것을 혼자 가지겠다니. 솔직히 달과 별을 소유하겠다는 사람이 그렇게 많지 않은 것 같아서 좀 무리하게 내가 욕심을 내긴 했지요.

그렇게 한참을 걸어 우리 동네를 가로지르고 있는 약간 긴 다리를 터벅터벅 지나가노라니 마음이 좀 가라앉게 되더군요. 혹시 지금쯤 C 씨는 무엇을 하고 있을까 생각하니 자꾸 C 씨가 보고 싶어지는군요. 노래나 한 곡 부를까하여 해보니 좋지도 않은 목이 그나마 잠겨서 그만 두고 집으로 돌아와 버렸지요.

C 씨.

어제 보낸 문서는 정말 불성실하게 벼락치기로 쓴 것이라 쓰고 난 뒤 무엇을 썼는지 통 알 수가 없었어요. 보내고 나니 좀 더 성의 있게 써서 보낼 것을 하고 자꾸 후회가 되더군요. 넓은 마음으로 이해해주길 바랍니다.

C 씨.

요 며칠간, 아니 C 씨를 처음 본 이후 밤에 제대로 자본 날이 불과 서너 날밖에 되지 않아서인지 지금 눈이 무척 따갑습니다. 밤엔 눈을 살포시 감고 있습니다만 여러 가지 생각을 하노라면 깊은 잠은 아예 나로부터 멀리 떨어져서 혼자 밤을 새우는 모양입니다.

사람의 생각이 한 곳으로 치닫기 시작하면 제어함이 없이 곧장 거기에 빠져버리는 것입니다. 내 생각이 피곤하여 걸음을 멈출 때까지 말입니다. 나는 지금 나 자신에게 모든 것을 다 걸고 또 모든 것을 다 요구합니다마는 실제로 성취되는 것이라곤 하나도 없습니다. 내가 모르는 사이에 조금씩 저절로 성취되어가고 있는지도 모를 일입니다.

C 씨.

붉은 머플러를 목에 맬 때마다 이상한 정취가 연기처럼 마음 한 구석에서 피어오릅니다. 원래는 아버님 것인데 색깔이 젊은이에게도 잘 어울린다고 대구 갈 적에 제가 매었던 거지요. 검은색과 붉은색의 체크무늬로 짜여 있는데 붉은색은 아무래도 자극적인 성질을 갖고 있는 모양입니다. 이상하게도 이 머플러를 매고 있으면 마음이 약간 흥분됩니다. 요즘 우리 또래의 젊은 사람들은 지나치게 강한 자극을 추구하는 것 같습니다. 그래서 잔인한 무술 영화나 난장판을 이루는 난투극, 폭력영화 아니면 중추신경을 지나치게 마비시키는 재즈음악과 고고음악, 사이키델릭한 노래에 도취되어 것들은 별로 좋아 보이지 않습니다. 물론 그들이 그것들을 좋아하는 것도 그들의 자유라고 하겠고 그들대로의 변명이야 얼마든지 있겠지요. 하지만 그들이 아무리 그들의 정당성을 변명하고 주장해도 그들의 자유라는 것의 밑바탕은 삶에 있어 허무주의의 큰 디딤돌에 의지하고 있습니다. 물론 내가 이런 얘길 한다고 해서 내가 복고주의자나 보수주의자라고 생각하진 마십시오. 차라리 나는 나 자신을 온건주의자라고 부르고 싶으니까요.

또다시 새벽이 산을 넘어와서 들판에 가만히 앉아서 피로한지 기지개를 펴고 있군요. 오늘부터라도 마음을 좀 더 다부지게 먹고서 공부를 하겠다고 작정해봅니나. 누구를 생각하면서 힘을 내야지요. 오늘은 저번에 못 치른 교련 보충시험을 치르고, 오후에 양열이가 내려올지 몰라서 약간 기분이 풀립니다.

사람은 항상 기대에 의지할 때 즐거운 법이지요. 완전히 한 가닥의 희망도 없이 세상을 살아갈 수 있을까요? 만약 그렇게 살아가는 사람이 있다면 그 사람은 하나의 동물에 지나지 않을 겁니다. 의욕을 잃은 인간이란 상상도 할 수 없습니다.

다음 때까지 안녕히 있길 빌면서 오늘은 그만 하겠습니다.

1974년 12월 23일.

지난 번 에덴공원에 갔을 때 C 씨가 말했던 색깔에 대해 이제야 생각을 해봅니다. 왜 C 씨가 초록색을 좋아한다고 얘길 하였는가에 대해 생각을 해봤습니다. 그것이 경우에 따라선 가장 큰 파멸을 약속하는 게 아닐까 하고 온종일 생각했습니다. 제가 이렇게 생각하는 게 지나친 감상에 젖어서일까요?

지금 와선 도대체 제가 확신하고 있는 거라곤 아무것도 없습니다. 단한 가지 제 자신의 현 상태에 대한 생각 외에는 말이지요. 술에 취해서만 비로소 한 밤을 그럭저럭 보낼 수 있는 게 제 현실입니다.

과연 지난 한 달 동안 모든 것을 잊고서 내일을 위해 단잠을 이룰 수 있었던 날이 과연 며칠이나 있었을까요? 그나마 술에 취해서도 잠을 이룰 수 없고 밤새도록 누구를 생각하며 뜬 눈으로 밤을 지새우는 수가 허다했는데…….

C 씨.

요즈음은 생각해보니까 베르테르가 나보다 훨씬 더 행복한 사내가 아니었나 싶습니다. 차라리 그는 로테가 전해주는 총을 쥐고서 죽을 수 있었으니까요. 혼자서 종일토록 방황하다가 되는 대로 아무 데서나 하룻밤을, 그나마도 잠 못 이루고 뒤척이면서 정해진 밤의 시간을 보내고 있는 나 자신의 꼬락서니라니.

C 씨.

말은 별 소용이 없는 것 같습니다. 하지만 침묵은 더욱 고통스럽습니다. 죽음의 쾌락조차도 나에겐 걸맞지 않는가 봅니다. 수면제에 깃들여 있길 빌었던 사신의 모습도 나에겐 소용이 없었으니까요. 그렇다고 해서 육신을 찢어지게 두고 싶진 않습니다. 제 육신이 약간의 조그만 빛을 받았기 때문이지요. 그 빛은 그대로 흔적 없이 남겨두고 싶으니까요. 모든 게 괴멸되어 가는 이 마당엔 그것마저도 소중하게 간직하고 싶으니까요.

동굴 속에서 기어 나와 비로소 햇빛, 너무도 강렬한 그 빛에 의해서 눈이 먼 사람은 이제 다시 동굴 속으로 돌아갈 수조차 없어진 겁니다. 그 방향 감각을 상실한 장님이 앞으로 어떻게 헤쳐 나갈 수 있을는지요. 차라리 눈 없이 촉각에 따라서 길을 알 수 있는 벌레가 부럽군요. 신비스럽게 음파를 발산해 날아가는 박쥐가 더욱 부럽군요. 아니, 아예 동굴 속에서 그대로 살다 죽어버렸으면 오히려 안락한 한 삶을 보내지 않았을까 소리 없는 울음을 삼켜봅니다.

태어나서 자라면서 잃었던 그 순수성을 그 더럽혀진 순수성은 이제 더 버티고 앞으로 나아갈 수 없는 절벽에서 망설이는 겁니다. 앞에는 모든 걸 마무리 할 수 있는 검푸른 바다가 보입니다. 끊임없는 유혹의 파도소리가 쉬지도 않고 귓전에서 맴돕니다. 그나마 파손되긴 했으나 지금까진 지탱해온 배가 영원한 바다 깊숙한 곳으로 침몰하려 합니다. 둥근 원통의 우주 속으로 돌아올지도 모를 시간의 굴레 바퀴에 몸을 맡겨버렸으면 싶은 생각뿐입니다.

초록색!

사람은 이성에 따라서 살아야겠지요. 하지만 제가 보건데 그 이성이란 괴물은 자기의 한계점이 어디 있는지도 모릅니다. 세상엔 숱한 사상들이 수천 갈래의 물길을 이루며 살아갑니다. 그러한 대개의 사상은 이성이란 괴물이 만든 갖가지의 창작물일 테지요.

저는 아직까지 그 창작물 모두를 샅샅이 살펴보진 않았습니다만 저의 좁은 눈으로 관찰해온 결과 너무나 상반된 모순투성이의 모양을 하고 있습니다. 이런 넋두리보다는 바깥 세상에 소리도 없이 내리던 눈이 훨씬 더 참된 진실을 가르쳐주고 있지 않나 싶군요. 눈은 말이 없으니까요. 게다가 눈은 내리고 있는 그 자체이고 또 덮어주고 있는 그 자체이니까요. 거기에 구구한 설명이 필요할 턱이 없거든요. 저희들은 그저 잠자코 내리고 또 덮어주면 그대로 행복하기 때문이거든요.

C 씨.

혈관 속에서 밖으로 뛰쳐나오려는 피의 용솟음을 어디다 쏟아내야 할지 암담할 따름입니다. 나로서는 나의 고혈로써 얽어 짰던 나의 일기장이건만 다시 한 번 읽어 보면 내가 생각하던 당시의 나의 마음과는 너무도 동떨어진 마음의 표출밖엔 되지 않는군요. 역시 말과 글만으로는 부족하지요. 원래 인생이란 것도 그런 것 아닐는지요?

1975. 1. 1.

C 씨.

날씨가 따스한지 때 아닌 비가 내리는군요.

몹시도 어쭙잖은 행동으로 한 해를 다 채워 보내고, 아직 경험 해보지 못한 또 새로운 한 해를 맞이하게 되었네요. 별고 없는지 궁금하군요.

새 날입니다. 물론 나날이 새 날이겠지만, 새해란 말이 더욱 새로운 감이 있군요. 하루보다 한 해가 더 길어서 그런지도 모를 일입니다만, 그건 내가 가장 두려워하는 현대의 대량성에 대한 공포감 때문에 그렇게 생각하고 싶지는 않습니다. 그것보다는 새로이 모든 게 바뀔 수 있다는 가능성이 좀 더 크기 때문이 아닐까 생각하지요. 신년주라고 해서 친구와 함께 술좌석을 마련했지요. 좁은 다락방에서 대작을 하고 있으려니까 다소 갑갑한 느낌도 없지 않았지요. 그래도 친구가 있고 술이 있고 또한 기타와 노래가 있으니 모든 게 준비된 것 같아요.

나는 술잔을 기울이면서도 내내 누구를 생각하면서 조금은 바보스런 웃음을 짓고 있었지요.

새해엔 보다 더 밝고, 힘차고, 강렬한 좀 더 깊숙한 의미와 힘을 가진 태양이 돋기를 빌었는데도 돋지를 않는군요. 부산엔 지금 봄 날씨에나 어울리는 비가 부슬부슬 흩날리고 있군요. 그래도 이런 날은 괜찮지요. 지나치게 쾌활하고 유쾌하기만 한 날 저녁이면 왜 그런지 속이 텅 빈 것 같은 공허감이 찾아듭니다. 우리의 마음은 좀 더 슬프고 고독하고 혹심한 고통을 받아야만 진정 살아 있는 자기존재의 신호를 받아들이는 것 같더군요. 그 신호에 의해서만이 저는 살 보람과 생에 대한 가치를 느끼게 되더군요. 그게 나에겐 흡사 생명수 같은 의미를 부여하거든요. 물론 주체할 수 없는 기쁨이 우리들 마음속에서 없어지길 바라는 것은 결코 아니지요. 아니 생활함에 있어서 언제나 쨍쨍한 긴장의 연속은 인간을 견뎌 나가게 할 수 없지 않아요? 하지만 기쁨보다는 슬픔이 훨씬 오래 가고 그런 속에서 나 자신을 보다 더 잘 통찰하고, 산다는 것이 무엇인가하고 묻기도 쉽고 이해도 잘 가기 때문이지요. 며칠 전 강의가 끝날 무렵이었지요. 학교에 너무 일찍 나갔던지 친구들이 아무도 보이질 않더군요. 아침에 마음도 뒤숭숭하고 목표가 불안정해서 담배 한 개비 피워 물고 학교 담을 둘러 친 철조망 근처에 갔지요. 그 철조망 바로 아래편에 숲이 우거진 곳에 톱밥과 낙엽을 끌어 모아 불을 지펴 놓았더군요.

시간도 많이 남아 있고 해서 불 근처에 쪼그리고 앉아 불에 낙엽을 집어넣다가 또다시 C 씨 생각에 잠겼지요. 불사조처럼 C 씨는 제 마음속에서 항상 새롭게 태어나는 사람입니다. 혹시나 C 씨는 제 말에 부정적인 말을 하고 싶을지도 모르겠습니다만 제 자신만 언제나 그럴 것 같은 생각이 드는군요. 그리고 어떻게 생각하든지 제 자신은 또 그렇게 받아들이고 싶고요. C 씨를 좀 더 지상에 가까이 내려놓고 싶지만 그럴수록 더욱 더 높이 하늘 저 위로 치솟기만 하거든요. 그저 쳐다 볼 따름이지요. 지금은 밤입니다. 모든 걸 부드럽게 다스려 주는 밤입니다. 밤이 주는 모든 꿈들이 하나같이 동화 속에 나오는 동물들의 얘기처럼 진귀한 소리를 소곤대며 귓가에서 맴돕니다. 그건 또 침묵이기도 합니다. 고요한 어린애의 잠 같은 침묵입니다. 기다릴 줄 아는 사람에겐 밤은 고요한 휴식처입니다. 창 밖에는 그래도 화 낼 줄 모르고 그저 언제나 환한 얼굴밖엔 치장할 줄 모르는 달이 있고, 모든 것이 다 내게서 떠나간다 할지라도 한 가닥의 생명의 심지가 다 타지 않았다면 별 하나가 한 가지의 얘길 전해주는 뭇별들이 있습니다. 가만히 늦은 겨울밤을 들판에서 보내노라면 땅 속에서 겨울잠 자는 개구리들의 숨결 소리가 따스한 입김에 어리어 나옵니다. 그리고 살아갑니다. 하지만 반드시 남이 살아왔던 것과는 다른 삶을 추구하고 싶습니다. 오직 나 혼자만 누릴 수 있는 죽음의 의미를 획득하기 위해. 삶의 실체가 거울 앞에서 숱한 주름살이 지어질 수 있게끔. 오랫동안 마음 한 구석에는 고요한 평화의 소리를 바라온 것 같기도 합니다. 허나 그건 아직은 바랄 수 없는 일입니다. 창조와 파멸의 거대한 잠재력을 가진 사람은 항상 불안정하고 유동적입니다. 현실과 이상의 이율배반적인 목표 속에선 잠 못 이루는 밤이 있을 따름입니다. 사람은 항상 이런 모순과 갈등 사이에서 성장 되는가 봅니다. 한 사람의 인간이 되기 위해 그 투쟁과정이 치열하면 치열할수록 올바르게 자랄 수 있는 것이지요. 마치 아주 튼튼하게 자란 나무에겐 갖가지의 상처가 잊힐 수 없는 흔적을 남기듯이 말이지요. 백전노장의 철옹 같은 인생이 나는 부럽거든요. 새해엔 힘 자란 대로 노력을 기울여 나가야지요.

1975. 1. 9. 목요일. 맑음.

아침에 그동안 미뤄놓았던 호적 이전을 마쳤다. 벌써 두 달 전에 해야 할 일을 그동안 마음이 뒤숭숭해서 미루었다. 좀 더 민첩한 생활을 해야겠다.

동래구청에서 나와 철제네 집을 갔다. 철제는 진철이와 함께 나가고 없었다. 다시 진철이네 집에 가도 없었다. 그래서 종일토록 승관이와 함께 바둑을 두고 보냈다.

점심식사 후 승관이와 함께 두구동 쪽으로 걸었다. 3시간가량 걸으니 기분이 상쾌해졌다. 두구동에서 둘이서 소주 두어 병을 마시니 기분은 더욱 고조되었다. 다시 승관이 집으로 돌아와서 잠시 쉬다가 명 다방으로 나갔다. 거기서 함께 잡담하다 나와서 식사하고 집으로 돌아왔다.

마음속에 항상 누구를 의식하면서 요즘을 살아간다. 그는 움직이지도 않고 그저 있을 따름이다. 그저 있기에 나는 견디다 못해 불안하다. 비교적 안정이 된 요즘에도 이전 같지 않다. 시험이 곧 있으리란 소문이다. 2월 초순께라나. 그간은 참아야 하리. 마음을 다부지게 먹고 공부를 해나가야지. 그는 언제부터인지 내 가슴속에 있었다.

내가 알 수 없는 태고시대부터
강물은 흐르고 있었다.
이젠 강둑을 따라 수로를 닦고
막

그간의 시간이 아까운지
쉴 새 없이 지나가고 있다.

나는 내버려둔다.
제 갈 길을 가는 수로에
몸을 내맡기며
정지하는 순간을 향해 두 손 벌린다.

가느다란 인생의 줄기 속으로
강물이 스며든다.
죽은 자의 영혼은 죽은 대로
산 자의 육신은 산대로
동정은 눈 여겨 보지도 않고
쉬임 없이
도도한 강물은 지나간다.

강물은 시뻘건 황톳물인가
아니면 새파란 물거품인가
나는 빈다.
그게
비너스의 탄생처럼
삶을 뒷받침해주는 꽃이라는 것

강물 속엔 꽃이 떠내려간다.

75. 1. 10. 금요일. 맑음.

신년을 맞은 지도 벌써 열흘이 지났다. 하지만 이렇다 하게 계획한 바도 없거니와 반성한 바도 없다. 어찌 보면 무계획적 삶이 참 편하게 느껴진다. 마음에 부담이 될 게 없으니까.

부평초처럼 버려진 존재라면 몰라도 그것이 좋은 일일 수는 없다. 아무리 암담한 동굴 속을 더듬을지라도 인간은 살아야 한다. 무조건 살아야 할 당위성을 가진다. 또한 무조건 죽어야 하는 당위성도 가진다.

왜 무조건 살아야만 할까? 생명은 우연히 주어진 게 아니다. 우주의 필연적인 운동의 한 현상이다. 필연적인 사실은 당위성을 가진다. 그렇다면 일단은 살아야 한다.

사람은 기왕이면 좀 더 인간답게 살아갈 욕구를 갖고 있다. 참된 자기 자신이 되고 싶은 욕구. 그 외의 그 누구도 되고 싶지 않은 욕구. 그러기 위해선 자기 자신의 행위를 자기의 평소의 욕구하는 대로의 방식을 가져야 하리.

그러므로 삶은 계획되어야 한다. 진보적이고 개혁적이고 개방적인 삶이 되기 위해.

그럼, 시작해볼까?

75. 1. 11. 토요일. 맑다.

종일토록 우왕좌왕하다가 하루를 채웠다.

아침에 일어나니 집안 분위기가 영 썰렁해서 견딜 수 없었다. 아버지께서 날씨가 추워 나가시지 못하고 형님도 어제 가본 직장이 마음에 들지 않았는지 늦게까지 일어나지 않았다. 게다가 어머님께선 당신 혼자 뒤치다꺼리를 하느라 짜증을 내시니 우울함이 배가 되었다.

억지로 어머님께 20원을 받아내어 시내로 나갔다. 철제도, 병술이도 집에 없었다. 할 수 없이 가지고 나갔던 에리히 프롬의 『자유로부터의 도주』를 책방에 맡기고 80원을 받았다. 도서관 앞에서 기철이와 선엽이를 오랜 만에 만났다. 잠깐 얘기를 나누다 기철이와 함께 서면 삼성 다방에 들어가 앉았다가 작은 누나한테 전화를 걸었다. 용돈이 궁하면 작은 누나한테 부탁하는 게 요즘 버릇처럼 되었다. 돈을 얻어 점심식사 후 기철이와 헤어져 시립도서관에 친구를 만나러 가보았으나 실패였다.

정호네 집에 들렀다가 송도에 있는 숭래를 찾아갔다. 숭래와 저녁때까지 얘기하고, 바둑도 두고 식사를 대접 받고 집으로 돌아왔다. 집에 오니 양열이가 왔다 갔다고 전한다. 대구에 빨리 갔다 오자고 하는 모양이다.

오늘 나는 라이너 마리아 릴케를 생각한다. 그리고 누군가를 생각하고, 또 끝없는 방랑을 동경한다. 모든 것을 잊어버리고 괴나리봇짐이나 싸서 훌쩍 어디로 떠나고 싶다. 막연한 호기심에서, 보다 넓은 세상을 구경하기 위해 어디 여행이나 가고 싶다. 그저 평범한 시골 풍경이라도 좋다. 가로수 이어진 한적한 풍정을 한껏 맛보고 싶다. 이것도 저것도 되지 않을 시엔 공부나 죽자 사자 하고 싶다.

뭐든지 뚜렷한 목표를 갖고 있을 때에야 의욕이 샘물 솟아나듯이 생기는 법이다. 마음에 달려 있는 휘장을 걷어치우고 싶다. 하지만, 아 무엇보다도 나 자신을 잊어버리고 싶지는 않다. 오직 하나뿐인 나 자신만은…….

「자유인」

오늘도 쉴 사이 없이
무덤을 팠다가 스스로
무덤을 덮어가는 무리가 있다.

누르께한 얼굴로
자기의 잠도 메우지 못하고,
영글 수 없는 열매를 바라고,
삶의 바닥까지 오물로 가득 채우는
영락한
존재.

죽어 나자빠진 시체들 위로
등불 들고 나서면
시체들이 벌떡 일어나서
죽어가는 인어들의 얘길 비웃는다.
그들은 무슨 힘이 아직껏 남았기에

이토록 분노에 차서 눈을 부라리는가!
차라리 그들의 얘기가 옳다할 것인가.
만상(萬象)이 찌들어 빠져
고구마 빼때기처럼 남아 있다.

너는 죽은 자인가, 산 자인가.
자유여!
말하라.

75. 1. 19. 일요일. 맑음.

햇볕이 고개를 내밀고 있었으나 종일토록 성낸 바람은 사그라들 줄 모른다. 요 근래 싸늘한 날씨가 계속되긴 했지만 오늘따라 유독 추위가 심하다.

아침에 머리를 감고서 수건으로 닦았지만 이미 물기가 살얼음이 되어 붙어 있었다. 눈가루마냥 떨어지는 살얼음을 보니 신기한 감마저 들었다. 아침식사를 마치고 홍기네 집에 가보니 어제 저녁 제사를 지냈다며 접대를 받았다.

술 한 잔 마시고 바둑 두는 것 구경하다 나오니 오후 2시경이었다. 홍기, 진철, 제완, 그리고 나는 다방에 앉아 두유차 한 잔씩 마시고 나와 흩어졌다. 홍기는 기원에 가고 나는 승관이네 집에서 TV를 잠시 보다 홍기와 약속한 시간 5시경이 되어 동래 사거리에 있는 오리온 다방엘 갔는데 오늘 정기휴일이었다.

기원과 다방 사이를 왔다 갔다 하다가 건널목에서 M 씨를 만났다. 그냥 못 본 척할 수도 없어 인사를 했더니 홍기 있는 곳을 가르쳐 달라고 했다. 별 수 없이 같이 기원에 갔는데 홍기는 없었다. 기원 원장에게 홍기가 오면 록 다방으로 오라고 부탁하고 M 씨와 함께 다방에 들어섰다.

1시간가량 기다리니 홍기가 자기 친구들을 데리고 들어왔다. 첫 눈치가 썩 좋아 보이지 않았다. 그저께 홍기에게서 들은 얘기도 있고 해서 나는 대번에 그 낌새를 챘다. 좋아하는 여자가 아무리 친구라도 자신 이외의 남자와 얘기 하는 게 마음에 거슬렸던 모양이다.

홍기가 나에게 던지는 말투부터 시종일관 그랬다. 괜히 나도 기분에 거슬려서 말없이 어항 속 금붕어만 쳐다보다가 혼자서 나왔다. 찻값만은 내고 싶었으나 무일푼이라 그냥 나올 수밖에 없었다.

승관이네 집에서 저녁 먹고 바둑 한 판 두고 집으로 걸어왔다.

모든 것은 아무래도 좋다. C에게서는 왜 이렇게 소식이 없는 걸까. 혹시 내가 시험 친다고 그러는 걸까. 저번 주일 K대 입학 시험장에서 우연히 만났을 때는 분명히 이번 주일에 온다고 했는데. 올 땐 소식을 반드시 전하라고 내가 다짐까지 받아 두었는데. 아마 2~3일 내로 소식이 있겠지. 기다림은 초조함이요, 마음과 몸이 여위어 가는 전조증세다. 그렇다고 달관할 수는 없다. 왜냐면 너무나 중요한 일이기에.

이번 주일엔 아무래도 바쁘고, 혹 시험을 그르치지 않을까 싶다. C가 내려오고, 25일엔 양열의 생일이라 꼭 오라는 당부를 받고. 시험 준비도 하여야 하니 정신 바짝 차려야지. 내일 아침부터라도, 석대나 반송까지 마라톤을 해야겠다. 먼저 정신 자세부터 뜯어 고쳐야겠다. 작년만 하더라도 시험 치기 2주일 전부터 마라톤을 하여 컨디션을 조절하였는데. 이번에도 신체 겸 정신을 단련해야겠다.

일단 아르바이트 문제는 2월 1일까지 판단 보류. 이번 주일에 돈이 좀 있어야 하는데 어떻게 융통하는 수가 없을까?

이것저것 걱정하면 한이 없을 것 같으니 이만 줄이기로 하자.

「그대」

그대의 손이
내 이마를 스쳐지나가기 전엔
내 한 숨의 잠도 이룰 수 없나니
머언 산기슭에 여느 집 방 밖으로 흘러나오는

한 줄기 희미한 빛이
마음속에 깃들어
내 눈에 생명의 불빛이 되나니
가지지 않은 자 갖게 되고
추위에 떠는 자 온기를 찾고
마음에 굶주린 자 사랑을 갖게 되나니
잠자리에 들어서기까지
온갖 근심만 가득 하다해도
달콤하고 뽀오얀 그대 얼굴빛이 어리면
한 겨울 속에 봄기운 움터오기 시작하듯
근심은 한갓 어지러운 헛된 꿈.
참된 위로만 가득한 여기
한 페이지의 무지개.
동화 속에서
잊혀가는 헛된 나이를 생각하게 되고
마침내 나 여기
금빛 찬란한 조상(彫像)이 되리.

75. 1. 27. 월요일. 흐림.

그리운 C 씨.

약속했던 지난 주일에도 저에게 소식을 띄우지 않더군요. 기대한 바가 컸던 만큼 실망 또한 컸지요. 무슨 말이라도 들은 것인지, 아니면 무슨 오해라도 있는 것인지 알 수가 없으니…….

지난 22일 양열이와 함께 대구로 가서 25일 날 저녁에 내려왔지요. 처음엔 마침 C 씨와 약속하였던 주일이라 하루 짬을 내어 얼른 갔다 오자는 생각이었어요. 하지만 일이 여의치 않아서 사흘이나 걸리게 된 것이지요. C 씨, 내가 그 사흘 동안 대구에서 얼마나 초조한 마음으로 보냈는지 상상할 수 있겠어요? 혹시나 우연히라도 C 씨를 볼 수 있지 않을까 싶어 거리를 걸으면서도 지나가는 버스 속의 사람들 얼굴을 차창 너머로 유심히 바라보곤 했지요. 뭔가에 패배한 사람처럼, 단 전의(戰意)만은 상실치 않은 채…….

C 씨.

그저께는 양열이 생일이라 김해를 다녀왔어요. 거기서 작은 오해가 생겨 어제 아침 구포에서 친구들과 다방에 들러 얘기를 나누었지요. 요즘 내 생활이 뭔가 뒤죽박죽 되어버린 것 같아요. 다방에서 가만히 눈을 감고 있으려니까 C 씨 모습이 나타나더군요. 그리고 C 씨가 조용히 나를 달래더라구요. 좀 더 침착하고 온순해지라며.

75. 2. 5. 수요일. 흐림.

옳다. 효정이 말이 진정 옳다. 생에 대해 지나치게 큰 목적을 가질 필요도 없고 그렇다고 생에 대해 지나치게 비굴할 필요도 없는 게 상책이라고 말했던 그다. 내가 남에게 바랄 것이 없다면 기분 나빠할 이유가 없지 않을까?

별다른 목적 없이 오늘 낮에 을규에게 전화를 걸었다. 막상 수화기를 들으니 할 말이 없었다. 그냥 멍청히 말도 되지 않는 애길 하였다. 한참 동안 허둥지둥 하니 을규가 먼저 다음에 시간 있을 때 전화를 걸라고 하였다. 끊고 나니 괜히 무안하고 부끄러웠다. 을수에게 시험에 대해서 물어볼 게 있어서 전화를 하였지만 통화중이라 다시 을규에게 전화를 한 것이었는데…….

요즘 평소 생활이 너무 지나칠 정도로 비굴하지 않나 싶다. 친구들에게도 폐만 끼치는 것 같다. 자연히 위축감이 들 만도 하다. 삶은 1회적이다. 싫다! 무엇보다도 남에게 지긴 싫다. 남에게 패배당한 모습을 보이는 건 더욱 싫다. 몇 잔의 술을 마시고, 몇 대의 담배를 피우고, 삶의 여향을 맡으며 보람 아닌 보람에 도취되자. 젊은 시절의 벅찬 정열. 허무혼의 선언이라도 낭독해야 할까 보다.

오늘로 1학년 교양과정부 생활은 종말을 고했다. 잃은 게 많을수록 얻은 것도 크련만……. 대체 내가 무얼 잃었단 말인가? 잃은 게 아무것도 없는 것 같다. 사실 우리 젊은이들이 생을 논한다는 게 가당키나 한 걸까? 솔직히 논한 척만 하고 그저 알량한 단편적 지식 나부랭이를 주워 모으느라 바쁠 뿐이다. 욕심쟁이는 잃을 줄도 알아야 한다. 알지 못하고 죽는다는 것은 억울하다. 제대로 살아봐야지. 내가 비참하댔자 그게 별 대수로운 일인가? 죽는 것은 어려운 일이지만, 얼마든지 감행할 수 있는 일이다.

삶의 무의미. 시쉬포스의 신화. 신이 내린 혹독한 운명의 올가미에 걸린 시쉬포스. 나날이 반복되는 형벌. 시쉬포스가 산정에 힘겹게 올린 바위는 다시 아래로 굴러 떨어진다. 그 바위를 다시 올리기 위해 산정에서 내려오면서 시쉬포스는 무슨 생각을 하였을까? 그 시간을 천금의 휴식이라 여기며 다시 바위를 올릴 의욕에 불타 있었을까? 아니면 자신에게 혹독한 형벌을 내린 신을 저주하고 있었을까? 하지만 시쉬포스는 즐거움에 넘쳐 있었다. 뻔한 일상에 만족하였다. 비록 바위를 산정에 올리는 것이 부질없는 일이지만, 일하고 노력하는 그 자체에서 무한한 기쁨을 느꼈던 것이다. 바로 그것이다. 다소 맹목적으로 보여도 괜찮다. 성실해진다는 것은 개인 소유의 울타리 안에서 이루어지는 것이므로.

도대체 화를 내는 일처럼 어리석은 게 있을까? 모든 게 다 좋은 데 말이다. 성내는 건 좋지 않다. 삶의 마지막 연기까지 폐 속으로 흡입하려면 즐거움만이 있어야 한다. 성내고 화를 내는 것은 쑵쓰레 하다. 쑵쓰레한 것은 폐도 받아주지 않으려 한다. 어리석다는 말 자체가 어리다는 것을 포함하고 있다. 단순히 앞으로 무엇을 이루겠다는 목표는 어리석은 자의 소행일 따름이다. 인간이라면 이룰 수 없는 목표일지언정 꿈꾸며 살든가 – 만약 그 목표를 이룬다면 그는 인간이 아니라 신이 되겠지만 – 아니면 일상생활에 만족하며 살든가 해야 하지 않을까.

배가 부르면 담배도 피우고, 여유가 있으면 술도 한잔 하고, 저녁녘이나 한밤중에 혼자서 노래도 서너 곡 불러보는 것이 나의 뻔한 즐거움이다. 잘 쓰진 못하나 어쩌다 친구들에게 편지도 한 통씩 띄우고, 그들의 소원이 성취되면 즐겁고, 의무에 지나치게 집착하지 않고, 긍정되지 않는 삶을 긍정하려고 애도 쓰고, 다방에 앉아 블랙커피도 맛보고, 잘 보이지도 않는 눈으로 옆 사람의 얼굴도 들여다보고, 오랜 만에 만난 친구와 요설도 뱉어보고, 어떤 때는 심각한 표정으로 연극을 해보기도 하고, 추운 겨울에 덥다고 잠바를 벗고 호기 있는 척도 해보며……

나는 아무것도 아니다. 나는 나만일 따름이다. 다른 큰 욕망도 필요 없다. 설사 잘못한 일이 있어도 용서를 빌지 않고, 책을 열심히 읽고 회의하고, 읽고 회의하고 난 뒤 이삼 일 후면 다 잊어버리고, 그래 그게 전부 다인 것이리라. 까닭 모를 충동에 몸은 비틀거리겠지만. 자의식?

어쨌거나 내일부터 국토건설사업에 나갈 수 있다면 돈을 좀 벌어서 효정이도 한번 찾아가보고, 대구도 한 번 가보고, 그러고도 여유 있으면 서울 나들이도 한 번 해볼까 싶다. 굳이 떠벌이지 말고 가슴속으로 나누어야겠지. 벌꿀과 의미를. 실패하겠지만.

마음이 설레면서 서러운 날을
덕수궁 연못에 수련이 피었겠구나.
감탕에 펴났어도 청초한 꽃망울
물 위에 제 그림자 수줍게 굽어보네.

노래 가사와 곡이 마음에 들어서 불러봤다.

1975. 2. 12. 수요일. 맑음.

아침결엔 날씨가 상당히 추웠다. 다행히 오후부터 풀리기 시작하여 밤이 되니 오히려 훈훈하기까지 하였다. 이젠 봄이 저 산 너머에서 기웃거리나 보다. 하지만 라디오에선 진주에 봄눈이 제법 소복하게 내렸다는 소식을 전해준다.

요즘은 마음이 편치 않다. 등록금 문제, 집안 형편 문제, 대구 문제 등 하나같이 수월한 게 없다. 게다가 나 스스로도 성격이 다소 거칠어져 스스로 견딜 수 없을 지경에 이르고 만 것 같다.

생각 같아선 아무도 모르게 일 년쯤 휴학하고 다른 곳으로 빠져 나가 버렸으면 싶다. 어디 식당에서 일하면서 세상 사람들이 어떻게 살고 있나 구경이나 하였으면. C도 그만 괴롭혀야 할 때가 되지 않았나 싶다. 상대방의 자유를 부정하는 사랑이란 있어서도 안 되고 있을 수도 없다. 남은 건 '사랑과 자유의 변증법'을 실천하는 것이다. 배우고도 실천하지 못한다면 대학생으로서, 그리고 한 인간으로서 자격미달이 아닐지. 나는 무엇 때문에 구구한 이유와 조건을 내세워 스스로를 비굴하게 만드는 걸까?

오히려 잃음으로써 더 많은 것을 얻을 수도 있다는 동양의 진리는 옳다. 모든 것을 얻으려는 자는 모든 것을 잃게 되리라. 서양의 지나친 모험적, 투쟁적 정신은 동양의 물을 먹으며 살아온 나 같은 사람에겐 적합하지 못하다. 보내야 할 사람에겐 이미 미련이 없어야 옳다. 허나 그게 과연 가능한 일일까?

마음속에 어떤 표상을 새기고 내가 최초에 희구하던 일이나 열심히 하자. 모든 걸 마무리 지어야 할 시간이다. 마음속에 채워지지 않은 간격일랑 띄어진 그대로 내버려두자. 더군다나 하나같이 아까운 내 청춘의 시간이 나에게 손을 내밀며, 울면서 호소하고 있지 않은가. 나 자신을 더 크게 더 높게 더 넓게 가꾸어야 한다. 젊음의 시절이 겉늙어버리기 전에 손을 써야 하리.

역시 이 결정은 옳다. 한 달 내내 생각해봐도 이보다 좋은 생각은 떠오르지 않는다. 이 생각만이 점점 뚜렷이 가슴속에 와서 박힐 따름이다. 삶과 죽음은 역시 한 가지 보람에서 통합되고 그 의미를 부각시킨다. 인생은 구겨진 휴지 조각으로 코 풀어버리는 것은 아니다.

누구에게나 삶은 깨끗한 백지에서부터 출발한다. 그 깨끗한 백지가 더러운 낙서와 오물로 얼룩져가는 게 대다수의 삶이다. 대다수의 남들이 그렇다고 해서 나까지 거기에 포함되고 싶지는 않다. 내가 살고자 하는 방향대로 내 삶을 이끈다는 건 결코 쉬운 일이 아니다. 그러나 오랜 고통과 시련 없이 성취되는 일은 아직껏 없다.

삶은 모순투성이다. 때때로 선과 악의 구별도 모호하다. 동기가 선하다면 하는 가정을 내세울 수도 있지만, 그거에 대한 판정이 나고 남이 이해해주기까진 시간이 너무 걸린다. 이제 나는 음악이 정신을 몽롱하게 마비시키는 것에도 매력을 느끼지 못한다. 그런 식으로 나 자신을 잊어버리고 싶지는 않기 때문이다. 혼돈과 무질서 속에서도 마지막까지 나 자신만은 잃고 싶지 않다. 다른 무엇보다도 신의 흉내는 더더욱 내지 않으리.

너무 게으르게 일기를 쓰는 것 같다. 그만큼 자신에게 충실하지 못하다는 말이다. 성실하다는 것은 자기에게 주어진 일을 완수하는 것이다. 솔직히 성실이란 말을 자주 사용하는 것부터 성실치 못한 행동이다. 한 순갈의 밥을 목구멍으로 넘기면서도 마치 먹기 위해서 먹는다는 식의 사고방식보다는 그 효용가치를 생각하며, 그 의미를 사고하며 먹도록 하자. 나는 배고픈 돼지이어서는 안 된다. 식욕만 앞세우는 인간이어서는 안 된다. 그러려면 항상 일정량의 음식물은 간직하고 있어야 한다.

돈을 긁어모으는 사람이 되지 않기 위해선 최소한의 돈은 항상 갖고 있어야 함과 마찬가지이다. 건강에 신경 쓰는 사람이 되기 위해선 항상 마음속에 넘치는 사랑을 축적하고 있어야 하듯이. 하지만 나는 아직도 뭔가 결핍을 느낀다. 무엇하나 갖고 있는 게 없으므로. 단지 나 자신이 무한히 결핍된 감정을 느낀다는 것을 제외하고는. 그러므로 나는 모든 것을 주워 모아야 하고 만들어내야 한다.

오늘 아침엔 철제네 집엘 갔다. 마침 철제가 집에 없어 현규네 집을 찾았다. 현규와 얘기를 하고 있으니 어머님께서 약간의 명절음식을 가지고 오셨다. 그렇잖아도 배가 부른데 또 먹으려니 고역이다.

얼마 후 현규와 함께 다시 철제네 집에 갔으나 그때도 철제는 집에 없었다. 철제 어머님께 세배를 드리고 그냥 나왔다. 그리고 서면으로 나와 동양 다방에 앉아 있다가 나는 정호네 집엘 갔다.

마침 정호가 점심밥을 먹고 있었다. 정호는 내가 할 말이 있어 온 것도 알고, 자신도 내게 할 말이 있으니 내일 8시에 남 다방에서 만나자고 했다. 오늘은 다른 사정이 있다고 하면서. 이상한 얘기도 다 한다 싶었지만 그냥 알겠다 하고 나왔다.

사실 내가 정호네 집에 간 건, 혹 양열이 소식이라도 들어볼까 하는 생각에서였다. 정호가 내게 얘기할 것에 대해선 대강 짐작한다. 아마도 저번에 김해에서 벌어진 사건 때문이 아닐까 싶다. 그것에 대해선 이미 나 자신은 태도를 굳혔다. 더 이상 한 발짝도 물러서지 않을 작정이다. 그로 인해 친구를 잃는 한이 있더라도 내 자존심까지 양보하긴 싫다. 친구라는 명목으로 나에게 충고하는 녀석들은 잠자코 있는 녀석들보다 더욱 얄밉다.

1975. 2. 24. 월요일. 흐림.

어제는 봄날처럼 포근하더니만 오늘은 또 이렇게 차가워졌다.

내일 아침에 도근이가 집에 놀러 온다고 하는데 집안 사정이 말이 아니다. 그렇다고 놀러오지 말라고 할 수도 없고……. 어제 오후엔 그의 집에 놀러 갔다가 잘 대접 받고 왔는데. 에휴, 모르겠다, 뭐 되는 대로 되겠지.

아침에 하도 따분해서 한스 카로사의 『아름다운 유혹의 시절』 몇 쪽을 읽었다. 어찌 보면 그의 자서전은 우리 주위에선 벌써 사라지고 없는 꿈들을 얘기하고 있는 것 같았다. 인생에 있어서, 특히 대학 시절에 있어서 삶을 배우고 익히는 방식이 그때와 지금은 너무 차이가 있는 것 같았다. 70년 전이라는 시간적 차이와 동양과 서양이라는 지리적 차이 때문일 수도 있겠지만 무엇보다 사회적 배경이나 사회적 관점이 너무나 판이하게 다른 것 같다.

요즘엔 지나치게 감각적인 것을 중시한다. 모든 것은 정신적인 것과 감각적인 것이 평형을 이루어야 한다. 하지만 감각적 풍조가 만연한 현대에 있어서 평형을 이루고자 시도하는 것이 타인들에겐 오히려 정신적인 것에 치중하는 것으로 보이는 모양이다. 사실 고도의 물질문명, 과학의 세계 속에서 살아가는 사람들일수록 보다 정신적인 경향을 띠어야 함에도 불구하고 현실적으론 그렇지 못하다. 그런 점에서 모든 예술가, 그 가운데서 특히 문학인의 사명이 부각되어야 한다.

참다운 자기 자신이 되고 싶다는 결심보다 더 큰 결심이 있을까? 그건 올바른 삶을 살기 위해 구비해야 할 욕망들 중에서도 가장 크고 깨끗한 욕망이 아닐까? 정작 무엇보다 어려운 일 또한 그것이다. 인간이라면 누구나 반드시 구비할 필요가 있고, 그로 인한 고통 수반 또한 필연적일 수밖에 없으니……. 그것은 필요악인가 필요선인가.

아침에 책장에서 일기장을 꺼내려다 노트 윗부분에 놓인 카드 한 장을 보았다. 양열이가 지난 크리스마스 때 보낸 것이었다. 무심코 카드를 보다가 거기에 씌어져 있는 글귀가 눈에 띄었다. 우정이란 낱말과 함께 몇 자 적혀 있었다. 내 소신을 밝혔는데 내가 잘못된 거라고 사과 내지는 정정을 강요하는 친구라면 관계를 지속할 필요가 있을까?

마음이 착잡하다. 내 마음에 한 점 부끄럼 없는 애정을 택할 것인가 아니면 우정을 택할 것인가 그 기로에 서 있다. 이 두 가지가 서로 첨예하게 대립하고 있다. 양보를 한다는 것은 내 자신을 기만하는 것이다. 오이디푸스 왕처럼 자기 파멸의 운명을 짊어진 사람마냥 숱한 달음박질을 계속한다.

인생에 있어서 끊임없는 혁신은 자기의 구각(舊殼)을 파괴시키는 행위가 아닐까? 이율배반적 모순과 인간의 부조리, 신과 악마의 양면성 이런 제현상은 자칫하면 가치 판단의 혼란을 가져다준다. 어떻게 된다 할지라도 사람은 실제 상황에 있어서 한 가지 행동밖엔 할 수 없게 마련이다.

제3부

언덕 위의 내무반에서

1977. 10. 14. 흐림.

맥 빠진 하루다. 벌써 며칠째 이런 생활인가. 몇 달 남지 않은 군 생활이지만, 제대하여도 이런 생활태도를 버리지 못할까 두렵다. 어떤 문제에 봉착하는 순간 바로 해결 못 하면 결국 해결할 수 없다고 믿는 내가, 이상하게도 C에게만은 예외이다. 이미 내 영혼은 농락당할 만큼 당해 더 이상 버티기도 힘들다.

그것은 단순히 그리움 때문만이 아니다. 내 영혼과 육체 모두가 외로움에 지쳐 있는 탓이다. 지금까지 3년여의 군대생활도 잘 참아왔지 않은가? 어째서 이 현대라는 거대하고 중압감 넘치는 괴물은 내게 불가항력적이라는 느낌이 드는 걸까? 자유의지의 결핍, 정열의 부족 탓일까?

에리히 프롬의 말대로 오늘날 모든 인습은 규격화 시대의 산물인지 모른다. 남녀가 사랑을 해도 과거의 사랑은 하지 않는다. 자기 신분과 타협하고, 자기 재산만큼의 사람과 사랑하고, 자기 학력과 적합한 배우자를 원한다. 그러기에 현대인, 곧 이 속물적인 인간들이 너무도 뻔한 내용의 〈러브스토리(Love Story)〉를 보며 눈물 흘리는 것도 그만한 이유가 있다. 이 통속적인 인간들도 얼마나 일상적 관습에 지쳤으면 고작 명문가 부잣집 청년과 하류계층의 처녀와의 사랑 얘기에 그렇게 열광하겠는가. 그러나 현대 사회에서 이와 같은 일은 일반적 통념과 차이가 있을 뿐 아니라 실제로 잘 일어나지도 않는다.

나 역시 그런 인습과 통념의 벽을 느끼지 못하는 게 아니다. 오히려 지금 이 순간 가장 깊게 느끼는 사람이야말로 바로 내가 아닌가!

24살 청년은
불운한 시대에 태어나서
꽃 한번
활짝 피우지 못한
피우다, 피우다 지친
절벽
그 끝나는 무덤 속에 있다.

현대 심리학에서는, 사람은 슬프기 때문에 우는 게 아니라 울기 때문에 슬픈 것이라고 한다. 내가 생각하기엔 궁극적으로 애정은 비합리적이다. 설사 우수한 두뇌와 뛰어난 재능과 같은 조건 때문에 누군가를 사랑한다고 해도, 실상은 그 누군가의 매력이 이미 우리의 마음을 사로잡은 때문에 그의 우수한 두뇌와 뛰어난 재능을 사랑하는 것이다. 나아가 그 모든 결점까지 사랑하게 되는 것이다. 이 인간적 모순의 어리석음, 혹은 아름다움.

잠마저 나의 다정한 친구가 되어 주지 못할 때 온갖 어리석은 망상이 떠오른다. 내가 시도하는 것이 숱한 편견의 연속일지라도 모색하는 자세만은 버릴 수 없다. 그것 없인 정신적 창조 기능이 전무해질 수밖에 없기 때문에.

어릴 때 꿈속에서 나는 항상 왕자였으며 마음속 여인은 항상 공주였다. 자라면서 그 꿈은 이제 나의 능력 저 밖에 있을 수밖에 없다. 그런 만큼 그 무궁한 꿈의 세계는 내게 인사조차 오지 않는다. 우윳빛 구름 흐르는 파란 하늘은 다신 꿈 꿀 수 없는 것이다. 인간이 산다는 것은 그런 것이다. 자신이 하나의 완전한 우주이던 어린애가 더 이상 눈에 보이는 사물밖엔 의식하지 못하게 되니, 남은 길이라곤 그 알량한 의지와 표상의 세계를 탐구하는 수밖에…….

시기, 반목, 투기가 제거된 남녀 사이의 애정이란 살아 있는 인간들의 격에 어울리지 않는다. 단테의 『신곡』에 나오는 베아트리체는 피안의 여인이고 대리석 인간일 뿐이다. 하나의 문화적 이상에 입각한 잔류물에 지나지 않는 것이다. 마치 선을 빛내기 위해 악이 존재하듯이.

실용주의, 이 할 일 없는 괴물에, 특히 서구식 사고를 일삼는 소위 사회 진보계급들에게 먹혀들어 가는 이 현대에 역시는 살아서 움직이는 의지에 때때로 창조의 국면을 보이는 걸 간과해서는 안 된다.

궤변시대 속에 살아가며 궤변을 늘어놓으면서.

1977. 10. 16. 일요일. 맑다.

술 마시고 토하고 잠자고.

아직도 뒷머리가 아프다. 저녁 늦도록 작전과 사무실에서 건표, 기홍이와 얘기하다 내무반을 찾았다. 요즘엔 식사를 반밖에 못한 탓인지 체력도 딸리는 것 같다.

그러나 중요한 것은 마음이 약해지는 것이다. 주위 사람들의 행동에서 일말의 서글픔을 느낀다. 군대와 같이 모든 것이 공개적인 사회에서도 나 자신의 의견을 정확히 표출한다는 게 쉬운 일이 아니다. 육체를 혹사시켜야 나타나는 동물적 감각의 정확한 동작을 요구하는 군대조직에서 사고하려는 나를 용납하지 않는다. 나에게서 의젓함이나 위엄을 찾는 것은 어렵다. 모든 미래가 불확실하고 내가 믿고 있는 몇 가지 사실이 내게 깊이 뿌리내리지 못하고 있기 때문이다. 건표가 내게 경망스럽게 웃는다고 농담조의 힐난을 하였다. 아직도 머리가 맑지 않아서인지 실없는 웃음이 자주 나온다.

껍질이 깨지는 아픔 없이는 병아리가 되지 못한다. 동정을 잃지 않고서는 성숙한 인간이 되지 못한다. 모든 기존 사실의 기반을 일단 부정하지 않고서는 명백한 자아의 확립을 찾지 못한다. 세월은 가고 오는 것. 유구한 영겁 아래에서는 세파에 시달리는 것. 그 고통이 전혀 뜻을 갖지 못한다고 하나 그 속에서 의미를 구한다는 것은 시인이나 예술가들이 할 일이다. 직업인에 앞서 한 인간이 되겠다는 건 쉬운 일이 아니다. 시를 잘 읽기 보다는 단 몇 줄의 시를 쓰는 사람이 낫다. 그림을 잘 감상하기 보다는 서투르게나마 그림을 그리는 사람이 낫다. 다시 말해 서투른 동작 아래서의 창조행위가 무질서 가운데 질서가 나타나고, 맹목적 우연에서 필연성이 나타난다면 그보다 더 바랄 것이 없지 않은가.

여인들은 본능적으로 남성에게서 성적 매력 이상의 것을 요구하지 않는다. 그들의 말 가운데서 은연중 나타나는 것은 부드러움, 한없이 자기들을 보살펴주는 거대한 남성상을 요구하는 것이다. 여하튼 신체가 크지 못하고 성적 매력이 없는 남자는 신의 축복이 내렸다곤 볼 수 없다. 예로서, 칸트 같은 철학적 대가도 젊은 시절 단 한 번의 연애에서 한 여인의 마음을 사로잡지 못한 게 아닌가. 그 후 그가 일생을 독신으로 살았던 계기가 그 사건인지 모르지만.

한 인간이 생각하는 방향이란 그 인간의 일생의 경험과 앞서간 사람들의 경험의 소산이다. 일생을 배우지 않고 살았다면 그 인간은 자신의 경험밖에 의존하지 못할 것이다. 일생을 배움 속에서만 살아온 사람은 타인의 경험에만 매여 있으니 자신의 삶을 충실히 살았다곤 못할 것이다.

1977. 10. 17. 월요일. 맑다

건표에게 괴테 얘기를 하고 보니 그에 대한 기억이 새로웠다. 특히 『파우스트』를 읽었을 때의 감흥이 생생히 떠오르며 C에 대한 새로운 감정에 내 마음이 기뻤던 기억이 난다.

그 해 8월은 나는 『파우스트』에 심취해 있던 신입생 시절이었다. 그 책의 감동은 C, 그녀를 처음 만났던 11월 25일 저녁까지 영향력을 행사하였다. 마치 오늘 저녁 기분과 똑같은 기분이었다. "여성적인 것만이 세상을 구원할 수 있다."던 괴테의 말이 실로 인상적이었던 것이다.

그날 저녁 7시 정각이었다. 나는 친구 양열이와 이미 약속시간 30분 넘게 다방에 무료하게 앉아 있었다. 순간 다방 문이 열리더니 여린 불빛 사이로 청순한 신입생 외모의 한 여인이 나타났다. 내가 어리둥절해 하는 사이에 양열이는 C을 소개시켰다. 그레트헨에 대한 갈망으로 망망대해를 정처 없이 헤매던 나는 마침내 등대를 발견하였던 것이다.

어쩌면 그것은 고난의 시작이기도 하였다. 인생이란 때때로 한 순간의 인연으로 끝없는 충격과 일생의 불꽃을 일으키기도 하지 않는가. 묵묵히 테이블만 내려다보고 있던 내 눈이 그녀의 자태로 향하자 나는 소스라치게 놀라고 말았다. 가슴속에 깊이 간직해오던 여성이 바로 눈앞에 앉아 있었던 것이다. 그녀의 주위는 온통 어둠으로 둘러싸여 있었다. 오직 그녀만이 그리고 그녀에 놀라는 나 자신만이 있을 따름이었다.

순간 나는 행여 천사들이 나의 행복을 시기해 빼앗아 가지나 않을까 두려움에 떨었다. 그녀의 머리카락이 목 언저리에 놀다가 어깨 가까이에서 일렁였다. 나는 감히 그녀를 제대로 바라볼 수도 없을 만큼 정신줄을 놓았다. 때때로 신은 이렇게도 한 인간을 당혹스럽게도 만드는가 보다. 그도 그럴 것이 그녀와의 첫 만남은 내 정신의 개벽과 다가오는 내 정신의 미래 영역을 일깨워주는 것이었다.

칠흑 같은 밤. 밤하늘의 숱한 별이 가득히 빛을 내고 있지만, 정작 내 마음의 별은 이 조그만 가슴 가득히 생의 유열을 채울 뿐이다. 그녀는 진정 내가 어릴 때 꿈속에서 자주 보던 얼굴, 그 윤곽도 제대로 모르면서도 가슴 환히 알 수 있었던, 날이면 날마다 조금씩 자라고 있었던 바로 그녀였다. 그 이후 몇 차례 만났을 때 그녀는 그날 저녁보다 훨씬 나이 들어 보였고 그건 나를 더욱 안심시켜 주었다.

이것으로 충분하다. 한때나마 내가 나 자신도 잊고 여인을 생각할 수 있었던 것만으로 충분한 것이다. 내 인생의 새로운 일면을 볼 수 있었던 것만으로 나는 충분히 보상 받은 것이다. 한 번 걸었던 길, 두 번 다시 걷지 못할 길. 따지고 보면 허무와 맹목적 의지만 내 주위를 감싸던 나날이었지만, 그 피폐할 대로 피폐한 정신적 상황에서도 아름답게 타올랐던 불꽃은 이렇게 식지 않고 내 마음속을 밝히고 있지 않았던가.

서구적인, 특히 독일적 신비주의에 심취했던 그 지난 몇 년간을 나는 이젠 확실히 기억할 수 있다. 나머지 내 인생은 앞으로 미지수이다. 현재의 나 자신도 명백히 어떤 것인지 알 수가 없다. 지나가면 자연히 기억에 떠올릴 수 있을 뿐인 것을……

태초에 행동이 있었다. 제 나름대로의 행동이 있었다고 부연해보고 싶다. 내게 있어서 괴테란 인간을 가슴에 떠올리는 것만으로도 충분하다. 그의 정열, 인간의 궁극적인 구원, 신에 대한 강한 신념 등.

칸트의 생의 마지막 숨소리, 'Es ist gut.'

1977. 10. 18. 화요일. 맑다.

좁은 내무반 모포 속에서 이 글을 쓴다. 모두가 불빛을 찾아서 오글오글한다. 불빛 아래 몇 치의 공간을 차지하느라고 모두들 열심이다. 건강한 사람은 자기 몸에 신경을 안 쓰는 사람이다. 건강하게 인생을 살아가는 사람은 삶이란 무엇인가 심각하게 생각하지 않는다. 그저 사는 데 만족할 뿐이다.

아침신문에 통일원에서 발표한 남북 간의 이질화 현상을 비교해놓은 자료가 눈에 띄었다. 5천년 단일민족으로서의 긍지를 잃지 않았던 한민족이 국제정치의 소용돌이 속에서 강대국 간의 이념 분쟁으로 민족적 정체성을 점차 잃어가고 있다. 수천 년간 세계 각지에 흩어져 살던 유대인들도 제2차 세계대전 이후엔 모여 복된 국가생활을 영위하는 시기에, 민족적 잠재력이 큰 우리 민족이 외부 세계의 희생물로 전락한 것은 시사하는 바가 크다.

19세기 이후 내셔널리즘은 세계 여러 민족에게서 자명한 독립의지로 채택되어 서양에서는 근대국가 형성에 일조하였으며, 동양에서는 식민지 상태에서 벗어나려는 독립운동의 일환으로 성격을 띠었다. 구한 말 세계사적 흐름에 편승한 민족적 각성이 엿보이는가 했더니 얼마 안 되어 경술국치를 당했고, 이로 말미암아 비로소 본격적으로 애국적이며 선구적인 소수의 지사들에 의해 민족운동이 전개되었던 것이다.

사실 우리 민족의 분단 책임을 전적으로 외세로 인한 것이라고 변명을 하기엔 너무나 무책임하다. 독립할 수 있는 능력을 가진 민족은 민족

고유의 전통성과 문화를 소유하고 있어야 하며, 보다 결정적인 것은 그 전통성과 문화를 계속 유지하고자 하는 독자적이며 자각적인 노력이 요구되기 때문이다. 이러한 전통적 문화와 이를 지속적으로 유지하려고 하는 노력이 우리 한민족 모두에게 심각하지 않은 까닭에 분단의 아픔을 겪는 것이다. 즉 우리 민족에게는 자생적으로 생긴 민족자주에 대한 의지는 있었으되 그게 범민족화 되지는 못했던 것이다. 일제 치하에서 거국적인 민족운동이 있었다면 3.1운동과 6.10만세운동이다. 이 두 운동은 민족의 호응을 얻어 제법 세차게 반일, 반제국주의적인 성격은 강했으나. 그 지도층 인사들이 모두 종교인이었기 때문에 현실에 완강하게 저항할 수가 없었던 것이다. 종교인들은 현실에 일단 불만인 채로 살면서 정신적으로만 그들의 교리에 충실하려고 하기 때문에 정치적이고, 더군다나 거대한 조직성이 필요한 조직적인 저항운동, 더 나아가서 독립을 요구하는 민족운동에 현실적이고 시기적절한 대응책을 강구할 수가 없었다. 게다가 유교, 불교, 천주교, 개신교의 각 교파가 일시적으로 힘을 합한 것에 불과하기에 지속적인 저항은 더욱 어려웠으리라. 민족적 역량의 부족은 한국 정부와 민국 건설의 초기에도 나타난다. 수십 개의 정당에서 수백 가지의 강령이 나붙고 수천 개의 의견으로 나뉜 국민적 정열이 어떻게 미소양국의 한국 주둔에 효과적으로 대응할 수 있었겠나.

이러한 상황이 한동안 계속되다가 최근 수십 년 동안은 그래도 자국적 각성운동이 계속되었다. 그 계기가 5 · 16군사 혁명이다. 정치는 정치인에게 국방은 군인에게라는 오래된 민주국가의 사회적 기능 분담이 모두의 뇌리에 박혀있던 그 당시에 군인의 정치 개입은 기성 권력 계층이나 지식인들은 불신하는 듯하였다. 그러나 소장파 장교들이 주동된 군사 정부는 강력한 리더십을 발휘하여 구악 일소, 경제개발계획을 밀고 나갔다. 이와 병행하여 사회풍조의 개선도 진행되었다. 수십 년간의 개혁은 지금도 추진 중이지만 온 세계인들은 오늘날 말없이 타오르는 한민족의 능력에 경탄을 금하지 못하는 것이다. 오늘날 우리 젊은이가 이 땅에서부터 얻을 수 있는 최상의 것은 우리가 무한한 발전에 대한 잠재력을 가지고 있는 존재라는 것, 또 그 자각이야말로 우리들의 비장의 무기인 것이라는 점이다. 5천년 역사 중 현재와 같은 낙관적 미래는 한 번도 없었다. 우리가 살고 있는 대한민국에 애착을 갖고 있듯이 북한 주민들의 생활도 주의 깊게 살펴봐야 한다. 그들도 같은 한민족이며 공산 이데올로기와 그 독재 정권이 나쁜 것이지 대다수의 주민들은 그들의 사상과 체제와는 무관한 단지 그 곳에 거주하는 주민일 뿐이기에. 한민족 재결합의 가장 중요한 문제는 희망을 잃지 않음에 있다. 즉 민족적 정체성을 유지하면서 그 정체성을 실현하려는 평화적 수단을 강구해야만 하는 것이다. 신은 의지가 있는 곳에 서광을 비춰준다. 핵심은 인내심을 가지고 냉정함을 유지하면서 그 때를 기다는 것이다.

1977. 10. 20. 목요일. 맑다.

모처럼 오늘 하루 일과에 빠져 지냈다. 점심과 저녁 땐 근래 보기 드물게 처음으로 밥과 국을 제대로 다 먹었다. 제대하는 날까지 흔들리지 않고 열심히 노력해야겠다. 일과가 끝난 후 조금씩 보던 '경제원론'과 '영어의 왕도'도 요즘은 거의 팽개치다시피 하였다.

권 병장이 휴가를 다녀와서 내게 C 얘길 전한 후로는 모든 일이 손에 잡히지 않았다. 여태껏 잘 참아오지 않았느냐고 나 자신을 누차 설득하였다. 그래도 내 심사가 왜 이렇게 어지러운지 모르겠다. 남들은 지나간 여자 일은 잘도 잊던데 내겐 왜 이다지도 힘이 드는 걸까. 밤 11시까지 행정반에서 일하다가 라디오에서 흘러나오는 선정적인 노랫소리에 더 이상 일을 할 수가 없어 내무반으로 돌아왔다.

모포 속에서 아무리 잠을 청해도 잠이 오지 않았다. 사랑은 한없이 주는 게 아니라 한없이 요구하는 것인가 보다. 기실 나는 모든 것을 욕구하고 있지 않은가. 그로 인해 이다지도 괴로워하는 게 아닌가. 자기 자신도 극복하지 못하는 어리석은 놈이라는 생각이 들면서도, 또 그것 때문에 사태가 더 악화될 수도 있다는 생각에 이러지도 저러지도 못하는 것이다. 정말 나는 아직도 그녀를 사랑하고 있는 것일까. 어차피 잘 풀리지도 않을 실마리를 풀려 하기 때문에 더욱 생각의 혼란을 갖고 온 게 아닐까. 내가 이 세상에서 사라지든가 그녀가 이 세상에서 사라지든가 했으면 좋으련만…….

이 얼마나 위험스런 생각인가를 나 자신이 이 글을 쓰면서도 느낀다.

불현듯 남자를 한없는 맹목적 사랑으로 이끌어가는 여자, '마농 레스코' 가 생각난다. 그러한 애긴 다분히 비극적 운명론 아래서 착상되었겠지만 여성 심리를 그렇게도 잘 묘사한 책도 없으리라 싶다.

이젠 좀 더 차분하고 냉정하게 나 자신의 생각을 정리해야겠다. '내일 설사 이 세상의 종말이 온다 해도 나는 오늘 한 그루의 나무를 심겠다.' 는 스피노자의 경구를 나의 마음에 심자. 괴롭더라도 오늘에 살자. 내가 숱하게 보낸 편지 속에서 단 한 번도 말하지 못한 '사랑' 의 의미를 생각해보기로 하자.

그래. 오늘은 이만 자자. 꿈에서 생각날지 모르지만…….

1977. 10. 22. 토요일. 맑다.

오늘 아침이 맑았는지 흐렸는지 생각나지 않는다. 하루 종일 정신을 저당 잡히고 몸만 바빴다. 지금껏 무얼 했는지 아무것도 생각나지 않는다. 하루를 내가 원하던 대로 지낸 그 자랑스러움에 이 글을 쓰고 있다.

내가 자랑스럽다. 그러나 한순간, 그 자랑스러움도 한갓 채색된 비애에 지나지 않는다는 것을 알고는 다시 나락에 떨어진다. 마치 창공을 유유히 가르며 날던 독수리가 날갯죽지가 찢어지는 바람에 몸이 쏜살같이 땅으로 곤두박질치듯이, 그것이 어이없는 기만인 것을 나 역시 모르지 않는다.

먼 바다만 바라보며 망부석처럼 기다리는 나날의 연속이다. 제대 날은 까마득한데 아직 달도 지지 않은 환한 밤이다. 그날이 오면 자랑스럽게 나가 맞으리라.

막사 옆 서너 평 잔디 위에 귀뚜라미가 운다. 수심은 가을에 생기는 병이다. 매일이 여일이니 허구한 날 기다림으로 지새운다.

「가을바람」

가을에 바람 새로우니
객창의 무명 병사 갈 길 바쁜데,
수심이 깃을 내리며
내 마음 위 고이 앉는다.

1977. 10. 25. 화요일. 맑다.

아침에 의무실에서 나와 행정반을 향해 걸어갔다. 멀지 않은 사무실에 가는 동안에도 나는 수십만 가지의 느낌을 가진다. 우선은 안개가 내 눈을 일깨운다. 아직 세수를 열흘 가량 하지 못해 푸석푸석한 눈두덩이이며, 잠도 덜 깨어 붉은 기 감도는 눈동자며, 눈곱이 말라붙은 눈썹이며, 내 양볼에 묻은 검댕이 자국이며, 꺼슬꺼슬한 피부 등 이 모든 것들이 안개 자욱한 날 아침 분위기와 부합된다. 태양은 이미 공중에 떠올라 나를 굽어보고 있는데, 그 태양의 눈도 안개에 가려 불그레한 기색이 감돈다.

혼탁!

혼탁한 아침을 맞이하는 나는 그 속에서도 삶의 한 면을 보는 것이다. 우리가 산다는 게 원래 혼탁한 세계 속에서 사는 것이며, 따지고 보면 옛 사람이 말하는 누항(陋巷)이란 말도 이런 세상살이를 얘기한 것 아닌가. 홍진(紅塵)이라는 말도 있거니와 오늘 아침 풍정이 꼭 그 홍진이란 단어와 어울리는 것 같다. 왜 좀 더 맑은 하루의 해가 되지 못하는가. 왜 좀 더 축복받은 아침이 될 수 없는가. 왜 더욱 희망찬 나 자신이 되지 않는가.

어저껜 몸살이 났다. 하루 종일 찌뿌듯한 얼굴과 몸뚱이를 지탱하느라 힘들었다. 그저께 새벽 3시까지 작업한 게 탈이 났나 보다. 겨우 이 정도도 참지 못한다면 앞으로 어떻게 사회에서 내가 원하는 일을 할 수 있겠냐고 질책하면서 추위에 떨면서 계속 작업을 했던 것이다. 중대장이 퇴근하다가 보기 안쓰러웠는지 나더러 의무실에 가서 좀 쉬라고 했다. 아니 게 아니라 푹 자고 일어나니 한결 몸이 가뿐했다.

요즘은 내 유일한 낙은 일기를 쓰는 일이다. 그냥 매일매일 떠오르는 대로 쓰고 싶은 대로 쓴다. 일기를 쓰기 시작한 건 고등학교 1학년 때부터인데, 기록이 그렇게 많이 남아 있지는 않은 것 같다. 대학에 와서 기록한 것은 그래도 집에 남아 있는 것 같고, 군대에 와서는 편지 보낸 것 외엔 최근의 며칠 일기가 전부가 아닌가 싶다. 앞으로 얼마나 바쁜 나날을 보낼지는 모르나 단 몇 마디의 말이라도 일기에 착실히 기록해두고 싶다. 무언가 돌이켜 생각해본다는 건 그 자체로 좋은 습관이 아닌가.

흐르는 물 같은 우리의 인생에서 특별한 전환점, 계기는 얼마든지 있다. 비록 돌부리에 걸려 넘어진 사소한 일조차도, 우리가 각성하는 정도에 따라서 그 의미가 달라질 수 있는 게 아닐까. 넘어지더라도 어떻게 툭툭 털며 일어서는가에 따라 앞으로의 우리의 진로가 달라지듯, 시위를 이미 떠난 화살 또한 어쩔 수 없이 계속 표적을 향해 날아가야만 한다. 슈바이처는 어릴 때 친구와의 싸움에서 그의 진로를 결정했으며, 니체도 우연히 서점에서 쇼펜하우어의 서적을 발견하고서 무신론적 실존철학의 문을 열었으며, 나폴레옹 또한 우울한 파리의 뒷골목에서 초라한 식사를 하던 중 그의 일생을 결정하였던 것 아닌가.

그러한 계기가 꼭 위대한 인성을 지닌 위인에게만 나타나란 법은 없다. 그러한 계기는 너나 할 것 없이 우리 모두에게 나타날 수도 있다. 삶에 있어서 그 계기가 제일의 계기가 되어 나타나는 것은, 그 계기가 각 사람의 독자적인 각성과 느낌에서 비롯된 사고를 통해 얼마나 진실하게 받아들여지고 또 지속적으로 유지되며, 생활에 구현될 수 있느냐에 달린 것이다.

현대인은 옛 사람에 비해 훨씬 많은 것을 보고 듣고 느끼고 생각한다. 그래서일까. 현대인은 새롭게 나타나고 보이는 사실에 별로 놀라지 않는다. 말하자면 만성적 무감각 증세에 빠져 있다. 자연히 현대인에겐 모든 게 별 큰 뜻이 없다. 별 큰 뜻이 없으니 모든 현상 또한 별 감흥이나 고통을 주지 못한다. 그저 어떡하면 가벼운 쾌락을 얻을 수 있는가에만 전 신경이 집중되어 있다. 우리 시대, 우리 대중사회에 위인이나 영웅이 나타나는 않는 이유이다. 우리의 교육이념도 민주시민의 양성에 있지 특수한 엘리트 기질이나 영웅주의 사고방식의 고양에 있지 않다. 되레 현대의 민주사회가 중우정치를 유도하고 있을지도 모른다는 내 생각은 잘못된 것일까.

1977. 10. 28. 금요일. 맑음.

졸음 때문에 경제원론 책갈피에다 얼굴을 파묻었다. 언제 내무반에 들어왔는지 건표가 나를 깨웠다. 그에게 몇 마디의 말대꾸를 하느라고 그만 모처럼 일찍 자려던 게 수포로 돌아갔다.

나날이 피로가 축적된다. 심신이 다 허약해진 것 같다. 거울 속의 나 자신도 이미 여름날의 내가 아니다. 어딘지 근심과 약간의 우울 그리고 가을이 가져다주는 공허가 내 눈 속에서 제각각 얼굴을 내밀고 있다. 어딘지 포근한 품속에서 푹 쉬고 싶다. 그래서 일찍 자려 했는데…….

문득 옛날의 한 정인이 떠오른다. 고교 2학년 때인 늦가을쯤이었다. 밤늦게까지 도서관에서 공부하다가 귀가하는 중이었다. 조그만 체구에 무거운 가방을 들고 가까스로 막차를 탔다. 자리에 앉아 좌우를 살펴보니 차 안엔 너덧 사람 밖에 없었다.

배도 고프고 늦가을 바람도 차갑고 하여 편안하게 앉고 싶었던 나는 마침 잘 되었다 싶어 뒤편 의자로 가서 비스듬히 기댔다. 유리창 너머로 언뜻언뜻 야경이 스치며 지나쳤다. 바깥의 풍경을 바라보고 있으려니 앞좌석에 앉아 있던 한 아가씨가 내 옆에 와 앉았다. 그 당시엔 나는 수줍음 많아서 여자 얼굴을 감히 쳐다보지도 못했는데, 그날은 웬일인지 용기를 내어 그녀를 잠시 쳐다보았다. 한 스물대여섯 살 먹은 아가씨였던 것 같다. 다시 모른 체하고 차창 바깥의 불빛을 보고 있으려니 그 아가씨가 내게 말을 걸었다. "학생, 이것 좀 먹어." 하며 가슴에 안고 있던 봉지를 내미는 것이었다. 나는 괜히 얼굴이 달아올랐다. 초면에 왜 이런 친절을 베푸는 걸까 싶어 나는 사양했다. 도무지 계면쩍어서 안절부절 못했다. 내가 너무 배고파 보여 이러는 걸까 싶어 나는 당황스러웠다. 때마침 집에 가까운 정류소가 되었다. 그래서 얼른 일어나서 내릴 채비를 하려는데, 그 아가씨도 내릴 채비를 하는 것 아닌가.

같이 내려서 그냥 도망치다시피 하는 나를 붙잡고 내게 그 봉지를 갖고 가길 권하는 것이었다. 마지못해 고맙다는 인사를 하면서 봉지를 받아들고 집 쪽을 향해 가는데, 그 아가씨는 정류소에 서서 계속 나를 바라보고 있는 것 같았다. 나는 짐짓 모른 척하고 한참을 걷다가 서서히 정류소 쪽을 흘깃 쳐다보았다. 그 아가씨가 논길 옆 도로를 따라 본동마을이 있는 곳으로 걸어가는 게 보였다. 나는 걸음을 멈추고 책가방을 옆구리에 끼고 빵 봉지는 가슴에 안은 채 그녀를 쳐다보고 있었다. 그 아가씨가 어둠 속의 마을을 향해 가서 보이지 않을 때까지.

이미 자정이 다 되어 차선도 끊겼으니 아마도 저 아가씨는 본동마을 사람인가 보다 생각하면서 집으로 발길을 재촉했다. 집에 도착했을 때 부스스 잠을 깨신 어머님이 일어나셔서 문을 열어주었다. 가슴에 안긴 빵 봉지를 보시며 어머님께서 물으시기에 여태까지의 경위를 얘기해드렸다.

지금도 나는 그 아가씨가 누군지 알 수가 없고, 또 그날 왜 그 아가씨가 차 안에서 내게 빵과 과자가 든 봉지를 주었는지 모른다. 밤늦게까지 공부하고 가는 걸 보고 힘들어 보여서 그랬던 것일까. 아니면 왜소한 체구에다 춥고 배고파 보여서 그랬던 것일까.

지금은 얼굴마저도 기억에 사라져 단지 무척이나 자상해 보였던 그 아가씨는 지금은 누군가와 결혼하였겠지. 요즈음도 그때의 일이 더러 생각나는 것이 아마 그 아가씨가 내 인생에서 정이 가는 사람 가운데 하나로 자리 잡고 있어서가 아닐까.

1977. 10. 30. 일요일.

피를 토하고 쓰러지고 싶은 충동을 느낀다. 우리의 젊음이란 게 겨우 이런 것인가. 깨지고 부서져 온몸은 상처투성이다. 만신창이가 된 영혼은 무엇을 할 수 있을까. 벌겋게 타오르는 용광로 가슴은 어디 가고 희뿌연 잿더미 심장만 이리 저리 뒹굴까. 사방의 제약과 금기 속에서 조금의 자유조차 누릴 수 없고, 그렇다고 이곳을 떠난다는 것은 파멸의 지름길로 달리는 것이다. 모든 사물은 이미 변형되어 순수 그대로의 자태를 갖고 있는 것은 아무것도 없다.

헤겔의 절대철학은 무모하기 이를 데 없다. 정신과 자유를 어떠한 체제나 범주 속에 억압해 둔다는 건 어리석다. 자유란 모든 인간의 원천적 본능이다. 물을 부어도 꺼지지 않고, 불로 태워도 사라지는 것이 아니다. 물로 끄고 불로 태우려 하면 할수록 더욱 줄기차게 살아 오르는 것이다.

군대와 같은 거대조직 속에서 아니 그보다 더 커다란 인간 세상에 살면서 본래의 나 자신으로 돌아오고 싶은 욕구만은 어쩔 수 없나 보다. 하지만 한 번 더 생각해보라. 만약 모든 제약에서 해방되어 절대적 자유를 얻었다고 상상해보라. 완벽한 자유를 가진 인간은 자기 자신으로 남아 있지도 못할 뿐더러 오히려 허무와 공허만이 그의 주위를 맴돌 따름이다. 우리가 그렇게 열망하는 완벽한 자유란 단지 현재의 제약에서 견디기 힘든 우리의 나약함에서 연유한 것이리라.

결혼을 해도 후회할 것이고, 결혼을 하지 않아도 후회할 것이다. 자유를 얻어도 견디기 어려울 것이고, 자유를 잃어도 견디기 어려울 것이다.

1977. 11. 2. 수요일. 흐림.

오늘은 종일 찌뿌듯한 날씨였다. 음산한 겨울의 전조인가. 벌써 추위가 피부에 닿는 듯하다.

C와의 일, 제대 후 진로, 앞으로 닥쳐올 여러 상황들에 하릴없이 눈만 감는다. 눈을 감으면 모든 것이 빙빙 돈다. 친구의 얼굴, C의 얼굴, 지나가다 마주쳤던 무수한 얼굴과 아직 정확히 알 수도 없는 미래의 얼굴들이 모두 맴돈다. 맴도는 얼굴들을 추적하면 어지럽다.

세월은 사람을 언제나 한 곳에만 머물게 하지 않는다. 내가 원하든 원하지 않든 나는 변해가는 것이다. 요즈음은 입대 전에 지녔던 한없는 우울과 신비주의적 성향을 잃고 현실에만 집착하는 것 같다. 아직도 내 주머니 속엔 약간의 시간이 남아 있다. 그것을 어떻게 쓸 것인가. 그냥 길거리에 흩어버릴 것인가. 닳아 못 쓰게 될 때까지 주머니 안에 넣어둘 것인가. 넣어두면 연기처럼 사라지고 말텐데.

아침녘에 거울을 보았다. 거울 속에 비친 나의 모습은 실제 나이보다 더 들어 보이는 모습 같다. 입가에 패인 주름은 마치 내가 얼마나 현실에 불만족하는가를 보여주는 듯 깊게 새겨져 있다.

내 주위를 보면 건강하고 축복받은 청년들이 그리 많지 않다. 대부분이 현실에 짓눌려 신음하고 끌려가는 인생들 같다. 이러한 청년들이 제대하면 제 갈 길을 찾아서 국가에 음으로 양으로 헌신할 수 있다는 게 신기하기도 하다.

오늘날 우리들의 운명은 자명하다. 제각기 맡은 일을 열심히 하다 죽는 것이다. 꽃이 피게 될지 혹은 피다가 스러질지 아무도 모른다. 다만 이 국가적 변혁기에 민족의 자존을 되찾고 역사적 맥락에 생기를 불어넣는 게 우리들의 궁극적 사명이요 그렇게 될 운명이다. 그래서 걱정도 많고 할 일도 많고 갈등도 많은 게 아닌가.

일이 많은 사람은 행복하다. 열심히 일하고 난 뒤의 깨끗하고 후련한 감을 맛보지 않은 사람은 모른다. 묵묵히 일을 하고 돌아서는 그 일상적이면서 담백한 기분은 생활인의 행복의 원동력이다. 변혁의 분기점에선 우리들은 의욕 넘치고, 적극적인 사고방식을 가지면서 스스로의 삶을 이어가는 게 우리들의 자명한 운명이 아닌가. '네 운명을 사랑하라.'는 니체를 사랑하지 않고는 못 배기는 내가 되어야겠다.

1977. 11. 13. 일요일. 맑다.

간밤에 비가 한바탕 내린 모양이다. 아침에 막사 주변과 뒷산 나무 사이의 공기가 한층 더 맑다. 점호시간에 새들 지저귀는 소리로 귀가 따가웠다. 새들에게 있어서 지저귐은 본능의 소리요, 애무요, 혹은 희로애락의 갖가지 표현이겠지.

한 열흘간이나 일기를 팽개쳤다. 그간 훈련 측정을 받느라고 무척이나 뛰어 다녔다. 이젠 사흘 후면 산업시찰을 나갈 것이다. 다행히 훈련 측정 결과도 우수하였으므로 군에서 맡은 내 직책도 잘 마무리 지은 셈이다. 이젠 남은 두 달 중 1달은 집에서 휴가로 보낼 것이니, 앞으로 영내 생활도 한 20여 일밖에 남지 않았다. 내일은 무현이와 정식으로 업무 인수인계를 하면 된다.

지금 걱정은 내년 복학 문제뿐이다. 각오를 단단히 하여 공부를 다시 하지 않으면 안 된다. 나날의 생활도 더욱 긍정적이고 힘차지 않으면 안 된다. 내일은 막스 베버의 마지막 부분을 읽자.

현재 우리가 채택하고 있는 경제원론 교과서는 대체로 영미의 분석적이고 기계론적이고 수학적인 경향이 주류를 이룬다. 그런 만큼 독일 경제학 계통과 학적 유대를 발견하기가 힘들고, 겨우 경제학파의 계도에서나 역사학파의 존재가 있다는 것만 알 수 있을 뿐이다. 그 반면 독일의 경제학파는 대부분 역사학파의 맥락을 유지하고 있다. 아직까지도 독일의 경제학파가 독일 대학에서 원류로 인정받고 있는지는 의문이다. 18, 19세기의 독일은 영미제국보다 후진성을 면하지 못했고, 상대적으로 폐쇄적이다 보니 독일 경제학자나 사회학자들은 농업경제와 도시경제 분야에만 관심을 기울였다. 그러다 보니 국제경제 분야에서는 다소 뒤처져 있는 것이 사실이었던 것이다.

이번에 읽은 『막스 베버의 일생』이라는 책에서도 독일의 정신적이고 신비적이며 또한 역사적인 사고방식을 감지할 수 있다. 베버의 경우 경제학을 다루는 데 있어서 조직의 미세한 분류보다도, 즉 국민경제의 기계론적인 분석보다도 오히려 자본주의 그 자체의 정신적 기반을, 곧 그 기저에 흐르는 바탕을 탐구하는데 중점을 둔다. 그 뿐만 아니라, 과학적이고 객관적인 분석보다도 역사적이고 의지적인 측면에서 사회과학을 바라보고 있음도 잘 보여준다. 이를테면 그가 근대 자본주의의 정신적 바탕을 프로테스탄티즘의 윤리의식에 두고 있는 것은 그 좋은 예다.

베버는 제1전공으로 법학을 선택하였지만, 법학 외에 경제학, 역사, 철학, 신학 등에도 많은 관심을 기울였다. 특히 농촌경제를 연구하여 그 업적을 널리 인정받았으나, 폭넓은 사회적 문제는 물론이고 사회과학 방법의 가치판단 논쟁 등 그의 관심이 미치지 않은 분야가 거의 없었다. 사회과학과 연결되는 사회 일반문제에 좀 더 관심을 갖도록 해야겠다.

1977. 11. 18. 금요일. 맑음.

오늘은 산업시찰을 끝마치고 맞이하는 휴가 첫날이다. 새벽 6시부터 서둘러 고속버스 터미널에 도착하여 겨우 그레이하운드를 탈 수 있었다. 집에 막상 내려오니 무료하기 이를 데 없다. 하긴 이번 휴가엔 집에서 조용히 책만 읽다가 귀대할 마음을 먹던 차였는데 차라리 잘된 격이다.

그저께 아침 그러니까, 11월 16일 오전 10시경 부대를 출발하여 마지막 휴가 겸 산업시찰에 나섰다. 인솔 장교의 안내로 11시부터 1시간 동안 사전교육을 받고 중식을 하였다. 오후 1시부터 한남 고속버스를 타고 국립묘지 참배를 하였다. 무명용사의 충혼탑에서 경건한 묵념을 올렸고, 고 육영수 여사의 묘소에서 경례를 하였다.

인솔 장교의 설명을 들으면, 이승만 대통령이 이 국립묘지 부지 설정에 애를 먹었다고 한다. 한국적 사고방식의 일면을 이런 데에서도 찾아볼 수 있는데, 많은 고충 속에서도 풍수지리설에 맞게 이 일대로 최종 결정을 내렸다고 한다. 아이러니컬한 점은 정작 이 부지를 선정한 대통령이 뒷날 자신의 뼈도 이곳에 묻었으니, 그렇다면 사전에 스스로의 무덤을 만들어놓은 셈이 된다. 말하자면, 4.19 혁명으로 하야한 이승만 대통령을 생각하면 자신이 대통령직에 있으면서 어쩌면 스스로의 운명을 알고서 그 자신의 무덤을 이미 결정한 건지도 모른다.

용사의 집에 돌아와서 석식을 하고 나서 잠시 휴식을 취하고 있으니 이번엔 서울 야경에 나간단다. 우리를 태운 버스는 남산공원을 거쳐 다시 청계천 순환도로를 지나서 북악스카이웨이로 오른다. 어둠 속에서도 우뚝우뚝 솟은 건물들에 인솔 장교의 설명은 끝이 없었다. 정릉의 내력, 국민대학과 고 김성곤 씨와의 관계, 국립중앙도서관 등. 그러는 가운데 우리를 태운 버스가 팔각정에서 멈추었다. 팔각정에서 서울 도심을 내려다보니 마치 어둠 한가운데에서 꽃이 피어난 것 같았다. 서울은 밤에만 활짝 피는 꽃이구나 싶었다. 도심 군데군데에 빛줄기가 길게 교차하고 있었다. 다시 용사의 집에 돌아오니 저녁 08 : 30. 라면을 먹고 잠자리에 드니 산업시찰 첫날이 지나간다.

이튿날 아침 식사 후, 우리를 태운 버스는 경기도 부평으로 달린다. 아침 해에 한국수출산업공단 제4공단이란 철제간판이 빛나는 곳에서 내렸다. 새한자동차가 있었다. 한국 자동차 산업의 요람이 바로 이곳이었다. 신진자동차 공업주식회사로 처음 창설되어, 한 때는 미국 GMC와 합작 운영되더니 최근엔 새한자동차란 이름으로 한국인만이 경영에 참가하고 있단다.

한국엔 군사혁명 이후부터 경제개발에 본격적으로 힘씀으로써 숱한 재벌들이 나타났다. 하지만 한때의 재벌이 흔적도 없이 사라진 것도 이 시대의 한 씁쓸한 단면이었다. 공장 견학 후 사진 2장을 찍고 다시 근처에 있는 대한전선으로 들어갔다. 일본의 도시바와 합작하여 운영되는 이 공장은 여성근로자가 전 종업원의 80%를 차지한다고 한다. 그 여성근로자들의 평균연령은 17, 18세 정도였는데, 한국 산업과 무역의 눈부신 발전이 이 어린 여성들의 저렴한 임금에 바탕을 두고 있다는 사실이 안타까웠다.

정부는 근로자들에게 좀 더 많은 부를 재분배해야 한다. 빈익빈 부익부의 악순환은 고리를 끊어야 한다. 개발도상국의 경제 개발에서 가장 중요한 문제 중 하나가 자본의 축적이라고 하지만 일부 재벌의 부익부 현상은 시정되어야만 한다. 국민 전체의 복리라는 측면에서, 또 어느 정도 궤도에 진입한 한국경제는 사회복지 향상에 힘 쓸 때도 되었다.

공장 견학 후 도시락으로 점심을 먹고 한국방송공사를 찾았다. 견학 안내실로 들어서니 아나운서가 녹음해둔 테이프에서 방송공사의 현황이 흘러나온다. 다 듣고 나서 통로가 표시돼 있는 화살표 방향으로 올라갔다. TV와 라디오 방송 시설이 함께 갖춰진 이곳엔 내부의 벽이 모두 이중유리로 되어 있어 내부 장치와 연습 장면이 모두 보였다.

일찌감치 내려와서 소대장과 선임하사와 같이 사진을 찍으면서 주위를 살펴보니 서울의 도심지에서 볼 수 없는 경치다. 잘 정리된 도로와 잔디밭이었다. 사진에서나 보는 외국의 잘 계획된 시가지에 비해 전혀 손색없이 깨끗하고 조화를 이루고 있었다. 방송공사 바로 뒤엔 국회의사당이 있었는데, 국회의사당을 배경으로 사진을 찍었다. 견학을 하고 나서 커피 한잔을 마신 후 휴가증을 받고 훌훌 용사의 집을 떠났다. 바야흐로 열흘간의 휴가가 시작된 것이다.

제4부

다시 시작하며

1978. 2. 12. 토요일. 맑음.

오늘은 내가 제대한 지 꼭 한 달 되는 날이다. 한 달 동안 지내온 것을 생각해보니 아무런 의미도 찾을 수 없다. 친구들이 사주는 술 몇 잔과 여담 몇 조각, 열흘씩이나 애를 먹은 감기와 눅진눅진 묻어오기 시작하는 허탈감과 권태가 대부분이다. 며칠간 학교 도서관과 시립 도서관에서 보낸 것 제외하고는 공부하러 구태여 애를 쓴 것도 없다. 학교 복학은 2월 22일, 23일에 성형이와 더불어 신청하면 끝날 것이고 그로부터 한 열흘 후면 개학이다. 시간은 가고 오는 것. 초조히 기다릴 것 없다.

점심식사 후 문조를 줄곧 기다렸으나 오지 않았다. 군 생활을 하면서 그에게 끼친 누를 아마도 오랫동안 잊지 못할 것이다. 그의 노력의 대가가 항상 그에게 돌아갈 수 있게 누군가에게라도 빌어주고 싶다.

나는 지금부터 황제가 되련다. 누가 뭐라고 하든지 나는 황제가 되어야만 한다. 내 마음은 황제. 언제 어디서 어떤 고난이 닥쳐오더라도, 내 마음은 항상 황제가 되어야 한다. 스스로에 대한 긍지를 잃지 말고 사회에 애정의 눈길을 보내고 또 애정 담긴 비판하기를 두려워해선 안 된다. 자신감을 가지고 황제로서의 품위를 가지도록 하자. 타락하거나 무력한 황제가 아니고 강건하고 질박한 황제가 되어야 한다.

1978. 9. 15. 목요일.

오전 3시를 알리는 시계추의 소리가 있었다. 오랫동안 일기를 쓸 시간이 없었다. 아니 고의적으로 쓰지 않았다. 비록 서투른 글이라도 쓰고 나니 심약해져 그냥 내둬버렸다. 한 학기를 차가운 봄바람과 여름 땀을 혼효시켜 잘도 흘려보냈다.

아무것도 남아 있지 않은 것 같다. 글을 참 딱딱하게 쓰는 것도 같다. 지금 내 심성이 그런 걸까. 요즘 젊은이들의 마음이 너무 말라서 마치 사막의 모래 바람같이 건조하기 이를 데가 없다.

최근 서반아어를 공부할 서클을 만들고자 동분서주하고 있다. 일단은 활동을 강화시켜서 어느 궤도에까지 올려놓은 뒤 초청강사나 지도교수를 신청하여야 하지 않을까? 놀고 어울려서 술이나 마시는 회합이 아니라 진지하게 배우고 연구하는 자세를 견지해야 한다고 스스로 다짐한다. 처음 창립할 적엔 누구나 다 그러하나 조금의 시간만 흘러도 엉망이 되고 해이해지는 것을 익히 보아 왔다. 무릇 모든 일은 회원 개개인의 열성에 달린 것이니 같이 뛰는 수밖에.

내가 사람의 방언과 천사의 말을 할찌라도 사랑이 없으면 나는 소리나는 구리와 울리는 꽹과리가 되고, 내가 예언하는 능이 있어 모든 비밀과 모든 지식을 알고 또 산을 옮길 만한 모든 믿음이 있을지라도, 사랑이 없으면 내가 아무것도 아니요……

사랑은 오래 참고
사랑은 온유하며
투기하는 자가 되지 아니하며
사랑은 자랑하지 아니하며
교만하지 아니하며
무례히 행치 아니하며
자기의 유익을 구치 아니하며
성내지 아니하며
악한 것을 생각지 아니하며
불의를 기뻐하지 아니하며
진리와 함께 기뻐하고
모든 것을 참으며
모든 것을 믿으며
모든 것을 바라며
모든 것을 견디느니라
……
그런즉 믿음, 소망, 사랑, 이 세 가지는 항상 있을 것인데
그중에 제일은 사랑이라
– 사도 바울의 「고린도전서」

1978. 10. 27. 금요일. 비 오다.

「가을비」

가을비 부슬부슬 나리다.
여름, 짙은 환상의 그 얼굴,
눈물과 서러움 위 부슬부슬 내리다.
사랑도 부여잡지 못하고
그렇게 뜨거운 인식의 날개를 털지 못하는
어쭙잖은 이 얼굴 위에도
부슬부슬 가을비는 내린다.
창 너머
저 멀리 차도에 흐르는
자동차 소리.

이 백지 위에 흘러내리는
회한의 잉크처럼
가을비 그렇게 내리는가 보다.

날마다 쳇바퀴 도는 다람쥐처럼 살아가다 보면 순간순간의 의미도 찾을 수 없으려니와 살아 있다는 감각 그 자체마저도 잊어버리는 수가 많다. 일상성, 이 생명을 살뜰히도 갉아먹는 짐승에게 어떤 수면제를 먹여 잠재우랴.

나란 인간은 참으로 묘하다. 살과 뼈와 피와 심장을 전부 도려내고 인식을 위한 머리만 가지려고 노력하고, 영과 육의 이원적인 차별을 두어 만사를 쪼개어 생각하자니 더욱 혼선만 빚을 따름이다. 이태리인이나 스페인인의 정열적 기질도 없고, 북만주나 시베리아 동토의 음울하고도 강인한 북방계 인종도 되지 못하는, 참으로 때맞춰 사계절의 변덕이 심한 곳에 사는 탓에 내 기분과 생활도 이렇게 변화가 심한 걸까?

버스가 떠날 때를 상기해보자. 구름처럼 피어오르는 먼지와 배기가스. 서면 도로를 걷다 위를 쳐다보자. 시커멓거나, 우울한 잿빛 고층건물. 그 바로 뒷골목의 무질서하고 썩는 냄새 물씬 나는 판잣집과 슬레이트 건물. 하늘을 넘쳐 흘러가는 도시의 매연, 연기, 소음. 그래서 신문의 사회면엔 세상이 이름 붙일 수 있는 온갖 악이 항상 새로우면서 낯익은 얼굴로 내밀고, 시골에선 밝고 빛나던 태양도 이 도시에선 언제나 붉게 충혈 된 눈동자가 된다.

사람들의 입에서 오르내리는 단어 가운데 가장 많은 수를 차지하는 말이 바로 사랑이라는데, 이 시점에서 사람들이 입버릇처럼 말하는 사랑 같은 것을, 곧 이 도시의 모든 것을 나도 그대로 실천해야만 하나? 따지고 보면 우스운 얘기다.

이미 때는 늦었다. 무엇이든 미명하에 시도되는 그 어떠한 사상도 뒤집어보거나 시간이 흘러가면, 다 이런 허명만 남기는 법이다. 신상과 허상도 이렇게 해서 성립하고 또 동시에 양자는 이렇게 병존하여서만 존재하고, 여기에 부수되어 인간들은 다 역사의 소임을 완수하고 있다고 믿는 것이다.

나를 버티게 하는 것이 바로 이러한 냉소이고, 어쩌면 현대인은 이러한 냉소에 입각한 가시적 허무주의자일지 모른다. 개인의 목소리가 자기 목구멍 안에서만 울릴 땐 언제나 냉소 이상은 못 되는 법이니까.

1978. 11. 26. 일요일.

「가을바람」

행여
늦가을 바람이 분다고 하라.
그래서 내 눈물 흩날린다 하라.
밑 없는 원망을,
주인 없는 생명을 내 얼굴에 붓는다 하라.
누런 얼굴,
누런 살,
황인종의 넋을 닮았느냐?

행여
늦가을 바람이 분다고 하라.
소나무 끝에 흔들렸다가
창문 열고
내 손 금 안에 가득히 휩쓸었다고 하라.
일요일 오후를 휩쓸었다 하라.
…….
바람이 분다.
그리고

…….

1980. 1. 15. 화요일.

오후 2시에서 4시까지 전포동에서 아르바이트를 하다.
마친 후 시립도서관엘 잠시 들렀다가 곧장 귀가하여, 저녁 식사를 하다.
이 일기장이 눈에 띄었다.
한번 읽어 보다.
1년 1달 보름 만에 일기 쓰다.
1년 1달 보름 만의 사연은 무엇인가?
기록할 만한 사실은 무.
그간 어디로 외도했는가? 세상만사에.
외도의 소득은? 무지와 허송세월 그리고 참을성 부족.
그리고 치기에 가까운 약간의 자신과 용기.
세상을 보다 날카롭게 볼 수 있을는지?
가장 확실한 소득은 27살이란 나이.
죽음이 임박한다는 사실.

한계성장.
도중하차.
용기 없는 자는 고사하게 마련.
실패를 두려워 아니하기.
아직은 젊다.
힘!

힘!
힘!

떠날 사람은 떠나고,
남을 사람은 남아라.

힘!
힘!
힘!

■ 후기

내 젊은 날의 일기는 내가 군에서 제대하고 부산대 상대 2학년에 복학한 1978년 말경을 기점으로 거의 멈추었다. 그 해에 동생 성형이도 마침 한국은행 본점에서 1여 년간 근무한 뒤 나와 같이 부산대 상대 1학년에 복학하는 바람에 우리는 3년 동안 학교를 함께 다녔다.

형편상 둘 다 공부에만 매달리기가 힘들었던 만큼, 주로 내가 나서서 아르바이트하여 생활비와 학비를 벌어야만 했다. 그러다 보니 실질적으로 일기를 쓸 만한 마음의 여유가 없었던 것이다.

그런 상황 속에서도 다행히 독서하는 습관은 내팽개치지 않았다. 당시 나는 사회과학 서적, 그중에서도 프랑크푸르트학파 관련 서적들을 꾸준히 읽었다. 아마도 그런 영향 때문이었을 것이다. 학교를 졸업하고 정문인 무지개 문을 나서면서, 마음속으로 '평생 회의론자로 살아야지. 항상 진리에 가깝게 다가가기 위해 노력은 하겠지만, 그것은 결코 달성될 수 없는 것이니까.' 하는 생각을 품은 건.

이후 동생 성형이는 꾸준히 공부하여 이화여대 정외과 교수를 역임하였고, 서울대 라틴아메리카연구소 HK교수로 근무하던 중 2012년 8월 1일 세상을 떠났다. 이미 형님께서도 수년 전 50대 중반의 젊은 나이로 세상을 떠났던 터였다.

나의 학창시절 후반부는 대학 친구 및 다른 여학생과의 에피소드, 평생의 스승 민병채 교수님과의 만남, 부마항쟁으로 촉발된 서울의 봄 사건, 4.19기념일에 있었던 친구들과의 해프닝, 5.18 광주민주화운동 그리고 이어진 장기간의 휴교령 등 사소한 개인사와 굵직한 현대사가 서로 뒤섞여 있다. 안타깝게도 그 당시의 내 고뇌와 방황의 심도를 확인할 방법이 없다. 내가 더 이상 일기를 쓰지 않았으니까……. 1980년 9월 학교에 4학년 2학기 등록을 하고 나서 얼마 후 나는 기아자동차에 입사하였다. 그와 동시에 나의 대학 시절도 사실상 종언을 고하고 말았다.

돌이켜보면 내 생각의 기반과 삶의 가치 기준은 바로 그 시기에 대부분 형성된 것 같다. 솔직히 현재 내가 알고 있는 노래라든가 취미란 것도 지난 30여 년 동안 변함없이 그대로이다. 그래서일까? 그때의 내 생각과 가치관 때문인지 모르지만 사회와 불화(不和)하는 나 자신의 모습을 더러 보게 된다.

혼돈의 시대, 그 20대의 질풍노도의 시대에 학창시절을 보낸 사람으로서 일말의 회환도 없었노라고 말한다면, 그건 사실이 아닐 것이다. 그 시대를 떠올리면 모든 것에 덜 여물고, 모든 것에 서투르고, 모든 것에 실수투성이였던 내 젊은 날의 모습, 내 젊은 날의 얼굴이 떠오른다. 그때의 내 모습과 얼굴은 지금 현재의 내 모습과 얼굴의 원형이다. 나는 아직도 그때 내가 추구하던 그대로, 그냥 나 혼자만의, 그 누구도 아닌 한 인간의 모습이 되고 싶다. 앞으로도 그렇게 되길 희망한다.

내 젊은날의 초상

초판 1쇄 : 2014년 12월 10일

지은이 : 이근형
펴낸이 : 박경미
펴낸곳 : 도서출판 황금물고기

등록일자 : 2003년 12월 5일
등록번호 : 제 2013-000213호
주소 : 서울시 마포구 모래내로 83, 3층(성산동, 한올빌딩)
전화 : 02 · 326 · 3336
팩스 : 02 · 325 · 3339
E-mail : baumbook@hanmail.net

ISBN 978 - 89 - 94154 - 34 - 3 03810